张謇所创中国第一

张廷栖　主编

中国环境出版集团·北京

图书在版编目（CIP）数据

张謇所创中国第一/张廷栖主编. —北京：中国环境出版集团，2019.11（2020.12 重印）
ISBN 978-7-5111-3936-8

Ⅰ. ①张…　Ⅱ. ①张…　Ⅲ. ①张謇（1853-1926）—生平事迹　Ⅳ. ①K825.38

中国版本图书馆 CIP 数据核字（2019）第 051413 号

出 版 人　武德凯
责任编辑　周　煜
责任校对　任　丽
封面设计　彭　杉

出版发行　中国环境出版集团
（100062　北京市东城区广渠门内大街 16 号）
网　　址：http://www.cesp.com.cn
电子邮箱：bjgl@cesp.com.cn
联系电话：010-67112765（编辑管理部）
发行热线：010-67125803，010-67113405（传真）

印　　刷　北京盛通印刷股份有限公司
经　　销　各地新华书店
版　　次　2019 年 11 月第 1 版
印　　次　2020 年 12 月第 3 次印刷
开　　本　787×960　1/16
印　　张　23.75
字　　数　376 千字
定　　价　78.00 元

代序　张謇是谁

潘　岳

很多人想给张謇一个定义，却没有一个定义能完全概括。

张謇第一个标签，是实业救国的民族工业家，这是毛主席提过的。

但若说张謇的首要角色是工业家，则远远不够，他的政治色彩更为浓重。在中国近代史几大政治转折处，他都扮演了关键角色。仅以“走向共和”前的几件事为例，是他将梁启超引荐给翁同龢，开启了维新运动序曲；是他促成刘坤一、张之洞提出了东南互保，成为地方自治的首倡者；是他发起了预备立宪公会，成为立宪运动的领袖；是他起草了清帝退位诏书并幕后主持了南北议和，成为“民国的助产士”。

在张謇与清末民初一百个风云人物的交往中，有清帝光绪与摄政王载沣，以及善耆和端方；有清流名臣翁同龢、张之洞、沈葆桢；有维新派康有为、梁启超、谭嗣同；有北洋政权袁世凯、黎元洪、徐世昌、冯国璋，以及唐绍仪与熊希龄；有奉系、直系、皖系几大首领张作霖、吴佩孚、孙传芳、徐树铮；有革命先驱黄兴、陈其美、蔡锷、章太炎；有国民党元老胡汉民、汪精卫、谭延闿；还有各界翘楚蔡元培、黄炎培、罗振玉、王国维、竺可桢、丁文江、梅兰芳、吴昌硕……如此等等，不胜枚举。这些人物的年龄跨度约半个世纪，立场上泾渭分明，有的甚至互为仇雠，但都对他基本认同，且都与他在不同时段共同谋办了历史大事。这种能量与维度，在当时的政治家中并不多见。

张謇第二个标签是“立宪之父”。清末新政时，他是预备立宪公会的会长、各省咨议局联合会的实际领袖。他第一次将西方议会政治引入两千多年的中央集权政体；他领导发起的国会请愿运动，客观上催化了辛亥革命的到来；他更是民国初年的议会政党领袖，一系列新观念引领政治潮流。

但张謇的政治道路比“立宪”要复杂。他曾是帝党的骨干，却第一批投向共和；他起草了清帝退位诏书，被保皇党斥为“张、汤之罪”；他作为立宪派的领袖，却支持了袁世凯；在袁称帝后，又转而支持蔡锷的护国运动……他一生多变的政治立场，和梁启超不断变化的主义一样，成了研究者需要不停解释的一个问题。

一

万变不离其宗。张謇万变中所坚守的“宗”，是大一统与共和。他的政治理想，一是现代民族国家的大一统政治文化格局，以及维持大一统的强力政府；二是保证中央权力不沦为私属的宪法，即共和宪政。两者缺一不可。

他在清帝宣布退位之前五十天（1911 年 12 月 22 日）发布的《共和统一会意见书》，是这一理想的集中表达：“夫欲维持中国今日之分割，不得不以维持领土为第一要义”“夫吾人之所谓为共和主义者，非谁某一族一姓之共和主义，乃合全国之二十二行省，及蒙盟藏卫，而为一大共和国。要以言之，即统汉、满、回、蒙、藏之五种人，而纳之一共和政体之下者也”“设共和政治进行时代有力之枢机，而即成一巩固健全之大共和国家者。”

他始终贯穿着这一原则。

他的共和，是大一统制度下的共和。辛亥革命之后，各省通电独立，他明确主张，此“独立”是指各省相对于清廷政权而独立，但绝不是指背弃大中华共同体而各自独立。“夫独立云者，离北京政府而独立，非各自独立之谓者。”

他的地方自治，是大一统制度下的自治。东南互保，只是暂时不听从清廷乱命，中央稳定后，还是要回归的。

他的立宪和议会，也是大一统下的立宪和议会。当议会变成乱源，他便命令儿子拒绝参加。“……在沪及舟中，又知议会种种幻象，污浊昏扰甚矣。开会期近，儿其坚辞，以全我父子之清白。”

在内忧外患最为严峻的关键时刻，张謇为首的立宪派为维护大一统做出了特殊贡献。

辛亥革命前后，革命党“驱除鞑虏”的排满狂潮引发了满蒙王公的恐惧。日本趁机插手满洲，俄国策动外蒙独立，内蒙古、西藏、新疆也日趋不稳，大中华分裂迫在眉睫。张謇大急，提出以共和政治解决民族问题的方案：“俄人垂涎蒙古，非止一日。为今之计，惟有蒙汉合力，推诚布公，结合共和政治。强邻觊觎，可以永绝。汉、蒙、满、回、藏五族，皆有选举大总统之权，也都有被选为大总统之资格。”

此时，革命党武昌起义的旗子是“十八星旗”，象征着建立不包括满蒙藏疆的十八省汉族国家。而张謇等立宪派主导的江浙等地，使用的则是五族共和的五色旗，象征着包括满蒙藏疆在内的二十二省。为“五族共和”上下奔走的江苏督军程德全与浙江督军汤寿潜等人，都是张謇的立宪派骨干。张謇与革命党黄兴、陈其美、宋教仁、伍廷芳等人交情深厚，并在“五族共和”上达成一致。最终，立宪派与革命党内部力量共同促使孙中山正式提出了“五族共和”。

而在清廷这边，张謇一方面支持袁世凯维系多民族大一统，另一方面在起草的《清帝逊位诏书》中明确提出“满、汉、蒙、回、藏五族完全领土为一大中华民国”。如今史学界对梁启超、杨度等人在“五族共和”基础上创造的“中华民族”概念已有定论。但深究史料当可发现，从革命党到袁世凯到清廷，以张謇为首的立宪派“一手托南北”，对政局向“五族共和”的实际转变发挥了更为重大的作用。看到如今的中华民族共同体，看到如今的中华民族伟大复兴，当念及“张謇们”当时的良苦用心与惨淡经营。

二

张謇与袁世凯有五年紧密合作。

1911 年 6 月，他绕道彰德与斥退在家的袁世凯共商大计劝其出山；1912 年帮袁世凯协调南北运作临时大总统；1913 年为袁世凯将梁启超请回国共组

“进步党”以对抗国民党；1915年底在袁世凯称帝之前辞职回家。

对袁世凯的历史评价另当别论。但有一点可以肯定，张謇对袁世凯绝非政治依附。他青年时即认识袁世凯，深知其权术心性，并因此断交二十年。与许多士大夫一样，张謇当时心中迫切希望的，是找到一个能尽快维护大一统的中央权威，哪怕这个权威是脆弱的。如同他在《共和统一会意见书》中所写，“设有力之枢机，而即成一巩固健全之大共和国家”。更如同他在去世三年前写的《啬翁自订年谱》序言中所说，民主发端于法国和美国，因民主政治在“灭害平争”方面优于君主政治，所以自己笃行民主十四年。但后来发现，单纯的民主制度虽然将一二人之专分散为千万人之专，但争战还是一样的。因为国家权力像鹿散于野而无主，反而激发了更多的恶斗。要息争止战，只有建立唯一且强大的政治中心，才能恢复统一和秩序。“一国之权犹鹿也，失而散于野则无主，众人皆得而有之，而逐之，而争以剧。一人捷足而得之，则鹿有主，众无所逐，而争以定。”

他与革命党不同。究其出身来源，张謇的状元并非由道德文章一蹴而就，而是从军务起家，辗转游幕，办理实务。他一生对“实务”有着非同常人的执着，对政治人物的判断也将“治平能力”列为首位。

1912年1月3日，孙中山回国之后的第12天，张謇就急迫与孙中山见面长谈。谈话内容大致涉及了新政权的军队和财政等实际问题。而孙中山对此类问题则回答说“予不名一文也，所带回者革命之精神耳”。尽管张謇之后对孙中山的革命精神一直称颂不已，但他当时却评价孙“不知崖畔”。他认为孙中山不太懂中国实际，“于中国四五千年之疆域、民族、习俗、政教因革损益之递变，因旅外多年，不尽了澈”。和孙中山相比，袁世凯的北洋势力，也许能以最小的动乱成本维持大一统。况且，袁世凯在天津的新政，亦证明了其治国能力。

张謇选择了袁世凯。以东南士绅领袖身份为袁接任临时大总统而在南北和谈代表之间进行幕后斡旋。与孙中山谈话7天之后（1月10日），他将南北斡旋成功的结果通报袁，“甲日满退，乙日拥公，东南诸公一切通过”。在袁世凯迫使清帝退位的第二天（1912年2月13日），他立即辞去了孙中山南京临时政府的实业总长，投入北京政权。

投入北京政权不到一个月，张謇创建了民国建立以后第一个采用党的名称的政治团体——“统一党”，其纲领是“团结全国领土，厘正行政区域”“完成责任内阁”。身为立宪派领袖，亲自组织的第一个政党，不叫立宪党，而叫作“统一党”。

当宋教仁被刺案激起国民党“武力讨袁”时，他力戒南北分裂，主张法律解决，谴责国民党好战派“不凭法律，不凭议案，而先自南北分裂”。他的观点影响了革命党人汪精卫与黄兴，使黄兴秉持“法律解决”徘徊了较长时间之后才最终反袁。

当袁世凯取消国会后，同为“名人内阁”的熊希龄与梁启超愤而辞职。作为国会的创制者，在没有国会的一年多里，他却留了下来，冀望着袁不要迈出最后那一步。但他彻底失望了。张謇为了大一统能容忍“终身大总统”，却不能容忍复辟帝制。因为，他的底线不只有统一，还有共和。

谁搞分裂，张謇反对谁；谁反共和，张謇亦反对谁。他的一切变与不变，都围绕着“统一”与“共和”这个双向合一的主题。

当袁世凯维护大一统，张謇选择支持袁；当袁世凯走向帝制反对共和，张謇选择与袁分道扬镳，袁再度请求他帮助“转圜南北”，他断然拒绝。但护国战争亦不是张謇心中所望，他没有参与梁启超在各地的策反活动。他认为，打倒一个大强人，会放纵出无数小军阀，造成更大的分裂。他当时做的是劝冯国璋在南京成立中央政府，维持共和国体，继承而不是分裂北洋，以换取全国“统一”与“秩序”。

也是在《啬翁自订年谱》序言中，他写道，虽然一人可“得鹿”，但如果得之而不为公心，一定会失去。人皆有私欲，确保权力为公不为私属，只能依靠宪法。而民国宪法的根本精神，正是共和。“然一人独有众之所欲，得而又私，而不善公诸人，则得亦必终失……世固不能皆舜禹也，不能舜禹而欲其公，固莫如宪法。”

可惜，在张謇的时代，拥有统一能力的人，没有共和之灵魂；拥有共和灵魂的人，又没有统一之能力。这是他依违不定、彷徨其间、无力回天的时代悲剧。他生早了二十年，他的理想，只能由一批新的历史人物来实现。

三

1916年之后，张謇不再涉足政治。他回到南通，转向了扎实的地方建设。

张謇建设了中国第一个拥有城市规划的近代城市，第一个实行小学义务教育的县级单位，创办了第一所师范学校，第一所盲哑学校，第一个纺织学校、水利学校、水产学校、航海学校、戏剧学校。第一个公共博物馆，第一个气象站，第一个测候所。他建设医院、养老院、剧院，扶植了中国第一个科学社团“中国科学社”，他甚至制定了中国第一部《森林法》……其实，这又何尝不是他的政纲。他搞了大半生政治，无非是想在全中国土地上作这样宏大的开发。既然时非所与，那只能建一个小小的乌托邦作示范了。

这些眼花缭乱的“第一”之中，最重要的，是教育。这是他的第三个标签。无论在他权力鼎盛事务繁忙时，还是在他退出政坛能量微薄时，都不遗余力办教育。但他办教育的方法，又与别人大不相同。

他的朋友中，蔡元培重塑了北大，严修创办了南开，办的都是大学。只有他，力主中西合璧的新式教育应从娃娃抓起，应覆盖全社会而不留任何盲点，应从幼儿园、小学、中学、职业教育开始。他自己生活上至勤至俭，却倾其所有，连续十几年，一口气办了近四百所各种门类的基础学校，完成了一个完整的近代国民教育体系。早在1903年他去日本考察教育时，要求“学校形式不请观大者，请观小者；教科书不请观新者，请观旧者；学风不请询都城者，请询市町者”。

蔡元培不同意张謇。他说：“没有好大学，中学师资哪里来？没有好中学，小学师资哪里来？所以我们第一步当先把大学整顿。”可张謇却认为，老师可以从师范里来。小学为先，师范为本，办基础职业教育，才是数十年后彻底提升国民素质的根本之法。他和黄炎培一起创办了中华职业教育社，甚至还去改造妓女和囚犯，还去教育哑人。这些观点即便在今天，对国民教育方向是精英化还是平民化的问题，对扶贫攻坚等民生工程，仍有探讨价值。

他的朋友们办的那些大学里，出来了一批批中国现代化精英名流，他的朋友们也自然成了一脉脉学派领袖，名满海内外，桃李遍天下。而张謇学校里出来的，是一批批优秀基层教师，一批批有文化的工人农民，一批批医生与农技师，一批批学会基本技能的残疾人和被改造过的囚犯和妓女。这些人没有能力来光大他的名声，支撑他的学派，而是化成了中国现代化沃土中的一粒粒种子，化成中国国民素质脱胎换骨过程中的一滴滴清泉。至今，没有一个近代名人说自己是张謇的学生。

功成不必在我。功不必急功近利而成。功当在多年后验其效。南通既不是政治中心，也不是经济中心，但一百多年来，却始终保持着模范城市的地位。正是这些有文化的普通人，持续孕育出几代新中国的各界骨干。张謇创办和支持过的那些学校，他生前绝没料到，多年后都发展成为海内闻名的大学。他 1902 年创办的通州民立师范学校附设农科，变成了扬州大学；他 1905 年支持创办的复旦公学，变成了复旦大学；他 1915 年参与创办的南京高等师范学校，变成了南京大学、东南大学、南京师范大学和上海财经大学；他 1917 年支持复校的同济医工学堂，变成了同济大学。他曾经资助并任校董的南洋公学，变成了上海交通大学；他参与发起并任校董的暨南学校，变成了暨南大学。还有一批他创办的更为专业化的技术学校，也变成了各行业的最高学府。如他 1910 年创办的中国陶业学堂，变成了景德镇陶瓷大学；他 1911 年创办的吴淞商船学校，变成了上海海事大学和大连海事大学；他 1912 年创办的南通纺织专门学校，变成了东华大学；他 1912 年创办的吴淞水产学校，变成了上海海洋大学；他 1915 年创办的河海工程专门学校，变成了河海大学。他 1898 年还为翁同龢草拟了《京师大学堂办法》，京师大学堂就是今天的北京大学。

再回到人们最熟悉的那个老标签“民族工业家”。和其他搞航运、交通、化工、金融的巨子相比，他主要搞轻工业，兼以开垦盐荒治理淮河。一度想发展航运，但并没有成功。大生纱厂只有 1912 年到 1921 年的十年好光景，1925 年就被债权人接管了。然而，是张謇，而不是那些更成功的巨商们，被现代企业家们追溯为精神领袖。因为他主动挑到肩上的社会责任，远远超出了“实业家”和“商人”的身份。他从来不是想建立一个商业帝国，而是想建设一个理想社会。他所提倡并身体力行的是，企业家不仅要做大，更要做实；不仅要爱国，还要爱社会；不仅要办慈善办公益，还要育平民担责任。这是士大夫的根本价值观所决定。而企业家精神加传统士大夫精神正是中华近代商道的内核。这方面研究成果已有很多，就不多讲了。

四

张謇逝于1926年8月，是因为发烧。发烧了他还要照常一意孤行，和工程师们一起去视察江堤。结果越烧越重，二十四天以后就去世了。临终时没有言语，没有计划，没有留下遗嘱。

他的最后几首诗，是生病前三天的《星二首》。这一天是农历六月十八，本来应该有较圆的月亮。他夜深不眠，守候许久，却没等到。

江昏不得月，暑盛独繁星。
掠电偏难掩，摇风闪未宁。
有人愁太白，无始满空青。
岁已非吴越，占家莫狃轻。

聚若真成汉，沉忧独庶民。
在天犹没浪，照地若为春。
帝坐虚共主，农祥愿丈人。
斗箕勿相笑，南北正烟尘。

“江昏不得月，暑盛独繁星。”没有皓月一轮，只有星斗漫天。如同1926年的中国，几十个割据的军阀，百十个争斗的政党，实质的统一仍遥遥无期。此时，北伐军刚刚誓师出征（7月9日）。“斗箕勿相笑，南北正烟尘。”新的历史因缘，将在这烟尘中诞生。

关于对张謇的历史评价，胡适的“序言”流传最广。胡适比张謇小三十余岁，从没见过张謇，但却是张謇参与筹办的“中国公学”所培养出来的。是他撒播的诸多因缘中的又一个。胡适写道：“张季直先生在近代中国史上是一个很伟大的失败的英雄，这是谁都不能否认的。他独立开辟了无数新路，做了三十年的开路先锋，养活了几百万人，造福于一方，而影响及于全国。终于因为他开辟的路子太多，担负的事业过于伟大，他不能不抱着许多未完的志愿而死。”

张謇的政治道路，是失败的、中断的。但他顽强地创造了无数条覆盖于荆棘下的小路，经过百年大潮洗刷之后，这些小路显露出来，密密麻麻连成了一条新的路网，到今天还能供人行走。

他做的时候，未必知道哪些能留下来，不过凭借着一颗纯正的初心。家国天下的初心，无论如何变迁，始终不会错。

因此，张謇是谁？胡适的话，不是结束，只是开始。对一部中国近现代史的研究，一样没有结束，只是开始。

于 2018 年中秋

目　录

中国近代第一城

南通近代城市规划与建设

张謇在教育救国、实业救国、地方自治、倡导立宪的实践中，以家乡南通为对象，历经数个阶段，由不自觉到有意识地规划和建设；按中国传统文化的理念，将城市布局为一城三镇，城乡相间，各具功能，组团成城。他在南通实现工业化的基础上，注重教育、文化、社会公益事业等，进行全面经营，推动社会同步、协调发展；并重视以工助农，以农资工，城乡互补、相互结合，促成区域经济的系统发展，使之成为城市发展的有力支撑。他对南通的全面经营，为中国近代城市规划与建设树立了一个典范。南通被誉为“中国近代第一城”，而张謇便成了“中国近代第一城”的营造者。

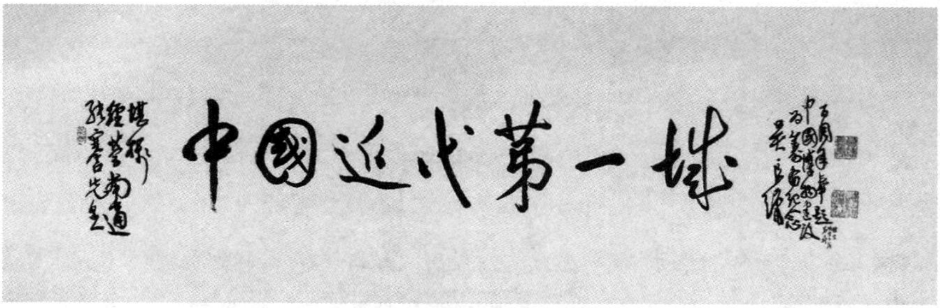

两院院士、清华大学教授吴良镛题“张謇先生经营南通堪称‘中国近代第一城’”

建于1914年的南通钟楼

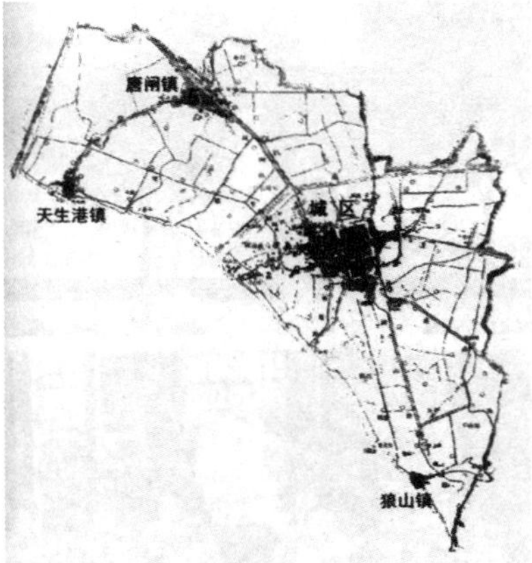

近代南通一城三镇布局

中国近代第一城

南通近代城市规划与建设

张廷栖

21世纪初，两院院士、清华大学教授吴良镛两次考察南通。他通过长时间的“小心求证”，以翔实的史料，从建筑学、规划学、经济学、生态学、城市建设学和近代城市史等多视角，多学科，综合研究，做出了“张謇先生经营南通堪称‘中国近代第一城’”的科学论断。他认为：“张謇是近代中国城市建设第一人”，指出张謇在中国近代城市建设、发展历史中具有极为重要的地位。

张謇在教育救国、实业救国、地方自治、倡导立宪的实践中，将家乡南通从一个偏僻封闭落后的州县城市，建设成为早期现代化的文明城市，成为近代城市建设的典范。南通，作为民国时期的模范县，闻名中外。张謇的贡献，在中国近代城市建设史上是首屈一指的。

一、近代南通城市的规划与建设

张謇对南通的城市规划与建设有一个过程。这个过程从工业化开始，经历了30多年披荆斩棘的努力，建成了早期现代化城市，成为全国城市建设的典范。根据有关专家的研究成果，南通城市建设大致历经了如下四个阶段。

1. 滥觞期（1895—1903年）

张謇创办大生纱厂时，选择离通州城西北15里之遥的唐家闸为厂址，其初衷是投资比较经济，靠近江滩湿地，土地价格便宜，农村就近招工劳动力价廉。唐家闸地处外江内河之间，有港闸河与长江、运盐河相连通，在水运时代可谓交通便利。这并非城市布局上的有意安排。选择在唐家闸建厂的时候，张謇的建城思想并未正式萌生。但是，这一建厂举动客观上为以后南通城市的空间布局，一城三镇建设，奠定了基础。无意识的行为为后来城市格局的形成和发展，实实在在地做了充分准备。

2. 启动期（1904—1912 年）

张謇有意识地对城市进行规划建设，始于光绪二十九年（1903 年）对日本的实地考察。自那以后，他于光绪三十二年（1906 年）在通州师范学校特设测绘科。

光绪二十九年（1903 年），张謇对日本进行了为期 70 天的考察，亲眼目睹了明治维新给日本带来的巨大发展。他一回国，就迫不及待地呼吁仿效日本，实行宪政。张謇组织立宪团体，成为立宪运动的领袖。地方自治是君主立宪制度的根基，张謇把城市建设看成地方自治的一个核心内容。基于这种认识，必然重视城市的建设。光绪三十一年（1905 年），天生港大达轮步公司成立。随着通源、通靖两个趸船码头的建设，港口、港区得到开辟；加上狼山风景区，城市初步形成一城三镇的格局。

张謇创设测绘科，目的是培养专门的测量绘图人才，对南通地区进行全面、科学的测量和制图。测绘科于光绪三十三年（1907 年）底结业，通州的测绘局随即于次年初建立，并开始了对通州整个区域的全面实测绘图。这种对全境实测制图的举措，是在为南通全境的通盘规划和发展做准备。由此可见，张謇已经开始有意识地考虑、规划南通城市的整体发展了。

3. 著效期（1913—1915 年）

张謇加大加快各项事业的发展。创办第一养老院、军山气象台、唐闸公园、有斐馆、贫民工场、济良所等公共和慈善事业；又办有女工传习所、甲种商业学校、第一幼稚园、盲哑学校师范科等教育事业。南通的地方自治开始取得成效，以现代的城市面貌出现，得到社会的承认，被冠以“模范县”的称号。张謇十分重视城市形象，规范街巷路名，统一制作路牌。南通标志性的建筑钟楼和濠南别业此时建成。张謇还组织编写了《南通地方自治十九年之成绩》，反映南通城镇实业、教育、慈善、自治的各项成果和丰富内涵，力图示范全国。

4. 鼎盛期（1916—1923 年）

南通的崛起，引起了国内、国外的注意。来南通参观考察的人士络绎不绝。张謇敏锐地注意到供人观光这一城市新鲜功能的出现，这会对南通乃至对推行他的政治主张产生效益，因此加紧了城市建设的步伐。大规模的城市建设，主要体现在两大区域。一是旧城南的南濠河两岸。在南濠河北岸，自东至西分别有通泰盐垦总管理处、上海银行、城南别业、南通县市教育会、参事会、崇海旅馆、翰墨林印书局、淮海实业银行、濠阳小筑、南通绣织局、女工传习所，直至北公园。南濠河南岸，由东向西则为南通师范学校、博物苑、濠南别业、图书馆、农科大学、医学专门学校、附属医院、伶工学社、通师一附、模范路商业街、有斐馆、交通银行、电报局、中国银行、东公园；向西延伸则有南公园、西公园、中公园、汽车公司、惠中旅馆、桃坞路商业街、江苏银行、桃之华旅馆、通崇海泰总商会，直至全国一流的更俗剧场。其中两条商业街，均建有整齐一致的二层市房，商家林立。南通作为新型城市的外观形态，在这里表现得最为充分，最为集中。所谓城市中心南移的感觉正是因此而来的。

另一个区域则是南郊江边五山景点的建设。张謇在五山除了自己建有东奥山庄、林溪精舍、西山村庐外，还建设许多景点设施，其中有为怀念恩师翁同龢而建的虞楼，为纪念梅兰芳来南通演出而建的梅垞，以及我马楼、介山楼、独秀阁、古有有亭和专门陈列历代观音像的观音院赵绘沈绣之楼。上上下下的景点构成一个丰富的整体，成为一个旅游景区，体现了城市的形象，因而得到参观者的好印象而受到舆论的赞扬。

1923年以后，随着大生集团生产经营的滑坡和张謇1926年的去世，南通城市建设暂时中止。

总之，在中外人士面前所展示的南通城，工厂林立，城乡互补，工农协调发展，交通运输四通八达。大生资本集团汇集大量资金，经济有了高度的增长。教育事业兴旺发达，既有普及教育，又有高等教育；既有国民教育，又有职业教育；既有特种教育，又有社会教育，形成一个完整的地方性的教育体系。一流的现代化文化设施，聚集了一流的文化艺术人才。慈善事业迅速发展，幼有所教、老有所养、病有所医、残有所助、贫有所扶，用现代的办法初步构建了一个社会保障体系。现代化社会应有的其他公共事业，如道路交通、电力照明、邮政通讯、饮食服务行业等应有尽有，形成中国早期现代化城市的一个典型。

二、“中国近代第一城”的丰富内涵

吴良镛教授提出的“张謇先生经营南通堪称‘中国近代第一城’”，“并不是从通常通过‘指标’等评价标准来给城市来一个排名”，而是给中国近代城市建设史定义了一个概念。在我国近代城市建设史上，南通城显然谈不上最大，也谈不到最早。然而，近代南通的城市建设算得上是一个典范，是以先进的理念进行城市建设的一个典型。这个“中国近代第一城”，“可以从诸方面来理解：南通城市是中国早期现代化的产物，它不同于租界、商埠或列强占领下发展起来的城市，是中国人基于中国理念，比较自觉地、有一定创造性地、通过较为全面的规划、建设、经营的第一个有代表性的城市，亦即先驱之意”。南通的建设没有殖民主义者的插足。南通是由国人自主建设的城市，具有其丰富的内涵。

一是从城市建设的主体来看，南通是第一座由中国人自己用先进的规划理念设计并实施建设，并具有现代意蕴的城市。城以人兴，人以城著。从19世纪90年代开始，张謇为实现其“建设一新世界雏型”的救国理想和区域现代化宏伟蓝图，对南通城市进行全方位苦心经营。在他的推动下，南通开辟了新工业区和港区，进行了近代教育、文化、市政设施建设，建立了功能分布比较科学合理的城镇体系。

二是从城市的形态布局和功能来看，南通是一座在世界近代城市史上开风气之先的城市。南通一城三镇、城乡相间的城市规划理念，可以和英国著名规划思想家霍华德于1898年创立的、曾对现代西方城市规划产生革命性影响的“花园城市”理论相媲美，其实践甚至早于这一理论的提出。南通保持了老城区原有的功能和格局，新增了近代教育、文化、商业、市政设施，建设了工业区唐闸镇、港口区天生港、风景区狼山，与旧城区组成了一个互有分工的城镇组群，树立了城市的功能定位和发展方向。

三是从城市的发展基础来看，南通是一座各项事业全面推进的城市。近代南通的城市建设涵盖了生产、生活、工业、农业、文化教育等诸方面内容，张謇按照“父教育而母实业”的思想，在发展生产、改进交通、开发农垦、兴修水利、创新文化、兴办教育的前提下，逐步进行现代化城市建设，从而为城市发展提供了有力的支撑。

四是从城市建设的价值取向来看，南通是一座充满人文关怀的城市。张謇比较自觉地将城市文化作为城市发展中的重要内容。他以一种诗人情怀经营南通，创办了符合当时政府学制标准的中国第一所师范学校、中国第一所纺织高等院校、中国第一所戏剧学校、中国第一所公共博物馆、中国第一所气象台，以及育婴堂、养老院、残废院、栖流所、公园等，使南通不仅是聚居的场所、生产的基地，更是一个文化繁荣的地方。这在理想、理念上与今天所追求的“宜人的人居环境”目标是一致的。张謇在城市建设中反映出以人为本、保护环境等强烈的生态意识。

五是从城市建设与区域发展的关系来看，南通初具区域整体发展的雏形。张謇不是就城市论城市，而是从宏观、全局的高度去谋求城镇、乡村共同发展，形成了以工助农、以农资工、工农互补、城乡结合、共同发展、一城多镇、合理布局的多层次城镇抱团格局，形成了一个区域经济的体系，城镇处于该区域经济的中心地位，成为城市发展的雄厚基础。

六是把近代南通放到整个中国近代城市发展史上来看，具有系统性特点。尽管南通与同时期一些国内大城市相比较，建设时间未必最早，建设规模未必最大，建设项目未必最多，但一系列设施和多方面的建设均是有规划、有步骤，全方位、系统性地进行，经济建设、社会进步同步发展。在不长的时间里，南通从一个落后的农业州县城市，比较快速地过渡到早期现代化城市。这在近代城市建设史上树立了一个典范，不能不说具有划时代的意义。

所以它这个“第一”，不仅是数量概念上的多，而是精；不仅是时间概念上的早，而是好；不仅是空间概念上的大，而是做优、做美。

三、“中国近代第一城”的历史价值和现代意义

著名清史专家、国家清史编纂委员会副主任朱诚如教授指出，在洋务运动彻底失败的历史背景下，张謇开始探索近代城市建设，并将南通经营成中国近代史上一个独有的范本。我们可以理解为中国近代城市建设有了一个新

的典型，出现了一条新的道路。张謇的城市规划和建设的思想与实践，从同时期的世界城市建设来看，可以说占据了领先的地位；对我国来说，“在中国近代城市思想史和城市建设实践史上，张謇是‘近代中国城市建设第一人’”。这一案例无疑丰富了近代城市史的内容，甚至也有可能部分地重写或改写中国近代城市建设史和思想学术史。

国家历史文化名城保护专家委员会副主任、高级建筑规划师郑孝燮认为：张謇经营南通不仅是南通城市史的问题，也不仅是南通的问题，而是涉及中国近代方方面面，具有全国性的意义。张謇经营南通的价值不仅体现在建筑、布局等技术层面，还体现在区域发展思想的规划发展战略上，是中华民族自尊、自觉、自强的精神在城市史上的集中体现。因此，吴良镛院士发现的南通“中国近代第一城”和张謇规划与建设城市的先进理念，有益于增强民族自立、自信、自强的精神。从现实意义来看，也在提醒当下的人们，在当今城市发展和建设中要避免“千城一面”的弊端和“指标攀比病”，引导城市建设沿着健康的道路发展。

张謇和南通“中国近代第一城”，以及张謇的城市规划与建设先进理念，是南通的一份极其宝贵的历史文化资源，并且为南通树立了亮丽的城市品牌。它提升了南通人民的历史自豪感和当代的责任感。人们应当不辜负先贤的期望，提高南通建设、发展的目标定位，再铸南通新的辉煌。借助这份可贵的精神资源和精神动力，当代南通人有理由更加热爱南通，激发建设南通的更高热情，树立争创全国一流的信心与决心。

中国第一个民营资本集团

大生资本集团

光绪三十三年（1907 年），大生系统 19 家企业联合组成通海实业总公司，以此为标志，大生资本集团开创了我国民营企业集团化发展的历史先河。此后，以大生纱厂为核心，迅速发展成为拥有 40 多家企事业单位、总资本达 3 000 万元的中国第一个民营资本集团。截至抗日战争爆发，在大生资本集团的表率和引领下，我国近代主要民营资本纺织集团多达近 10 家。张謇及其大生资本集团为开拓我国近代民营资本民族工业，推进早期现代化与城市化树立起一个成功的先例。

1910年代大生资本集团的地标建筑——大生钟楼与码头

溃灭于1930年代的大生二厂全景

广生油厂表门

阜生蚕桑染织公司织机

广生油厂化验室

复新面厂表门

资生铁冶厂表门

中国第一个民营资本集团

大生资本集团

姜　平

自从大生纱厂依托股份制成功创办，并连年盈利，张謇在南通的地方自治与新世界雏形理想目标有了可靠的经济基础，南通的早期工业化得到有效推动。大生纱厂还借助股份制广泛融资，以纺织为核心，创建了一系列企事业单位，形成我国第一个规模庞大的民营资本集团。

一、大生资本集团的初创和早期发展

大生资本集团的核心企业是大生纱厂，大生纱厂是大生资本集团创立和发展的母本和基础。大生纱厂的初创和早期发展，得力于张謇开创的“绅领商办”自主经营方式。张謇创办大生纱厂初期，我国民族棉纺织业以上海为中心，其兴办已经初具规模。这批早期民族资本棉纺织厂，无论官督商办，还是官商合办等，都无法抵御来自官府的控制和营私舞弊，企业弊端已显端倪。上海棉纺织企业的生存境况为张謇筹创大生纱厂提供了镜鉴。大生纱厂创办的艰辛举世闻名，张謇先后经历了“商办”、“官商合办”和“官督商办”的曲折历程，最终独创一条契合民营资本实际、独立办厂的“绅领商办”之路。大生纱厂原始纱机2.04万锭为清廷官机，作为官股投资，由张謇承领入股大生，另由张謇组织绅商，再筹商股25万两以合作经营。官方只取官利红息，不介入厂务。这一特点，决定了大生纱厂的民营资本属性。摆脱官方制约的大生纱厂，经由张謇“绅领”，不仅获得了占股份56.7%的官机股，还向官府获得9.41%的地方公款，同时申请到20年的地方专利垄断。大生纱厂早期的顺利发展和不断壮大，在很大程度上受惠于“绅领商办”体制，民营资本在此条件下可以独立自主经营。

大生纱厂早期确立了“弃布就纱”的土产土销经营方针，大生纱厂的早期发展与土布的关系至为重大。通海土布对棉纱的需求是大生纱厂赖以生存的市场，“布畅则纱销旺”。大生纱厂早期的兴旺发达，完全基于当地土布业的蓬勃发展。为了不夺通海织户生计，协调企业与乡村经济的关系，大生纱厂投产后，推行一条“土产土销”的经营方针：以垦殖为主业的广大棉农向大生提供优质生产原料，大生从棉农手中购进棉花供纱厂纺纱，纱厂再以生产 12 支纱为主，专供通海农户兼营织布。如此循环往复，形成工厂小车间，农村大工厂的局面。这一供求自助相剂的经营策略，充分利用和发挥了乡村经济的地理资源优势，把当地市场牢牢地掌握在手里。纱厂设在“棉产最优、销纱最多之区，亦即收棉最廉，售纱极胜之区”。大生纱厂正是凭藉这种独特的市场运作优势，阻止了外国商业体系的入侵，形成以大生纱厂为中心，进货出货两头在农村的花、纱、布生产一体化格局，构成一个通海地区的经济命运共同体。大生纱厂的土产土销方针充分发挥了工厂投资环境中的积极因素，成为投产后迅速站稳脚跟的根本原因。这种以大工业带动区域经济发展、良性互动循环的战略决策，为大生企业集团化拓展奠定了基础。

张謇很快意识到“纱厂必谋扩张”的迫切性。大生纱厂从光绪二十九年（1903 年）开始迅速扩张，翌年在崇明外沙筹建大生分厂（大生二厂），光绪三十三年（1907 年）初建成开车，拥有纱机 2.6 万锭，同时将大生一厂、大生二厂两厂组织起来，设立大生纺织公司。以后的十年间，大生企业系统获得了空前的发展。截至 1921 年，大生一厂、大生二厂两厂资本共为 3 694 360 两，历年纯利累增总额共为 16 620 173 两。1914 年张謇出任农商部总长以后，又在老家海门常乐镇以南开始筹建大生三厂，安装纺机 3.03 万锭，布机 200 台，1921 年开车投产。1920 年，张謇于通城南郊江家桥筹建八厂，1924 年投产，有纱锭 14 965 枚，后添置布机 400 台，1928 年更名为大生第一纺织公司副厂。4 家纱厂的纱锭总数增加到 160 360 枚。

近代南通传统经济占主要地位，以农业和农村家庭手工业为主，创办工业的条件远不如上海等通商口岸。张謇在家乡南通开创和发展近代工业，必须解决一系列配套基础设施问题。譬如，极为缺乏的供电、原料与产品运输设施，机械设备的维修更新等，这些都迫使张謇采取企业一体化发展战略，以增强大生企业的市场竞争力。在大生纱厂所在地唐家闸，张謇围绕大生纱厂先后创办了一系列配套企业：广生油厂、大兴面厂（复新面粉厂）、大隆皂厂、资生铁冶厂、阜生蚕桑染织公司、颐生罐诘公司、大昌纸厂、泽生水利船闸公司、懋生房地产公司……为适应大生企业日益增加的货物运输需要，张謇将目光转向长江航运与江河水陆联运，筹建以大生纱厂所在地唐家闸为水运枢纽的一系列交通运输企业和设施，先后建成大生轮船公司、通州大达内河轮船公司、天生港大达轮步公司、上海大达轮步公司、达通航业转运公司、大中通运公行、泽生水利（船闸）公司、港闸公路、城闸公路……构成了江海平原上通江达海、纵横交错的交通运输网络。以上这批企事业，大多以大生纱厂为轴心，直接或间接为大生纱厂服务，或者依托大生纱厂获取利润。例如，通海垦牧公司是大生纱厂的原料基地；广生油厂利用大生纱厂轧花棉籽制油自用；大隆皂厂又利用广生油厂的“下脚”制造皂烛销售；复新面粉厂利用大生纱厂的剩余动力磨粉，供纱厂工人食用和浆纱；资生冶厂和资生铁厂最初是专为大生纱厂修配和制造机件而设；天生港和上海大达轮步公司、达通航业转运公司、大中通运公行、泽生水利船闸公司等主要是为大生纱厂解决运输问题；懋生房地产公司则是买地造屋，为大生职工提供宿舍并获取房租。在大生纱厂建成开车后不到十年的时间里，唐闸地区迅速形成以大生纱厂为核心的近代实业群体。

大生纱厂创建初见成效，张謇就提出一个“事地”规划，创建通海垦牧公司，着手“兴垦植棉，以厚纱厂自助之力”。光绪二十七年（1901 年）通海垦牧公司正式成立。借助大生纱厂的资金投放和股份制集资模式，通过十年苦心励志奋斗，公司辟地九万余亩，济民数万人，岁增棉产四五十万石，成为大生重要的原料基地。通海垦牧公司的成功创设，标志着张謇大生企业开始就谋求资本的跨行业拓展和集团化扩张。

光绪三十三年（1907 年）夏，大生纱厂召开第一届股东会。会议决定把大生所属 19 家企业单位合并，组成通海实业总公司，张謇担任总公司的经理，大生纱厂的股东和董事成为该公司的股东和董事。由此形成了一个以纱厂为中心的具有相当规模的地方性企业网络，这就是日后大生资本集团的主干。

张謇创办企业统计（1901—1909年）

设立时间	企业名称	资本额（元）	附注
1901	通海垦牧公司	308 000	本年大生纱厂增资 112 000 元
1902	广生油厂 大兴面厂 大隆皂厂	70 000 20 000 20 000	
1903	阜生蚕桑公司 翰墨林印书局 同仁泰盐业公司 大达内河轮船公司	20 000 14 000 14 000 50 000	本年广生油厂增资 140 000 元，大生纱厂增资 769 000 元
1904	天生港大达轮步公司	186 300	本年同仁泰盐业公司增资 70 000 元
1905	泽生水利公司 资生铁冶公司 颐生酿酒公司	25 000 70 000 70 000	本年大生纱厂增资 941 000 元
1906	达通航业转运公司 大中通运公司	13 500 20 000	本年大生纱厂增资 163 000 元，翰墨林印书局增资 20 000 元，大隆皂厂停，大兴面粉厂停
1907	崇明大生分厂	1 211 000	本年广生油厂增资 210 000 元，大生纱厂增资 112 000 元
1908	大咸盐栈	20 000	
1909	复新面粉公司	140 000	

转引自：朱荫贵，从大生纱厂看中国早期股份制企业的特点，中国经济史研究，2001年，第3期。

二、大生资本集团的扩张与鼎盛

1920 年前后，大生资本集团进入鼎盛时期。张謇抓住第一次世界大战爆发，国内外市场对纺织品需求旺盛的机遇，制订庞大的发展规划，拟将大生系统的纺织厂扩展到 9 家：在通海地区棉花集散地四扬坝建大生四厂；在内河出江口的南通天生港建大生五厂；在东台建大生六厂；在如皋建大生七厂；在南通江家桥建大生八厂。甚至打算把发展的触角伸向江南，在吴淞建大生淞厂。这些厂都选在当时盛产棉花和手工织布业较发达的地区。截至 1925 年，张謇创建的大生一厂、大生二厂、大生三厂、大生八厂这 4 家纺织厂，总计拥有纱锭 15.57 万枚，占全国华商厂纱锭总数 203.48 万枚的 7.65%；布机 1 342 台，占华商厂布机总数 13 371 台的 10.04%，成为我国早期民族资本棉纺织企业中具有较大规模的首个纺织企业系统。

张謇从创办大生纱厂开始，就没有把目光停留在一家企业、局限于通海地区的狭小范围，而是胸蕴一幅苏北地区区域整体发展的蓝图。张謇大生集团跨行业、跨区域的大举扩张行动，最典型的是苏北黄海滩涂的盐垦开发计划。这是一项由大生工业资本推动的大规模农业改造工程。继通海垦牧公司成功创办之后，张謇、张詧弟兄先后又创办了大有晋、大豫、大丰、大纲、华成等 10 余家盐垦公司。在张謇创办棉垦的楷模和辐射作用下，横跨南通、如皋、东台、大丰、盐城、阜宁、涟水等县，40 余家盐垦公司先后兴起，近代苏北沿海掀起滩涂开发的热潮。20 多万名海门沙地移民北上拓垦、承田植棉，不仅缓解了崇海地区人众地少、流民失业无居的社会矛盾，南农北移，也带去了先进的耕织技术，推动了当地土布经济的空前繁荣。这种以大生工业资本为支柱，通过大生土产土销方针维系的纺织生产体系，把当时的南通县镇与周边区域更紧密地联结成一体，形成以大工业带动区域经济发展的良性互动循环。到 20 世纪 30 年代初，垦区辟地 2 000 万亩，开发种植的棉田达到 400 余万亩，投资总额达 2 000 万元，年产棉花达到 68 万担。大生早先生产的原料皆属大陆粗绒原棉，不适合纺细支纱的时代需要。垦区新开发的棉田立即引进美国细绒棉种进行繁育试验与推广。1934 年，大生集团在垦区的改良棉种农田已达 40 万亩，推广棉田 20 余万亩。新收获的改良细绒棉，大部分由大生系统各纱厂在垦区直接设庄收购。淮南垦区也初步形成了大生系统的原料生产供应基地。

在大生资本集团隆兴之地的唐家闸工业区，除原有的磨面、榨油、制皂、冶铁、桑蚕染织等一系列大生纱厂附属企业外，张謇又陆续创办了大生织物公司（1915 年）、通明电气公司（1916 年）、大储堆栈打包公司（1917 年）、通燧火柴厂（1918 年）、大达公电机碾米公司（1921 年）等企业，形成一个以大生纱厂为核心的庞大企业系统。近代工业和交通运输业的发展带动了商业的繁荣，到1912年民国建立前，唐家闸已有800多家商店。20世纪30年代初，唐家闸商业全年贸易额达到300万元。近代工业的发展直接促进了唐家闸的崛起。这里成为南通近代工业的集中地和中国近代民族工业的摇篮，时人誉为“小上海”。

在广兴实业的同时，张謇努力兴办地方教育事业。为顺应轻纺工业发展的要求，光绪三十一年（1905年），张謇在唐家闸首创实业公立艺徒预教学校，“发工艺教育的初声”。1912年，张謇在资生铁厂附设纺织染传习所，翌年又在大生纱厂创立南通纺织专门学校，为我国纺织工业培养本科制高级工程技术人才，被称为“纺织工程师的摇篮”。在唐家闸工业区外，张謇继办师范、小学后，又兴办了农、医学高等院校、商业学校、商船学校、铁路学校、银行专科学校、法政讲习所、女工传习所、贫民工场等，这批国民教育和职业学校的创设，大都仰赖大生纱厂经费资助，或以张謇兄弟个人私资襄助，为区域社会发展培养紧缺的纺织、农学、医学、金融、物流、商贸、政法等专门人才，有力地支撑了大生企业集团化发展和规模化扩张。

自光绪二十五年（1899年）大生纱厂建成开车到20世纪20年代初，张謇大生企业系统形成了包括轻纺、重工、棉垦、交通、金融、水利以及教育、慈善在内的完整独立的工业集团体系，引领了我国民族企业谋求集团化发展的时代风潮。在大生资本集团的有力支撑和推动下，南通地区的教育、文化、慈善等各项社会事业也得到全面发展。1915年，张謇苦心经营二十年的南通，被中央政府公布为全国模范县，“特令褒扬，风示全国”。这是张謇奉献给家乡南通的独特厚礼，被经济史学界称为“南通模式”。

三、大生资本集团的衰落与曲折重生

第一次世界大战结束后，外国列强卷土重来，日厂挟其雄厚的资本、精良的技术和在华种种特权，大肆掠夺中国廉价纺织原料，倾销纺织品，迫使中国纺织业进入艰难曲折的发展历程。

随着外资的反扑、席卷苏北的大水灾以及棉业恐慌引发的棉花价格暴涨、纱市狂跌，1922年后，大生企业经营持续恶化，大生一厂、大生二厂从高额盈余变为大量亏损，大生许多工程项目纷纷停建下马，企业迅即陷入资金周转不灵的困境，不得不走上以厂抵债维持营运的险途。1925年，由中国、交通、金城、上海四家银行和永丰、永聚钱庄债权人组成的银行团对大生各纱厂进行清算和接办，上海银团接管经营了大生第一纺织公司。为实现大生的复兴，银团代理人李升伯在任经理的13年期间，先后投入800多万元用于大生纱厂的基本建设和生产的发展；同时厉行改革，实施救活大生的“工务改革”计划，对工厂的组织机构、管理模式、设备与动力更新以及生产流通各环节，都进行了卓有成效的整顿更革，使大生纱厂成功摆脱了破产厄运。在金融资本控制下的大生一厂、大生副厂，除个别年份外，即使在棉纺织工业整体处于危机的萧条期间也还能实现盈利。1929年到1932年企业均获盈利，并收回了被抵押出去的大生八厂，将之更名为大生副厂。1934年，建成天生港电厂，大生一厂、大生副厂原动力全部实现电气化。然而，由中国银行维持会控制的大生二厂未能走出历史厄境。在纱业危机加剧的1933年，企业亏耗累累且无力兴革，终致厂事陷于绝境。1934年10月，大生二厂维持会宣布遣散工人。1935年进行资产清算和拍卖。大生二厂的溃灭是中国棉纺工业被日本垄断资本压垮的典型事例。直到抗日战争爆发，在通货膨胀、法币贬值的特殊条件下，各厂所负债款才陆续还清。

1937年8月，日军侵占上海，上海华商纱厂遭到严重损失。为了应对危局，大生纺织公司实行“以德御日”策略，假借天生港电厂尚欠德商洋行设备费17万余英镑为名，将大生一厂、大生副厂、大生三厂和电厂“抵押”给德商，并聘德国人欧纳汉为大生一厂经理，以防工厂落入日军魔掌。非常时期的优越市场条件，使大生各厂在不到两年时间里再获丰厚利润，还清了银行贷款。1939年3月，日军对大生各厂实行军管，将大生一厂改名“江北兴业公司钟渊纺织厂江北二厂”，大生副厂和大生三厂分别改名为钟渊江北第一厂、第三厂。沦陷期间，日军武装部队进驻大生各厂，对通海地区棉花与纺织品物资大肆掠夺，对大生各工厂的机器设备和钢铁器材任意拆毁，以充军需，给工厂造成重创。抗日战争胜利后，大生企业出现短暂繁荣，旋即又遭内战摧残，直至中华人民共和国成立才重获新生。

中华人民共和国成立后，大生纱厂成为我国最早实行公私合营的企业之一。1966 年，大生一厂、大生副厂、大生三厂分别更名为国营南通第一棉纺织厂、第二棉纺织厂、第三棉纺织厂。自 1978 年开始，作为大生骨干企业的第一棉纺织厂加快了老厂改造步伐，相继实施了一纺“二万七”技改工程、二纺 2.8 万锭中长化纤改造项目和织布车间 112 台布机狭改阔工程。1985 年建成了拥有 32 项新技术配套使用的 2.3 万锭新车间，达到当时国内棉纺行业领先水平，受到全国科学大会的表彰。1996 年，第一棉纺织厂改制为江苏大生集团有限公司。2004 年，大生集团成功受让南通二棉集团有限公司 100% 股权，成为拥有全资、控股、参股公司及生产实体 29 个、资产总额 28 亿元的大型企业集团。大生集团经历了百年风雨，成为我国纺织工业领域硕果仅存的横跨了三个世纪的长寿与常青企业。

四、为什么大生集团是全国第一个民营资本集团

光绪二十七年（1901 年）通海垦牧公司的创设，标志着跨行业、跨部门的大生资本企业已开始走向集团化，它是中国最早的民营股份制企业集团。

纺织工业是我国近代民族工业的先驱，也是当时中国唯一办有成效的民族工业。在大生纺织系统确立的 20 世纪初，我国民族资本纺织企业的自身生存状况可谓举步维艰。据著名纺织史专家严仲平 20 世纪 40 年代的统计调查，截至第一次欧战爆发，国内 19 家华商纱厂中“张謇创办的大生纱厂是唯一成功的厂”。严仲平在《中国棉纺织史稿》中说：“我们找遍上述十九家纱厂，发现未经改组出租出卖，而继续增机增资者，只有南通大生纱厂一家，其余十八家莫不曾经失败易主。”历史表明，从清末到第一次世界大战前的十余年间，在国内民族纺织业纷纷败阵的局面下，唯独张謇创办的大生纱厂能够迅速站稳脚跟并连年获利，从一个资本不足 45 万两、纱锭仅 2 万余枚的棉织厂起步，发展成为拥有 16 万纱锭纱机、1 300 余台布机和 40 多个企事业单位的总资本达 3 000 万元的中国第一个民营资本集团“大生资本集团”。大生资本集团的崛起为处于困境中的中国民族资本企业如何做大做强起到表率和引领作用。

在大生资本集团迅速扩张壮大的辐射和带动下，1913 年至 1936 年我国近代纺织工业成长期内纺织资本集团相继涌现。譬如，无锡荣氏兄弟在最初

经营无锡振兴纱厂的七八年间并无重大进展，但自1915年在上海创建上海申新纺织第一厂后，迅速走向企业集团化扩张之路，发展成为拥有9家棉纺织厂的中国最大的纺织资本集团。在天津、河北，以周学熙为代表的官商合办企业集团，于1918年创建天津华新一厂，1919年创建青岛华新二厂、唐山华新三厂与河南卫辉华新四厂，共拥有纱锭10.5万枚。1913年靠租办湖北纱布丝麻四局官营企业起家的楚兴公司，亦效仿大生系和申新系，联合武昌、石家庄的裕华、大兴、大华3家纺织公司，于1936年组成裕大华纺织资本集团。其他诸如，1924年上海侨商永安公司创办的永安纺织染资本集团、1920年起由莫觞清所创上海美亚织绸公司迅速扩展的美亚丝织产品集团、1925年由银团金融资本在天津和上海组建创立的诚孚纺织集团，以及刘鸿生创办的刘鸿记毛纺织产业集团、刘国钧创办的大成纺织染集团、唐骧庭等人创办的丽新纺织染集团等。截至抗日战争爆发，我国近代主要民族资本纺织生产集团多达近10家。由此可见，张謇的大生资本集团作为近代中国第一个民营资本企业集团，它的形成和确立，给处于洋务运动失败阴影下的我国民族经济，探索出了一条生存之路、发展之路，同时为开拓我国近代民营资本民族工业，推进早期现代化与城市化树立起一个成功的典范。

五、大生资本集团的历史贡献及垂范意义

寓工于农，足资矜式。张謇紧紧结合本国国情和本土特点，结合西方工业文明的机器大生产优势与本土乡村经济的自然优势，走出一条“寓工于农”的独特工业化之路，创造出近代民族经济的时代辉煌。张謇从一开始就为大生纱厂拟定了一条立足乡村经济的土产土销工业发展之路，这一发展模式是张謇独领时代的超人胆识和英明决策，也是大生集团在20世纪初取得举世瞩目成就的成功经验。被誉为“南张北周”的华新纺织系统主持人周学熙，正是借鉴了大生纱厂立足乡村经济的工业化模式，将机器纺纱与乡村家庭手织业紧紧结合，带动了高阳地区土布生产的空前繁荣，从而创造了棉纺与土布业的又一奇迹。

举资盐垦，福泽后世。纺织与盐垦结合是张謇大生资本集团“寓工于农”决策的更高层次体现。在中国这样一个古老的农业大国，发展近代工业必须走与改造农业相结合的道路，这显示出张謇过人的战略眼光。张謇的大生纺织企业早期发展处于劣势地位，却能够与在华建厂和倾销洋纱洋布的外资展开力量悬殊的争战，并且取得巨大成功，关键之一正是凭借盐垦事业。盐恳事业的大举进行，为大生开辟了丰沛的棉花生产基地，稳定和保障了大生纱厂的原棉需求和市场立足。淮南垦殖，解决了苏北百万饥民的生存问题，将大片盐碱荒地建成中国重要的粮棉高产基地，促进了垦区社会、经济发展和农村的乡镇化转型，逐步构成通、如、盐、泰区域经济圈带。中华棉业统计会于20世纪30年代前期统计，苏北沿海启东、海门、南通、如皋、东台、盐城、阜宁七县垦区棉田占江苏总棉田一半，产量近60%。另据章有义《中国近代农业史资料》提供的数据，1919年江苏、安徽、浙江、山东、河南、山西、吉林和察哈尔8省建有100家农垦公司，江苏就有41家，投资资金占8省总投资的74%，其中棉田面积占全国八分之一。可见，张謇通过大生资本集团出资，以大工业带动区域经济发展的苏北盐垦开发模式，在我国农业近代史上有着极其重要的地位和深远的影响。论及当今南通的沿海大开发以及南通城市区域经济后发力的强劲蓄势，我们不得不追溯到张謇在清末倡导的“事地”基础之功及其宏远规划。

百年大生，典范长昭。张謇创立大生资本集团已越120个春秋。大生既为我国首个民营资本集团，又是较早由鼎盛走向衰落的中国早期最大的民营资本集团。大生资本集团的核心企业大生纱厂，已成为中国民族纺织工业唯一贯穿百年，延续至今，还继续发扬光大的世纪老厂。研究和总结大生资本集团的历史，对于深刻了解我国早期民族纺织工业发展的基本规律、早期民族企业资本集团的自身局限，及其由盛而衰的内在原因与客观因素，对于加深对我国近代社会经济总体特征及规律的认识，以及为我们今天的现代化建设事业提供参照和借鉴，都具有特殊的理论研究价值与现实指导意义。作为穿越中国纺织工业百年风云而能屹立至今的世纪老企业“江苏大生集团”，它是中国第一代民族纺织企业和第一个民营资本集团的活态标本，足以引为民族骄傲。

横跨两个世纪、身肩“双甲子”的大生资本集团，以其历史沧桑向世人展示：

——以农村家庭手工纺织业为特色的地区传统经济模式在旧中国并不少见，但是能够将传统农村经济与近代机器大生产两者优势完美结合，创造出近代民族经济奇迹，取得举世瞩目的成果，形成一种早期现代化发展模式的，唯有张謇的大生资本集团。

——在中国走向现代化的历史进程中，依靠发展纺织工业带动一方经济振兴繁荣的民族企业和企业集团并不少见，但是由纺织业的发展而推进整个地区工业、农业、教育、文化、慈善事业全面发展，产生社会系统效应的企业集团，唯有张謇的大生资本集团。

——凭借企业集团化、规模化拓展，在短短30年间，将一个僻处江海一隅的州县小城，开辟发展成为近代中国著名的新兴纺织工业重镇和享誉中外的全国模范县，并具有城市发展和治理典范意义，在中国历史上也唯有张謇及其旗下的大生资本集团。

中国第一所师范学校

通州民立师范学校

创办于光绪二十八年（1902 年）的通州民立师范学校，是张謇“教育救国”伟大实践的起点和在南通构建近代国民教育体系的核心。通州师范明显具有高等师范的某些特质和发展趋势，但种种客观因素阻扼了向高等师范发展的步伐。通州师范是我国第一所民办师范学校，第一个采用“学校”名称的师范学校，制订了我国第一部师范学校章程、第一首师范学校校歌和第一个师范学校校训，为在近代南通构建国民教育体系、引进西方教育理念、率先普及义务教育做出了突出贡献。

通州民立师范学校全景

张謇为通州民立师范学校题写的校训

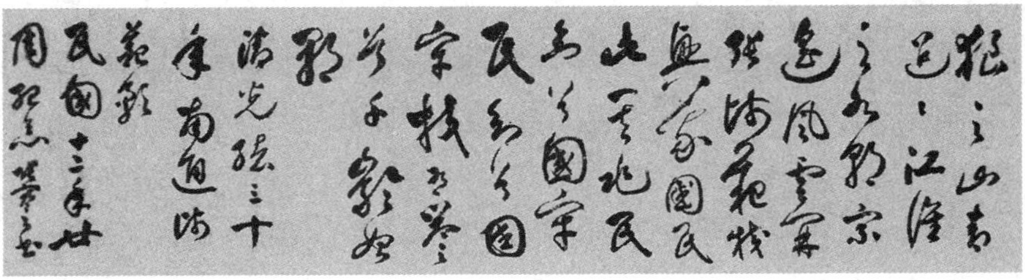

张謇为学校所作的校歌

学校校门

学生实习

中国第一所师范学校

通州民立师范学校

曹炳生

通州民立师范学校肇端于20世纪初。当时中华民族危机深重，东西方文明激烈碰撞，中国社会新陈代谢最为激烈。光绪二十八年（1902年），张謇在南通创办了我国第一所师范学校“通州民立师范学校”。通州师范成为张謇“教育救国”伟大实践的起点和在南通构建近代国民教育体系的核心。通州师范创办后，历经晚清、民国、新中国三个完全不同的时代。学校虽遭战火焚毁、动乱破坏、辗转迁徙而矢志不辍，始终为普及教育、培养师资而弦歌不辍，为我国师范教育和基础教育做出了重要贡献。

一、学校创办的缘起

光绪二十年（1894年），张謇高中甲午恩科状元。时值中日甲午战争爆发，张謇强烈主张以战求和，并单独上疏，痛斥李鸿章不仅“主和误国”，而且“以庸劣而败和局”，展现了抵抗侵略的爱国情怀。《马关条约》签订后，有识之士们深刻反思。人们开始认识到，单靠19世纪五六十年代曾国藩等“中兴名臣”掀起的“洋务运动”，并不能使中国真正强大起来。

光绪二十一年（1895年），张謇以翰林院修撰的身份，奉旨在江苏通州创办大生纱厂。光绪二十五年四月十四日（1899年5月23日），经历重重挫折的大生纱厂正式开车，并很快获得了利润。根据四月十四日开车至次年二月的收支结算，大生厂获得利润规银26 850.791两。后来经营顺利，获利颇丰。雄心勃勃的张謇在开办纱厂初见成效后，着手创办垦牧公司。光绪二十七年（1901年）正月，经两江总督批准，获得通海地区海滨荒滩的开垦权，成立了“通海垦牧公司”。至此，张謇已有较为充实的经济基础，可以去实现他的“父教育而母实业”理想了。

早在光绪二十三年（1897 年），张謇就主张全面学习西方的“政治、律例、公法、格致、植物、农商、医化、重、电、光、汽之学”。戊戌维新期间，张謇赞成废科举、兴学校。变法失败后，张謇在南京文正书院设立了“西学堂”，专教汉文、英文、翻译、算学，作为创办新式学堂的试验。光绪二十七年（1901 年），通过起草《变法平议》，张謇与地方官绅张之洞、刘坤一以及罗振玉、缪荃孙等积极磋商，筹划建立一个新的近代教育体系，创办各种新式学堂，尤以创办师范和中小学为急务。讨论中，张謇认为：中国之所以国势日颓并安于积弱，是民智不开、公理不明之故，那么“世变亟矣，不民胡国？不智胡民？不学胡智？不师胡学”，所以“欲雪其耻而不讲求学问则无资，欲求学问而不求普及国民之教育则无与，欲教育普及国民而不求师则无导。故立学校，须从小学始，尤须从师范始”。

光绪二十八年（1902 年）二月，张謇应刘坤一电邀到南京，与罗振玉一起为刘坤一拟定《学制奏略》和“兴学次第”，建议首先兴办公立师范学堂。然而，他们的提议却遭到一批守旧官员如藩司吴重熹、巡道徐树钧、盐道胡延等的反对，这些人攻讦说：“中国他事不如人，何至读书亦向人求法？此张季直过信罗叔韫，罗叔韫过信东人之过也。”认为张謇是受了罗振玉的影响，而罗振玉是受了日本人的蒙骗。刘坤一受到他们的影响，下不了率先兴办公立师范的决心。在设公立师范的提议受阻后，张謇别无他法，毅然决定以自己出资和地方集资的方式，创办通州民立师范学校。张謇在日记中不无慨叹地说：“乃谋自立师范学校，计所储任办纱厂以来不用之公费，五年本息环生可及二万圆，加以劝集，或可成也。后之人知中国师范之自通州始，必不知自二道一司激成之也。”

早在正月，张謇集通、如、泰、海各属士绅——翰林院编修沈文翰、沙元炳、金鉽，户部主事李审之，光禄寺署正范当世，分省补用道张詧，分省补用知府何桂生，陕西候补直隶州知州顾曾烜，候选直隶州知州祝寿慈，候选直隶州州判张藩，前署邳州学正马锦繁，试用教谕张师江，前任江浦县训导周家禄，试用训导祝福申，候选训导沈燮均等，议设师范学校。三月又与罗振玉、汤寿潜“谈自立师范学校之事”，并最终决定“自立寻常师范学校”。他把自己办纱厂六年来应得的酬劳两万多银元拿出来作为基础，由其所办大生纱厂拨助开办费用，并合沈燮均等乡绅捐资，自建师范学校。五月，“奉两江总督部堂刘批”，通州民立师范学校正式成立。

二、学校的艰难创办

然而，自立师范，事属创举。最关键的是经费哪里来？校舍怎么建？教师哪里聘？学校怎么管？在当时，清廷都没有明确的规定，地方上更没有可资借鉴之处，都只能靠张謇自己一一设法解决。

关于开办经费。一是张謇、张詧弟兄捐助私资；二是地方绅商解囊相助；三是大生纱厂拨助经费。据统计，自学校成立起的十年间，学校总收入为银 451 710.795 元。其中，张謇、张詧共捐私资银 118 937.33 元，占 26.35%；地方热心教育的绅商如沈燮均、陆藕堂、徐秋谷、恽心耘等捐资银 28 323.889 元，占 6.28%；大生纱厂红利拨助银 125 957.914 元，占 27.885%。宣统三年（1911年），张謇创办的通海垦牧公司又一次性拨助学校银 60 000 元，大生系统企业总计助资 185 957.914 元，占学校十年总收入的 41.7%。光绪二十八年（1902年）正月，经张謇力争，大生纱厂董事会通过决议：“原章余利作十三份派分者，匀增一份作十四份，为师范学校经费。”

在通州师范开办时期，校园校舍建设是最耗费人力、物力和财力的。最初，张謇打算借通州城内镇江商人的京江公所暂行开办，但因其地方狭小，学生寄宿不便作罢。三月，在考察了通州城东南濠外明代中叶修建的古刹千佛寺后，张謇认为此庙“三面环水，有屋数十间，年久失修，近遭火毁其正殿，并无田产，止一僧人。惟庙旁略有隙地，兼有古树，实旷静之胜处，亦基址之可凭”。如将其作为校址，“修葺造筑，需银逾万。较之买地特建，兹犹省啬”。因此，张謇依据戊戌变法期间光绪皇帝“废庙兴学”的诏令，得到地方官府批准后，开始在千佛寺基础上改建学校，“担土填河，拓地立积万方，凡为地四十一亩有奇。先后建屋一百零四间，楼一百七十二间，廊庑一百十六间。适其地势以为深广，凡容生徒上下三百余人息寝盥澡。听视吸嘘，量光度气，惟善是的，罔敢臆造。经始于光绪二十八年五月，告成于三十一年四月。”

在建校过程中，张謇才知道这里最早为静海军城故址，“见千佛寺旧碑，知地为静海军城故址，先建文昌阁，阁东有书院”。

校园、校舍由张謇和罗振玉、汤寿潜、木造高俊、吉泽嘉寿之丞、王国维等人一起精心规划设计，他们依据当时日本学校通行的学校建筑法规，结合中国传统书院建筑、古典园林建筑特点，并考虑通州地方生活习惯、地理环境等因素，以日本大阪府寻常师范学校、东京寻常师范学校等建筑为样板，设计了讲堂、礼堂、教室、总理室、教习室、事务室、雨操场、宿舍、食堂等。校园布局东西分列三部，建筑南北前后六进。中部由南至北从表门到客厅、诵堂、礼堂、时孙堂、寿松堂，构成整个校园的中轴线，诵堂、礼堂建筑厚重雄伟，时孙堂、寿松堂布局雅致。东部为生活区，西部为教学区。整个校园建筑错落有致，廊庑相连，花圃荷塘布置其间，名树古木交相辉映，成为日式近代建筑、中国书院建筑、古典园林建筑相结合，环境幽雅、风景如画的学校园林。其中最负盛名者当数寿松堂前之庭园。民国年间学校的国文教师、桐城派传人李湘伢先生曾作有《寿松堂前花木记》。

在学校建设过程中，张謇从建筑的规划、设计，到门窗、讲台、桌椅的尺寸，厕所的脚踏、砖阶，事无巨细，全面参与谋划，还经常亲临建筑工地进行监督指挥。九月，他专门将罗振玉、汤寿潜请到学校察看校舍，得到两人“以为合法”的肯定。

通州师范创校伊始，就开设了诸如地理、数学、理化、博物、教授法等近代化课程。这些课程当时在国内尚未普及，相关师资十分缺乏，因此，在师资方面，张謇亟须懂得西学新知和学校教育的人才来参与学校的创办。首选当然是罗振玉，张謇曾想聘他担任学校总理，但罗振玉当时正在上海忙于编辑出版《农学丛书》和《教育世界》杂志，又应盛宣怀之邀，为南洋公学开办东文科（虹口分校），分身乏术。于是，罗振玉向张謇推荐了日籍教习木造高俊，和年仅 27 岁的王国维，辅助学校的筹办工作。木造高俊当时是上海东亚同文书院的首席教授，精通日本法律制度，对中国古代制度也颇有研究，在书院中为日本学生讲授清朝制度。接受聘任以后，木造成为制定学校章程和教育规则的重要参与者，在建筑校舍时还被聘请测绘学校的平面图。

此外，张謇还打算聘请他担任正在商议成立的通州学务机构的顾问。王国维又推荐了他留学日本时的同学吉泽嘉寿之丞。此后，张謇又先后礼聘了西谷虎二、宫本几次、木村忠治郎、远藤民次郎、照井喜三等日籍教师担任教习。这些日籍教师在通州师范分别教授日语、算术、理化、教育学、西洋史、伦理学、教学法、教育实习、外国地理、农科部分课程，以及测绘科全部15门课程，成为通州师范创校初期教育教学的重要师资。在这批日籍教师的参与和努力下，通州师范成为一所名副其实的近代师范学校。

王国维早年留学日本，后来成为名扬天下的国学大师。光绪二十八年（1902年）十月至二十九年（1903年）十二月，王国维担任通州师范教师。到通州后，他和日籍教师一起，根据日本师范学校的办学模式和当时学校筹建的实际情形，全力协助张謇创办通州师范，如审订管理章程、参与选聘教习、教学场所布置、审查教习讲义、招生考试、协商校事等，为学校的正式开办做好了各项准备。开校之后，王国维主讲伦理、国文典两门主要课程。学校筹办期间，张謇对王国维十分倚重，寄予厚望。张謇又聘请了毕业于江南陆师学堂的池文藻担任图画、体育教习。池文藻后来游学日本，宣统年间被授予法政科举人，并以知县分省试用。张謇还聘请王康寿担任首任监理，襄理校务。王康寿的父亲是张謇的老师之一，幼承家学，曾从名师治学，与教育家唐文治同学，光绪十四年（1888年）考中江南乡试副榜后绝意进取，转而关注新学。以后，张謇又聘请了江谦、陈师曾、夏清贻、杨廷栋、徐昂、朱东润等名师到校任教。

为迅速培养一批优秀而忠实的本土师资人才，通州师范于光绪三十年（1904年）、光绪三十一年（1905年）和光绪三十三年（1907年）分三批，或学校出资，或自费，派遣了李元蘅（逸航）、王福基（锡五）、樊璞（民一）、缪文功（敏之）、曹文麟（黴一）、赵邦荣（彦臣）、陶驷原（培之）、黄家瑞（缉五）、杨安仁（次山）、秦汝砺（勉之）、李长基（若初）、熊辅龙（省之）、尤慎铭（金缄）、于忱（敬之）、张汝霖（畟人）等15名师范生到日本留学深造。他们在日本留学时间最长五年半，最短十个月，其中11人入师范科、速成师范科和教育科进修。他们学成归国后，成为推进通州师范和地方教育事业发展的核心力量。

张謇也邀请了不少中外教育大家到通州师范考察与讲学，如国学大师章炳麟（1912 年），德国学者卫西琴（1916 年），教育家蒋维乔（1920 年）、黄炎培（1917 年、1920 年、1923 年）、陈鹤琴（1920 年），美国教育家杜威（1920 年），美国教育测量专家推士（1923 年）等。这些教育大家的考察讲学，直接推动了通州师范的教育观念更新、教育实验开展和教育制度改革。

在学校筹办期间，张謇参照各国特别是日本的私立学校章程和师范学校章程，在参与办学的王国维等人的协助下，制定了《通州师范学校章程》。这个章程规定了学校的办学范围、学额分配、学制课程、招生考试、教育管理等。

光绪二十九年（1903 年）正月，学校开始招生，招生对象“择举、贡、生、监中性淑行端文理素优者为入格，报名时须得素有声望人保书，再出本学校访察试验开单招致”（《通州寻常师范学校开办章程》《通州师范学校章程》）。招生学额以“通如海泰静”五属为主分配，具体“通州三十、泰如各十六、海静各十、外府外省三十六，共一百（十）八人”。招生采用考试的办法，试题由张謇亲自参与命题。通州师范第一届学生，后来留校工作的顾怡生先生对入学考试有详细的回忆。

开校前的两个考试，一个是初试，一个是复试。初试题目：经义，“书《礼记·学记》篇后”；国文，“王文成公论”；历史，“两汉风俗优劣论”；地理，“中国现今通商埠考”；教育，“孔子教授法之大要，试举其见于经籍者言之”；算术，“一、兹有金二百三十一斤，银二百七十三斤，各造重量相等之小块，每块重量几何？二、氧气占空气百分之二十一，今有长二十尺阔十二尺高九尺之室，其中有氧气几立方尺？”正月中，学校将试题拟定，通（南通）泰（泰兴）如（如皋）海（海门）静（静海今并南通）五属，由官府出示，外府外省登报。初试是通讯考试，考文化素质，从出示登报日起，以 15 日为限，报考者把做好的试卷寄到通州师范，国文、史地试题必须全部做完；复试是现场考试，检测报考者的真实水平是否与初始相吻合。投考者的资格是举、贡、生、监。初试本科录 64 人，讲习科 26 人，讲习科免复试。

光绪二十九年（1903 年）四月初一，学校正式开校。“张謇为总理，以太仓王康寿为监理，延日人木造高俊教授日文，吉泽嘉寿之丞授数学理科”，当日行开校礼。据顾怡生先生回忆：

二十九日进校……是晚监理传语，明晨进行开校礼，先谒圣，次谒师。张先生随偕杂务宋耀门先生至各室观察，室内某物应如何放置，皆一一指示。初一日晨八时行礼。届时本科四十九人，各戴红色纬冠，金色顶，著青灰色斗纹或标布夹袍，无色斗纹或标布夹马褂，此即校章规定春季常服，集候时孙堂东廊；讲习科不住宿校（有外省一人、外县二人特许住宿）届时到，集候西廊下。监理一一点名毕，杂务宋先生导总理、监理及木造、吉泽、王、池四教习，由时孙堂出。总理，翰林院修撰冠服，冠砗磲顶，着鹭鸶补服；监理，副贡生冠服，冠花金顶，着绣鹌鹑补服，从礼堂东梯升，本科讲习科随之。礼堂中供孔子像及光绪帝影。既登堂，各立布垫前，一垫容三人。宋先生赞礼；先行谒圣礼，三跪九叩首；次行谒师礼，三长揖，总理以下答揖；最后同学相见礼，即分东西各立一揖，依次出，从西梯下。无琴可按，无歌可唱，而升降进退间，自然有一种肃肃雍雍穆穆皇皇之气象。地方官绅皆于午前来校向张先生致贺，寿松堂上，一时翎顶辉煌，张先生与之周旋言笑，手持二尺余长之淡色巴菰烟筒，且吸且谈……四时许，监理传知至讲堂听总理演讲，登堂后，张先生介绍范先生肯堂，谓请范先生代说，范先生讲十余句，谓今日有病不能多说话，大家以为张先生要讲话而张先生默然，遽导范先生出，同学亦依次退。晚膳，监理又传知揭示处看演说稿，于时大家争先恐后往看。稿为文案所手录，题目“总理开校演说”。

身为状元公的张謇善书能文，其文名早已誉满海内，此时即兴所作的《总理开校演说词》言简意赅，自有磅礴之气势。

今日是通州师范学校落成与诸君协兴普及国民教育造端之第一日。诸君既来学，志趣已自向明，愿以下走创立此校之宗旨，与诸君言之。

中国今日国势衰弱极矣，国望亏损极矣。国者民之积，民之中各有一身在焉。国弱望亏，其害之究竟，直中于人人之一身。环顾五洲，彼所称强大文明之国，犹是人也。以我中国黄帝尧舜神明之胄，退化不振，猥处人下，至有以奴隶目我者。诸君以为可耻否乎？

欲雪其耻而不讲求学问则无资，欲求学问而不求普及国民之教育则无与，欲教育普及国民而不求师则无导。故立学校须从小学始，尤须先从师范始。我中国二千年前教育与各国师范义法近者，独《礼记·学记》一篇，然沉晦久矣。管理卫生亦不及各国之详。各国师范学校皆国家建立。七八年来无可希冀，欲与二三同志图之而又无资。遂有从事实业之想。数年以来，竭蹶经营，薄有基础，益见实业教育二事，有至密至亲之关系。勉强图之，然智浅能薄，唯恐有误教育之心不敢斯须忘也。

下走生平及数年以来，所与二三同志摩厉而夹持者，以忠实不欺、坚苦自立为宗旨。今日建立此校，所愿为诸君相期者，亦唯此忠实不欺、坚苦自立二语，为诸君摩厉夹持之助。

诸君诸君，须是将天下一家、中国一人、民吾同胞、物吾与也之道理，人人胸中各自理会；须是将先知觉后知、先觉觉后觉之责任，人人肩上各自担起。肯理会，肯担任，自然不惮烦琐，不逞意气，成己成物，一以贯之。孟子曰“人皆可以为尧舜”，愿诸君开拓胸襟，立定志愿，求人之长，成己之用，不妄自菲薄，自然不妄自尊大。忠实不欺，坚苦自立，成我通州之学风。庶几实业教育，扩而日新，佐下走不逮；岂惟下走之幸，亦诸君之荣也。

在“开校演说”中，张謇着重强调向西方学习，勉励学生在国家民族所面临的”三千年未有之大变局”中“忠实不欺，坚苦自立”。

三、学校的曲折发展

通州师范初名通州民立师范学校，1912年改名“私立南通师范学校”“江苏省立代用师范学校”，1921 年改名“江苏省第一代用师范学校”，1927 年改名“私立张謇中学”，1928 年改名“私立通州师范学校”，1951 年改名“苏北私立通州师范学校”“南通私立通州师范学校”“苏北私立通州师范学校”，1952 年改名“苏北南通师范学校”，1953 年改名“江苏省南通师范学校”，1973 年改名“南通市师范学校”，1979 年恢复“江苏省南通师范学校”校名，2005 年改名“南通高等师范学校”，2014 年改名“南通师范高等专科学校”。

通州师范创办后，屡遭战争、动乱破坏，曾经数次迁徙。自创校至 1938 年，学校一直在南通城东南三元桥校区办学。抗日战争全面爆发后，1938 年 3 月，日寇占领南通，三元桥校舍被毁。为保持民族气节，维系教育命脉，广大师生迁往位于东南沿海的第二附属小学坚持敌后办学。1945 年抗日战争胜利后，在“张季直先生手创教养事业复兴委员会”和大生纱厂支持之下，学校在三元桥旧校址上重新兴建校舍，由“张季直先生手创教养事业复兴委员会”筹拨棉纱 1 000 箱，大生纱厂拨款法币 6.1 亿元，至 1947 年 9 月，基本完成了复校重建工作。1966 年“文化大革命”爆发，1968 年至 1970 年学校校舍被南通市晶体管厂先借后占，南通师范被迫迁至省纺织技工学校。据统计，南通师范共向晶体管厂移交教学办公用房 4 747.62 平方米，生活用房 5 560.61 平方米，水井 3 口，围墙 433.7 米，操场 6 200 平方米，传达室 33.28 平方米，名贵树木 59 株。1969 年 6 月，南通市革委会决定，南通师范由东方红印刷厂办，原城区民办初中与南通师范附设的城中民办初中班合并，建立南通师范学校初中部。1970 年 7 月，市革委会决定，改由通玻一厂工宣队领导通师“斗批改”。1974 年 6 月南通市革委会决定，拨用易家桥西北园林管理处用地，建设南通师范新校舍。1976 年初初步建成，建筑面积为 8 367 平方米，学校于 1 月搬入新校区办学。

四、通州师范是中国第一所师范学校

张謇曾经自豪地说：“中国之有师范学校，自光绪二十八年始，民间之自立师范学校自通州始。”通州师范因其在初创时期创造的多项“全国第一”，被公认为是中国第一所师范学校。

中国近代教育系自西方输入，早期洋务学堂重在西言、西艺、西政之实施，学堂教习也多聘西人，自己并未注意培养。直至光绪二十二年（1896 年），梁启超撰《变法评议》，其中有《师范论》一篇，开我国讨论师范教育之先河。盛宣怀于光绪二十三年（1897 年）在上海奏办的“南洋公学”附设“师范院”，虽然开近代中国培训师资之先河，但“师范院”既非独立设置的师范学校，也和近代培养师资的师范专业相差甚远。开学初期的师范院并无一定的课程表，教员何时到校即于何时授课。光绪二十四年（1898 年）后开始按学科分班授课。中学之外，还设西文、西学。中学的教授方法，用指定书籍令学生自修，按时呈送教师批阅和劄记。当时入学的学生中文程度都比较高，“经史子集”能任选自行研究，基本上是沿用旧式书院的学习方法。西文部分有英文、日文，以后还有法文，由学生挑选一门，边学边作翻译。光绪二十五年（1899 年），不兼职的师范院学生重新编班，因人数少改称师范班。师范班学生又陆续就业、升学、出国，至光绪二十九年（1903 年），只剩下几人，师范院随即停办。光绪二十四年（1898 年），京师大学堂创办。光绪二十八年（1902 年），京师大学堂附设师范馆正式开学，虽然在中国近代最早实施高等师范教育，但也不是独立设置的师范学校。光绪二十八年（1902 年）四月，张謇拟就《通海请立师范学校公呈》，由沙元炳寄送两江总督刘坤一。五月，奉“两江总督部堂刘批”，正式批准成立“通州民立师范学校”。张謇等人拟定《通州师范学校开办章程》；通州师范千佛寺校址建筑工程开始。因此，光绪二十八年（1902 年）“通州民立师范学校”的创办，乃无可置疑的是首开我国独立设置师范学校之先河，引领风气，“后年许，而张公之洞设于武昌；又后半年许，而刘公坤一设于江宁”。直至光绪三十年（1904 年），清政府才正式颁布《奏定学堂章程》，将师范教育从初拟附设于大、中学堂内，改为独立系统。由此可知，通州师范是我国第一所独立设置的师范学校。

更难能可贵的是，通州师范又是我国第一所民办师范学校。自光绪二十八年（1902 年）筹设自立师范学校始，至宣统三年（1911 年），张謇、张詧弟兄捐资 118 937.33 元，占学校十年总收入的 26.35%；其他绅商捐资 28 323.889 元，占 6.28%；大生系统企业资助 185 957.914 元，占 41.7%。以张謇为代表，以“绅商”为主体的社会力量肩负起了本该由国家承担的建立近代师范教育体系的重任。

按当时习惯，通州师范应称“学堂”。在光绪二十七年（1901年）撰写的《变法平议》中，张謇也只言“学堂”而不称“学校”。那么，通州师范为什么不称“学堂”而径称“学校”呢？一种说法是，在通州师范建校过程中，金沙乡绅王兆芳先生建议：“堂者，办事之处。此乃授业解惑之所，应改为‘校’字。校者，教也。”张謇欣然采纳了王兆芳的建议，决定改称师范学校。另一种解释认为是出于对日本学制的模仿。当时日本称“学校”而不称学堂。光绪二十七年（1901年），罗振玉主办的《教育世界》翻译日本各种教育法令时也译为“学校”，也许二者兼而有之。当时通州师范称“校”而不称“堂”是十分特别的，因为当时国内的新式学校都称“学堂”，如稍后创办的如皋县师范就称“师范学堂”。张謇率先将通州师范称为“学校”，10年后，即1912年中华民国成立后才由教育部通令全国将“学堂”一律改称“学校”。因此，通州师范是清末第一个采用“学校”名称的师范学校。

通州师范创办时，国内师范教育尚附设于大、中学堂内（如南洋公学师范院、京师大学堂师范馆），清政府稍后颁布的《钦定学堂章程》（即“壬寅学制”），也没有制定专门的师范学堂章程，当时仅《钦定京师大学堂章程》中有《京师大学堂师范馆章程》可资参照。师范学校如何办学，无法可依，无章可循。张謇在王国维等人协助下，制定了中国第一部师范学校章程《通州师范学校章程》，并于光绪二十九年（1903年）三月由上海澄衷学堂印书处正式出版。《通州师范学校章程》包括如下内容：“1. 通海请立师范学校公呈；2. 两江总督部堂刘批；3. 通州寻常师范学校开办章程；4. 通州师范学校议；5. 通州师范学校招集生徒章程；6.《通州师范学校学课章程》；7. 通州师范学校教习考核章程；8. 通州师范学校职务章程；9. 通州师范学校管理章程。”学制上设定了师范四年本科、两年简易科、一年讲习科三种学制。本科为完全学制，简易科、讲习科是应地方亟须教育人才而设立，在本科毕业人数增加后逐步裁撤。同时，张謇在学校创办之初还规划了“本科四年卒业后增高等师范学科”的发展蓝图，准备在寻常师范学校基础上创办高等师范学校。课程设置方面，在科目设置、教学内容和周课时数上基本参照当时日本师范学校的设置规定。《通州师范学校章程》的制定实施，使近代学校制度在通州师范得到确立。

通州师范又是清末第一个制定校训、校歌的师范学校。光绪三十年（1904年），张謇以《总理开校演说词》中“坚苦自立，忠实不欺”两句“揭书于堂，以为校训”，让它伴随每一个师范生成长。张謇又作了《通州师范学校校歌》，其词曰：“狼之山，青迢迢，江淮之水朝宗遥。风云开张师范校，兴我国民此其兆。民智兮国牢，民智兮国牢。校有誉兮千龄始朝。”翌年，张謇请当时在校任教的音乐、图画教师单林（字竹孙）为校歌谱曲，用笙箫管笛等乐器伴奏，谱略同于昆曲。同年，又请上海音乐家沈心工先生再谱曲，用风琴伴奏。检索《中国师范教育》《中国近代学制史料》《中国近现代音乐史》等著作，没有发现同一时期其他师范制定校训、校歌的记载。

王国维先生在通州师范教授的“伦理”和“国文典”两门课程也具有教育史的意义。这是近代以来中国人第一次在中国师范学校中教授这两门课程。目前尚未发现南洋公学师范院存续期间，开设“伦理学”“国文典”和国人教授这两门课程的明确记载。也没有史料表明京师大学堂师范馆开设了“国文典”课程。同一时期创办的三江师范学堂亦延聘日本教习讲授教育学及理化学、图画学各科。王国维就像是一位盗火者，他把近代教育学、心理学、哲学、伦理学、美学、汉语语法等科学知识传播到了通州师范，使通州师范成为清末民国时期江苏重要的教育学、心理学、语言学、艺术学学科基地。

中国第一座现代博物馆——南通博物苑的创办也和通州师范有莫大的关系。光绪二十九年（1903年），张謇自费东渡日本考察。在日本期间，先后参观了札幌农学校博物馆、植物园、东京帝国大学理科大学附属植物园，加深了对博物馆、植物园辅助学校教育功能的认识。光绪三十年（1904年）十二月九日，张謇“规学校公共植物园”。翌年张謇分别作《上学部请设博览馆议》《上南皮相国请京师建设帝国博览馆议》，指出“然以少数之学校，授学有秩序，毕业有程限，其所养成之人材，岂能蔚为通儒，尊其绝学？盖有图书馆、博物院，以为学校之后盾，使承学之彦，有所参考，有所实验，得以综合古今，搜讨而研论之耳”。建议“今为我国计，不如采用博物、图书工馆之制，合为博览馆，饬下各行省一律筹建。更请于北京先行奏请建设帝室博览馆一区，以为行省之模范”。并提出了具体的规划建设方案。张謇“揆诸时局”认为是“诚不可缓”的大事，却在昏聩的清政府那里遭到搁置。对此，张謇并未气馁，而是自行实践，把规建中的通州师范公共植物园改建成了博物苑。

博物苑自创办，即明确附属通州师范。《博物苑观览简章》规定：“博物苑之设，为本校师范生备物理上之实验，为地方人民广农业上之知识……本校学生则身受本校之教育，应知此苑附属本校，有共同爱惜之心。”博物苑是中国人创办的第一座学校博物馆，又幸而成为中国博物馆事业的发祥地。据1914年9月《南通师范校友会杂志》第四期刊登的《通州师范学校十年度支略》，“支博物苑购地建筑费银元四万二千二百四十元零二角四分五厘”。1912年更名为“私立南通师范学校”的通州师范接到江苏都督程德全训令，因其办学“成绩昭著”，由省改为代用，再更名为“江苏省代用师范学校”。博物苑与通州师范名义上脱离直辖关系，改名为南通博物苑，属于张謇家族管辖的事业，但仍与通州师范有密切关系。1928年，张謇的儿子，南通大学校董会主席校董、校长张孝若决定将博物苑移交给南通大学管理，博物苑成为南通大学的附属机构。1935年，南通学院院长、通州师范校长张孝若决定将博物苑再移交给通州师范管理。抗日战争期间，南通沦陷，南通博物苑被日本侵略军占用，遭到严重破坏。抗日战争胜利后，南通县教字第一号指令下达“准予发还”，博物苑回归通州师范管辖。1952年9月，经教育部批准，通州师范改为公立，原属通州师范管理的博物苑移交，博物苑直属苏北人民行政公署文化事业管理局领导。

“盲哑学校师范科”也与南通师范有关，入“盲哑学校师范科”学习者都是南通师范在校学生。1915年，张謇在博物苑设立了“盲哑学校师范科”，“聘教师毕庶沅、崔文祥分任教授，造就师资，定一年毕业”。“盲哑师范科”的课程，盲部有凸字、科学、音乐、教授法；哑部有音学、科学、农工、教授法。“（1916）年十二月师范科毕业者计九人。”“盲哑学校师范科”在当时是一个史无前例的创举，它既是中国人自办盲哑教育的开端，又是中国盲哑师范教育的源头。

五、通州师范的社会影响

通州师范为构建近代南通国民教育体系、引进西方教育文化理念、普及义务教育作出了突出贡献，产生了深远影响。

在光绪二十七年（1901年）张謇撰写的《变法平议》中，提出了“普兴学校”的五年建设规划。翌年创办通州师范后，光绪三十一年（1905年）和光绪三十二年（1906年）建成高等小学、女子师范，之后又建设公立中学，并在通州师范创设测绘科、农科、土木工科、蚕桑专科，宣统三年（1901年）至1912年开办商校、银行专修学校、医学专门学校、纺织专门学校，1913年创办第一幼稚园，后又创办盲哑学校，筹创南通大学，成立农、医、纺三科。此外，还先后开办了法政讲习所、国文专修科、巡警教练所、监狱传习所、镀镍传习所、女工传习所、职业学校、伶工学社、交通警察养成所等职业训练、培训机构。由此，在清末民初的近20年时间里，南通创办起了一个以通州师范为起点和核心的包括基础教育、师范教育、职业教育、高等教育、特殊教育、继续教育以及博物苑、图书馆等在内的门类齐全的近代国民教育体系。光绪三十一年（1905年），南通地区又率先成立了“通海五属学务公所”，对设定学区、建立管理机制、筹集办学经费、规定学校数量和建设标准等地方基础教育诸要素进行科学规划并有序推进。如宣统元年（1909年）按地域和人口设定了21个学区，规定在人口密度较大的城厢地域以16方里为单位，人口密度较小的垦牧地区以200户至300户为单位设立一所初等小学，并依据初等小学毕业生十分之一的人数设立高等小学和农工商小学。到1925年，南通县已建成初等小学329所，完全小学12所，中学5所，师范学校2所，职业学校4所，大学1所，基本实现了当年的教育规划。

在创办和建设通州师范的过程中，张謇以中西会通的宏大气魄，既大力弘扬以“天行健，君子以自强不息”的中国传统文化精神，更不遗余力地推广以“民主与科学”为核心的西方近代教育文化理念。张謇提倡严格教育，要求学校师生努力成为“明公理、修公德、有礼法、不苟简”的模范国民。张謇时代的南通各校都重视修身、法政、劳动和体育课程，尤其注重学校考勤、值日、卫生和礼仪。一大批学有专攻的大师名家，如王国维、江谦、陈师曾、吕思勉、屠寄、杨廷栋、朱东润、陈邦怀等，在南通各校任教，培养出了孙支厦、陈学昭、袁翰青、朱汇森、王裕凯等大批知识精英。张謇还聘请了一些基督徒担任学校教师。积二三十年之功，以“坚苦自立，忠实不欺”为主旋律的南通近代教育终于蔚为大观。

以通州师范为代表的南通第一批近代学校，包括南通女师、如皋师范、海门师范、南通中学、农校、纺校、海门中学等，从创校始，即以传播新知、追求真理为己任，因而也就普遍成为南通地区历次爱国运动、进步文化和革命力量的主要活动基地。在张謇时代，历经辛亥革命、新文化运动、“五四”运动、五卅运动，以季方、黄家瑞、顾南洲、王盈朝、刘瑞龙、张冠今、李俊民、朱文英、顾民元等为代表的大批进步师生、青年才俊，又为南通教育注入了追求真理、献身民主的崭新内容。

以于敬之、顾怡生、易作霖、李素伯、张梅安等为代表的大批通州师范毕业生，会同南通女师、如皋师范、海门师范等校毕业生，坚守崇高的社会责任与教育理想，将毕生精力全部奉献给了南通地方教育事业，使南通成为“我国第一个实施四年义务教育的县”。

1920 年 6 月 5 日至 8 日，在中国巡回演讲的美国哲学家、教育家杜威应南通县中等以上学校联合会之邀，由江苏教育会副会长黄炎培、北京大学教授沈默君及东南大学教授陈鹤琴、刘经庶、王伯秋等人陪同，到南通考察、讲学。杜威对当时的南通教育留下了深刻印象，他说：“今日所欲与诸君研究者，即教育者之责任，是向在宁、沪尝言之，今复欲于此问题，再加研究者，盖南通为中国建设师范最早之地，故言之弥觉亲切有味也……今兹一度游通，觉此邦文物，吾后来殆眷恋不忘。而其最足印吾心目中者，厥惟师范教育。”

杜威对南通教育发展状况的赞誉，是当时考察过南通的中外人士的共同感受。

中国第一个实施义务教育的县

南通县

南通是中国现代学校教育的发源地之一，张謇在南通领导建立起一个从幼稚园到小学、中学、大学，从师范教育到职业学校、社会教育、特殊教育的完整的示范性学校教育体系。宣统三年（1911 年），张謇在全国率先制定了州（县）一级地方普及四年制义务教育的初步规划，计划在南通建成 332 所初小。经过不懈努力，到 1921 年，计划目标基本达成，南通成为闻名全国的“教育模范县”。

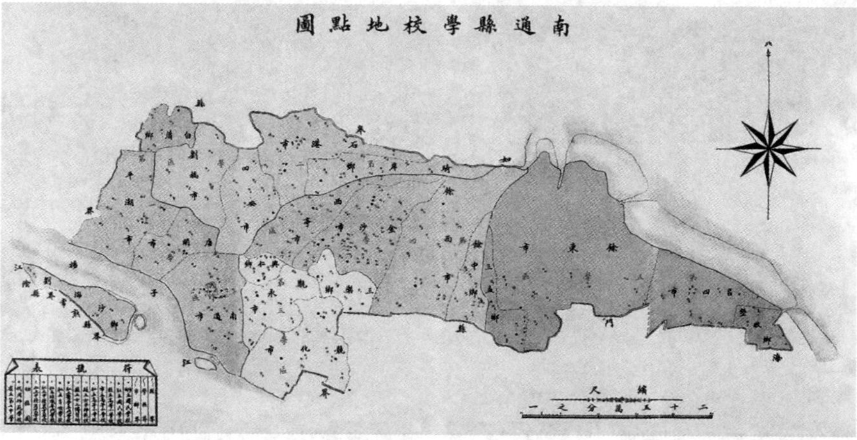

1918 年绘制的《南通县学校地点图》

女子师范学校附属小学校校园

女子师范附属小学校洒扫实习

白塘庙初级小学校校门

通州民立师范学校附属小学校第一届师生合影

南通女子师范学校附属纪念小学

中国第一个实施义务教育的县

南通县

都 樾

南通是中国现代学校教育的发源地之一，清末民初，以实业家、教育家张謇为代表的一批进步绅商和知识精英在南通展开了一系列示范性的兴学实践，建立起了一个包括基础教育、师范教育、职业教育、高等教育乃至特殊教育、社会教育在内的完整的现代学校教育体系，“举足为全国模范”，在海内外产生了深远的影响。1912 年，国内教育界人士一般认为：“南通教育之最发达者首推小学教育。”西方观察人士更认为：“（南通的）男孩女孩都能就读的现代小学——这一系统涵盖城镇及农村的三百多个单位，其分布之广泛，实施之高效是当时除了英属印度之外任何亚洲地区都无法匹及的。”南通在普及小学教育上取得的卓越成就，源于宣统三年（1911 年）前后张謇在地方领导制订了我国第一个州县级地方普及教育、义务教育实施规划，并为之付出了持续而艰辛的努力。

一、南通普及教育的筹备与规划

义务教育（Compulsory Education）在中国是近代中外文化交流的产物，其内涵主要是指根据国家法律规定，对适龄儿童实施一定年限的、普及的、强迫的、免费的学校教育。译介之初，“义务教育”也被称作“普及教育”“强迫教育”“免费教育”“国民教育”等。清末兴学之时，在救亡图存的大时代背景下，张謇及其同时代的兴学者则更多地使用“普及教育”一词，因为在他们看来，“教育救国”的目标在于国民知识文化素质的整体提升，在对适龄儿童施以国家规定的文化教育的同时，对已逾龄而未受基本教育的国民，也应施以国民补习教育。普及教育或义务教育的实施是一个复杂的、渐进的历史进程，它关涉观念制度的引入、教育模式的探索、课程内容的调适、教学方式的求索以及师资培养、行政督导、经费筹措等核心要素的抉择、创生与统整。在这一进程中，张謇以开阔的视野、系统的规划和莫大的决心，在南通乃至江苏进行了拓荒式的教育探索与实践。

张謇参与近代兴学的实践活动，始于光绪二十三年（1897年）在上海襄助经元善改正经书院为女学，并且奉两江总督刘坤一之命筹办上海工艺学堂，在南京筹办明算、测绘小学堂。光绪二十七年（1901年），张謇又应刘坤一、湖广总督张之洞之邀，参与了清末新政改革纲领——《江楚会奏三折》的谋划，并撰写出《变法平议》，较全面、系统地阐述了他对国家层面的改革主张。其中，对教育改革，他主张“由各府州县小学、中学循序而至高等学堂、大学堂之序”普兴学校，提出了一个包括分年筹办、中心试点、师资培养、学区划分等实施义务教育基本内容在内的五年规划设想。此后至光绪二十九年（1903年），张謇又奉刘坤一、张之洞之命，参与了清政府授意的学制讨论和省级地方兴学规划，他提出的首重师范教育源头、立足国民教育发展、会通中西教育文化的主张，受到了部分保守迂腐、政绩唯上的省级官僚的强烈反对。后来张謇曾回忆说：“兴教育而从师范入手者，师范校乃小学师资所从出，小学乃教育之基础。当时清廷昌言兴学，筹设大学校，鄙人独持小学为基础之议。”义愤之下，张謇回到家乡，决定依托他所创办的实业和地方社会力量，从师范和小学入手，在南通建设一个学校教育的示范区，立志“以南通教育，树全国之模范”。

光绪二十八年（1902年），张謇在南通设立通州民立师范学校，开中国师范教育之先河。同年，具有初等小学性质的川港白华书塾，由他的友人周家禄等创办起来。光绪三十年（1904年），他又鼓动知州王仁堪设“模范初等小学”于通州学宫。为统一地方学务管理，光绪三十一年（1905年）五月，成立通海五属（通州、静海、海门、如皋、泰兴）学务公所，张謇、沙元炳、孙宝书任议长，议员13人。同时为“齐一课程，综核教法”设“初等小学调查员”。通海学务公所是我国最早的府州县级地方教育机关之一，它的成立有力地推进了地方兴学。据统计，至光绪三十一年（1905年），通州初等小学共 14 所，而这一年增设的就达 9 所。学务公所成立后，张謇等议定以城厢为起点，分东、西、东南三路“择要建校”的兴学方案。光绪三十三年（1907 年）正月，按学部指令，学务公所改设为南通州教育会及劝学所，并设联合办事处。会所成立后，张謇认为按要求首先应该划分学区，其最科学的方法是就适龄学童数或户籍人口数按地域划分，前提是有精确的测绘舆图作为依据，在此项工作完成前只能暂按分路兴学办法实施，于是兴学路线又议增了南和东北两路。十月，通州教育会常会上进一步明确了劝学方法、预备教员、调查员权限、劝学所筹款、整理私塾等事项。经过数年的努力，至光绪三十四年（1908 年）底，通州已设立初等小学 54 所，高等或两等小学 4 所，并且通州师范学校毕业师范生已达 187 人，分任各地方小学教员。

学校教育初具规模，普及教育略有基础之后，自宣统元年（1909 年）起，张謇开始着手全面推进地方教育发展：一是普及初等小学教育，二是构建从初小、高小到中学、专门学校、大学的地方教育体系。这一年二月，清学部按照预备立宪要求，奏报分年筹备事宜，计划至宣统八年（1916 年）在全国全面试行强迫教育，并对小学教育的年限问题、教课程度问题等进行了讨论，其中初步明确了施行义务教育各年推进要求和内容。张謇作为学部头等顾问官和江苏教育总会会长参与了相关讨论，先后撰写了《呈学部请变通初等小学堂章程》《初等小学教育必须改良之缘起》《学制宜仿成周教法师孔子说》等，主张初等小学年限由五年缩减为四年，并变通其科目，增加国文授课时间，减少读经课时、内容及降低课程难度等。这些建议均被吸纳进当年三月学部《奏拟变通初等小学堂章程折》和宣统二年（1910 年）十一月《奏改订两等小学堂课程折》。对初等小学教育如何普及，清政府在光绪三十年（1904 年）《奏定初等小学堂章程》中曾明文规定：五年以后、十年之内，每二百家必设初等小学一所。宣统元年（1909 年）正是实行之期。作为东南立宪派的首领，张謇认为：“宪政之要，首在教育普及。”“如期教育普及，须更分区建设。”于是，光绪三十四年（1908 年）七月至八月，在张謇领导之下，南通地方先后组织州议事会和董事会选举，继天津之后，在全国率先筹办地方自治。州之下设二十一市乡自治公所，亦即推进普及教育的二十一学区。

最初，张謇对学校建设按户而计的普及方法是认同的，所以在光绪三十二年（1906年）曾初步估算，“以州境计，初等小学当得二三百所”。到宣统元年（1909年）又进行了相对精确的测算：“以通州全境面积八千方里、户十五万八百九十二论，按部章须初等小学七百五十八处。”同时，张謇又结合地方办学实际状况进一步分析，从师资培养年规模而言，15年之后才能满足需求，再考虑到地方筹集办学经费等问题，可能到20年之后也不一定能完成建成750多所初小的规划。因此，结合地方自治的推进，张謇提出“应变通初等小学之设置”，制订一个在五年内能取得明显建设成效的地方普及教育计划，作为实现教育普及的第一步。

首先，考虑到南通大部分地区“居民无甚疏密”的状况，张謇认为可以参考日本明治元年(1868年)按地域面积划分学区建设初等小学的做法。其时，在张謇主持之下，光绪三十四年（1908年）三月，通州设测绘局，积极开展南通全境测绘工作，实测工作历经400天，于宣统二年（1910年）六月完成。由此，张謇向通州劝学所、教育会建议：以25方里为单位建设一所初小，按州境方一万里计算，应建初小400所。同时，学童每日上学放学行走十里，可以让他们养成吃苦耐劳的品质。不久，张謇冒着小雨从崇明久隆镇至通海垦牧公司，感受到乡间道路的泥泞难行，由此想到让儿童每日行走十里是不合适的，更会有碍学校教育的普及。因此，他又建议改为每16方里设一所初小，应建600所。

其次，张謇主张多设单级学校，推广单级教授法，认为：“东西文明之国，其教育得以普及者，赖单级小学之力为多”，“此于中国今日最宜”。因此，张謇计划初等小学“六百所中，以五百所作为单级，用三年级，每校八十人，分三年计，每年二十七人。以一百所为合级，用四年级，每校多寡，通计约一百二十人，分四年计每年三十人。三四年后，每年可得初等小学毕业儿童一万六千五百人”。同时，宣统元年（1909年），江苏教育总会筹办单级教授练习所，选派俞子夷、杨保恒和通州师范毕业生周维城前往日本考察单级、单级复式与二部制教学，回国后即组织培训、推广。宣统二年（1910年）七月，南通在通海五属中学校设单级教授研究所，组织小学教员进行培训。

宣统二年（1910 年）九月，张謇担任议长的江苏咨议局议决《推广初等教育方法》六条，对城镇乡自治公所设置初等小学的相关职责、义务及实施办法予以明确，并经两江总督批准施行。十一月，学部出于“专为注重小学，力图普及起见”，奏复普及教育最要及次要办法，强调从改订小学课程、教科书和订立教育法令及经费办法等方面，切实大力推进全国教育的普及。同时，奏准改订两等小学堂课程，明确初等小学一律以四年为毕业限期，这为后来义务教育年限的确定提供了依据。宣统三年（1911 年）二月，通州测绘局完成通州全境实绘工作，绘制出五千分之一比例的测绘图 55 张，至 1914 年共绘制测量图 453 张。这一浩大工程的完成及其成果不仅“为一千七百县之嚆矢”，其对于地方建设尤其是准确划分学区地域界限、统计学区人口和学龄儿童数据更为重要。由此，张謇认为从中央到地方，南通率先推进普及教育的内外环境和良好条件已经形成。经其提议，宣统三年（1911 年）二月十日，在通州自治公所召开特别大会，计划全县小学事。会上，张謇演说两个时辰，与会代表最终议决：通州面积 7 435 方里，除滨江滨海草地外，约计 5 300 多方里，按 16 方里设一所初小的计划，全州应设 332 校。全部设立后，每校平均 70 人，每年约有 6 000 人毕业，以其十分之一升入高等小学，至少应设立 12 所高等小学。截至宣统二年，南通已成立初等小学 87 所，其中同在 16 方里内已成立几所学校的统以一所计算，应增初等小学 297 所，从宣统三年至“宣统七年”分五年办成。在决议计划之外的沿江沿海草地、荒滩，自光绪二十七年（1901 年）起，张謇集股创办通海垦牧公司，掀起了苏北滨海地域的开发大潮。对于垦牧地区如何普及教育，张謇考虑地广人稀，渐次开发的现实状况，认为使用学部按户口数设定的方法更为合适，即：“预计凡一隄之中，佃户满二百至三百，视学龄儿童之多寡，即设一国民小学校。视国民学校与邻近国民校升学人数渐增，足设高等小学时，则设高等小学校，以为次第之序。”规划议定之后，上海《时报》《教育杂志》等媒体以“南通州教育普及之计划”为标题进行了报道，引起社会的广泛关注。

二、南通义务教育的实施与推广

宣统三年（1911 年），南通普及教育计划制订后，自治公所责成办学绅董赶紧兴设21个学区，并且各区每年选派二人委托通州师范培养。然而，规划易，实施难，尤其面临辛亥革命后政局跌宕、乱象频仍、战争不断、国库空虚、民不聊生的国家形势，地方普及教育更是难上加难。民国成立后，1912年9月，教育部公布《学校系统令》，明确“小学校四年毕业，为义务教育”，以法令的形式明令推行义务教育。1915年4月，教育部出台《义务教育施行程序》三十一条，基本涵盖了近现代推行义务教育的各项实施内容，计划全国义务教育分两期办理，拟至1916年12月完成。在此基础上，北洋政府为推行义务教育颁布了卷帙浩繁的各种文件。但是这些文件大多是难以付诸实施的纸上谈兵，缺少得力措施，政府推行义务教育，从中央到地方未见多少实际行动。从实际成效来看，到1920年全国学龄儿童的就学率尚不到10%。因此，有时论说：“普及义务教育在我国今日不过为教育界之一名词耳，实行之期穹远难知。”但就南通而言，1912年，张謇利用其政治地位和个人影响力，所取得的成效是显著的。一方面，第一次世界大战爆发后他所经营的大生资本集团进入了发展黄金期，使南通基本未受到国家政治动荡和战乱的太大影响，地方社会较为安宁；另一方面，张謇以自治为名，积极推进地方建设，出现了“学校普设，工场蒸盛，垦牧森林之广斥，市警路政之秩理”的发展繁荣景象，并赢得了“自治模范县”的美誉。而当时南通作为全国的自治模范，也被誉为“江苏教育试验场”，以义务教育和职业教育为重点竭力推进教育普及和学校系统建设。

1912年，南通撤州改县，劝学所改为学务科并入民政署，教育会独立“专司研究之职”，将历年经理的城厢初等小学转辖于市乡自治公所。1914年，袁世凯下令停办地方自治，为继续推进地方教育事业，南通县设学务委员5人，分掌21市乡学务，后统划为5个学区。1915年遵令初等小学一律改称国民学校。1918年教育行政再次独立，南通重新组织县劝学所，并遵令开展学龄儿童普查工作，1920年统计南通学龄儿童总数为126 400余人。1923年，劝学所改组为县教育局，奉部令高等小学改为完全小学，添设初级部，国民学校改称初级小学。虽然地方教育行政与管理机制、体制有所变化，但在张謇、张詧、孙儆、褚南强等为首的官绅共同努力之下，南通的普及教育事业得以持续不断地推进，其历年发展情况如下：

表一 清末民初南通初等小学、国民学校、初级小学情况表

年份\统计	初等小学数	就学数	就学率 /%	年份\统计	初等小学数	就学数	就学率 /%
1910	87	—	—	1919	299	16 695	13.21
1911	113	—	—	1920	317	27 645	21.87
1912	188	6 500	5.14	1921	331	30 603	24.21
1913	200	—	—	1922	—	—	—
1914	237	9 999	7.67	1923	—	—	—
1915	260	13 596	10.76	1924	343	21 953	17.37
1916	271	13 716	10.85	1925	351	23 420	18.53
1917	278	15 491	12.26	……	—	—	—
1918	294	16 674	13.2	1934	349	38 816	30.71

表二 南通县增设初级小学校数目表

年 份	增加校数	年 份	增加校数	年 份	增加校数
1903	1	1911	25	1919	14
1904	1	1912	27	1920	13
1905	9	1913	48	1921	8
1906	25	1914	23	1922	5
1907	11	1915	41	1923	6
1908	9	1916	15	1924	9
1909	11	1917	16	1925	5
1910	14	1918	15	总计	351

从以上两表可见，原先预计用 5 年（1911—1915 年）增设初等小学 332 所的普及教育计划，用了 10 年的时间，至 1921 年才基本完成。导致实施进程延长一倍时间的主要原因有：一是清末民初的政治动荡进一步加剧了国贫民困，老百姓尤其在广大乡村把送孩子读书看作一种严重的负担；二是地方筹集义务教育经费困难，初等小学的举办主要由市乡负责，在民国初期地方税的征税体制尚未完全确立之时，学校的开办和日常经费往往捉襟见肘、难以为继；三是以张謇为代表的地方普及教育推动者在一定程度上看轻了推行

义务教育的难度，冀希一气呵成，迅速提升国民素质，往往欲速则不达。如1914年预定分年设立初等小学计划，拟于1915年、1916年各增设初小59所，但实际建成41校和15校。然而，放眼全省全国，直至1930年度全国义务教育普及率仅为21.8%，只及南通县十年前的水平。因此，在当时的教育界看来，南通教育已“为有系统有基础之发达，至分明而至稳确”，“规模宏远，计划详明，对于将来有此完备之规划，日计不足，岁计有余，必有普及之一日”。于是，南通教育在大江南北声名鹊起。

1918年5月，山西在全国率先颁布《施行义务教育程序》，作为当时贫困省份，由于地方秩序安宁，地方长官提倡教育尽责，行政手段有力，采用分期进行办法，由城镇而乡村，取得了四年义务教育普及率在1920年达到60%以上的骄人成绩，震惊了中国教育界，更刺激了其他省份竞相仿效。江苏第一个响应，于1919年9月制定了《义务教育施行程序及办法》，计划用两年时间分四期完成普及任务。1921年7月，为推进全省义务教育，江苏组织起半官方性质的义务教育期成会，“期于八年之间，现普及之实”。期成会成立后，各县分别成立支会，迅速地发展成为推进义务教育规划与实施的全省统一的教育组织。在全省六十县勠力同心推进义务教育之时，南通亦积极筹备第二轮普及教育方案。一方面，1922年4月，县教育会、劝学所组织期成会南通支会，5月，劝学所向省教育厅呈送《南通县筹办义务教育计划书》，计划就原有各校增加学级，每级50人，全县98 700名未就学儿童，拟增1 976级，分八年完成，共需经费银592 800元。另一方面，张謇认为要真正实现义务教育普及，初小应设立1 000所以上，至少有现有350所的一倍，即700所。因此，1922年以后直至1926年张謇去世，南通一直按建校加添级的思路继续推进义务教育实施。但是，由于1924年前后齐卢战争、直奉战争直接影响到南通，加之增筹经费困难等问题，增校添级进展缓慢，如1924年、1925年分别添级仅19级和24级，而1922年计划书要求则为170级和312级。对此，张謇曾告诫南通教育界说：“进不尺则退将丈，尤吾所懔懔者也！”不幸而言中，到了十年之后的1934年，南通小学的总数并未增加，至于通过添加学级就学儿童数增加了8 000余人，这还是要归功于张謇时代普及教育打下的坚实基础。

在师资培养方面，光绪二十八年（1902年）和光绪三十一年（1905年），依托所创实业，张謇先后创办起南通师范学校和女子师范学校，并把师范教育作为其后半生的事业核心之一。至1926年张謇去世前，南通两所师范的毕业生达1 453人，期间还先后为南通县代办甲、乙种师范讲习所和县立农村师范。由此，基本保证了地方普及教育的师资需求。经统计，南通地方初小师资人数：1912年为289人，1914年367人，1918年452人，1924年889人，1925年1 139人（其中初级小学教员904人，已设初级部的完全小学教员235人），而1934年则减少到720人。良好的师资保证了优质的教育质量，因而当时曾有评论说："南通教育之特点在统一、在整齐，其所以收统一整齐之效者，有两大原因：一由于教员之同调，一系乎研究之精勤。"

在办学经费方面，张謇认为"过渡时代之始，筹教育广及固难，筹广及教育之财政尤难"，并从经费来源上把学校分为三类：用国税的为官立，用地方税的为公立，私人捐资设立的是私立。普通学校在于教育多数国民，举办数量多，每校用费相对较少，应取费于地方，就地设校，一般分为公、私立两种。就县级地方而言，教育费用主要包含县费、市乡费两类，县费主要用于举办高小、中学、师范等，初等小学开办费与经常费则由市乡筹集，县费适当补贴。其中，南通历年来以市乡经费为主的公立初小经费情况如下：

表三　民初南通公立初等小学（国民学校、初级小学）经费情况表

统计项 / 年份	初小经费／元	生均经费／元	统计项 / 年份	初小经费／元	生均经费／元
1912	57 322	8.82	1920	89 723	3.25
1913	—	—	1921	100 314	3.28
1914	72 431	7.24	1922	—	—
1915	—	—	1923	—	—
1916	78 972	5.8	1924	—	—
1917	80 369	5.91	1925	125 807	5.37
1918	—	—	……	—	—
1919	82 005	4.91	1934	219 325	5.65

为增加地方教育费收入，张謇为之想尽种种办法，如增加税收收入、投资实业生息、实业直接补助、增加教育基产等，尤其是“谋教育基产未一日或忘”。例如，1921 年南通建成 331 所初小后，出现了“公家财力已告竭蹶，此后增设之校为数极少”的建设停滞状况，为确保义务教育普及持续推进，张謇建议增加教育基产。又如，1924 年积极支持南通县教育局报领县属江面新涨沙滩，1925 年建议筹款 20 万元接办大纲盐垦公司 6 万亩垦地，均作为义务教育基产。

在地方公费不足、筹集不易的情况下，张謇与其三兄张詧带头捐资办学、助学。据统计，截至 1921 年，张氏兄弟历年捐助南通地方教育慈善事业的私人资金多达 48 万余元，在创设初小方面，张氏兄弟在南通城内创办了张氏贫民小学，带领族人在南通金沙和海门常乐集资创办了多所初小。1923 年，为增筹推广义务教育经费，张謇将家藏古今名人书画 500 件编号出售，所得 5000 元收入由教育局充作教育永久基金。在张謇的号召之下，地方富有绅商如顾鸿闿、孙儆、周汇瀛、彭鼎等均捐巨资兴学设校。由此，1921 年南通 331 所国民学校中私立学校达 48 所之多。

在校舍建筑方面，为减少建设成本，清末提倡“废庙兴学”。江苏各地普及教育过程中不在典祀的寺庙被占用率较高，南通则达 100%，为全省、全国之冠。同时，宣统三年（1911 年）南通规划普及教育方案时又提出：此后初小兴建校舍一律建草屋。对此做法，时论以为“草屋之校舍可法也”。为此，教育会、劝学所专门制定了建筑标准，绘制单级初小校舍建设图，确保数百所初小简而不陋，形式统一，且符合学校教育要求。

在教育管理上，张謇清楚地认识到：“初等教育者国民教育，非人才教育。”提出初小四年义务教育培养目标应分为两个层面：一是要培养学生具备“国家思想、实业知识、武备精神”，即现代国民应具备的德、智、体基本素质；二是面对中国贫穷落后的现实，主张“一切政治及学问最低的期望要使得大多数的老百姓都能得到最低水平线上之生活”，也就是要让老百姓具备在近现代工业社会之中生存的基本知识和技能。因此，南通在普及义务教育的过程中，学校教育与管理形成了“实行严格教育”“注重职业教育”“教学方法统一”等特点，获得以黄炎培、袁希涛为代表的教育界人士的一致赞誉，有所谓：“南通教育之特点在朴实而能注意于实用”“其教育有真际而实与社会相提挈……此尤南通所独有，遍中国恐莫有能及之者。”

三、南通普及教育的贡献与影响

宣统三年（1911年）南通制订的“普及教育计划”，被当今有关义务教育研究的权威性著作，如田正平、肖朗主编的《世纪之理想——中国近代义务教育研究》、熊贤君所著《中国近代义务教育研究》等，确认为“全国第一个县级普及教育的计划”，中国台湾地区教育史专家瞿立鹤也曾撰文指出：“（南通是）我国第一个实施四年义务教育的县。”同时，这一规划把明确的地域面积单位与划分学区、统计户籍、人口和学龄儿童数结合起来，与清末民初从中央到地方单一按户籍数或村镇乡数来推行义务教育相比较，更加便于实施。因此，1918年，北洋政府教育部公布全国初等教育概况，专门介绍了南通县筹备义务教育的计划，认为“此系就设学地点渐谋普及之一种规划，堪资他县规仿者也”。截至1921年，南通建成初小331所，基本完成宣统三年（1911年）的规划。1922年9月，江苏教育厅训令六十县知事：“推行义务教育应先从画区设校入手，学区之范围以九方里为度，其有特别情形得酌量变通。”由此，南通普及教育的核心举措、相关做法和成功经验在全省推广。同时，20世纪二三十年代南通四年义务教育的普及率达到20%～30%，始终比全国平均水平提前了10年左右。在此基础上，一个完整、优质的学校教育体系在南通建立起来。到1925年，南通已有初小329所，完小21所，初中2所，省立中学1所，师范学校2所，商校、医校、纺校和南通大学农科各一所，以及补习学校、女工传习所、盲哑学校各1所。而普及教育过程中形成的良好的教育生态和办学精神一直延续到后世，为当今南通优质的基础教育奠定了历史性的基础。

回溯历史，张謇从光绪二十八年（1902）创办通州民立师范学校，为普及教育奠基，到1926年去世前夕仍为义务教育筹划增加永久基金基产。25年里，张謇让南通成为第一个实施四年制义务教育的州县，让南通成为中国的教育模范县，建成了350多所小学，完成了地方义务教育的第一步规划，功莫大焉。1916 年，一位松江教员到南通参观后评价道，南通教育“种种计划多出（张謇）先生，虽经费有非尽赖先生者，而先生之提倡、扶持之功，盖不容没也”。这也是最能代表当时社会一般人的观点。

中国第一所盲哑学校

狼山盲哑学校

张謇为创办盲哑学校，首先筹设盲哑师范传习所，培养了一批盲哑教学师资。之后，张謇于 1916 年开办盲、哑两科相结合的特殊教育学校“狼山盲哑学校”。盲哑学校创办后，张謇亲自任校长，并题写“勤俭”以为校训。日军侵占南通期间，校舍屡遭战火焚毁，学校转辗迁徙。中华人民共和国成立后，学校逐步形成了涵盖盲童教学、哑童教学和智障教学，包括学前教育、义务教育和职业教育的完整的特殊教育体系。狼山盲哑学校是中国人创办的独立设置的第一所盲哑学校，学校简章也是我国第一部盲哑学校章程。狼山盲哑学校的创办为中国的特殊教育发展事业做出了重要贡献。

狼山盲哑学校校门

狼山盲哑学校盲生上课

狼山盲哑学校哑生上课

中国第一所盲哑学校

狼山盲哑学校

曹炳生

1916年，张謇在南通创办了中国第一所盲哑学校——狼山盲哑学校。学校建成后，虽遭受过战火焚毁、动乱破坏，但学校几经辗转迁徙而不忘初心，坚持办学，为中国特殊教育做出了重要贡献。

一、学校创办的缘起

张謇很早就热心慈善事业。光绪十年（1884年）黄河决堤，灾民遍野，张謇先后捐助棉衣千余件，以后又积极参加各种义赈活动。光绪二十九年（1903年）四月朔，通州民立师范学校顺利开校。不久，张謇就应日本驻上海总领事馆南京分馆主任天野恭太郎邀请，赴日本大阪，参观日本第五次国内劝业博览会，并考察实业、教育。五月二十日，张謇实地考察了京都盲哑院。京都盲哑院创立于1878年，是日本最早的盲哑学校。在当天的日记中，张謇对考察情况作了详细记录：“同至盲哑院。盲者教识字母，教算，教按摩，教音乐，教历史、地理。盲者教之。聋哑者，教习画，习裁缝，习绣，习手语，习体操。哑者教之，亦有不盲不哑者助教。一哑生藤元画楚楚可观，为市其山水一幅。一盲生能于小长方铜范中针刺字母，以一圆奖之。与实甫、伯斧各纳助费十钱，院例也。彼无用之民，犹养且教之使有用乎。”

光绪三十三年（1907年）三月，张謇在致署江苏朱按察使《劝兴盲哑学堂函》中，郑重建议朱之榛捐资创建盲哑学校。张謇希望朱之榛学习美国的斯坦福、中国的叶澄衷、杨斯盛，捐家资十分之二三，兴办盲哑学堂。

清末民初重视举办教育者不胜枚举，但像张謇这样重视慈善教育，特别是残疾人教育的却不多见。张謇认为：“属于积极之充实者，最要为教育；

属于消极之救济者，最要为慈善。教育发展，则能率于以增进；慈善周遍，则缺憾于以弥补。”张謇在给儿子张孝若的信中也提到慈善事业的重要：“中国恐须死后复活，未必能死中求活；求活之法，惟有实业、教育。儿须志之。慈善虽与实业、教育有别，然人道之存在此，人格之存在此，亦不可不加意。儿须志之。”然而张謇的建议、呼吁并未得到积极的响应，但张謇毫不气馁，下定决心依靠自身和社会的力量创办慈善教育。

二、学校的艰难创办

张謇筹建盲哑学校始于宣统三年（1911 年）。这一年的闰六月，张謇派人专门考察了美国传教士梅耐德夫人在烟台创办的“启瘖学校”，了解办学情况。

张謇认为建立盲哑学校的第一要务是要解决师资问题，于是立即着手筹办盲哑师范传习所，以培养盲哑学校需要的教员。为此，张謇在 1912 年特地写了一篇《筹设盲哑师范传习所之意旨》，阐述他的盲哑教育观。

张謇强调，盲哑教师的首要条件是要有一颗善心，对盲哑儿童要有慈爱心和忍耐心，非此不能担任盲哑教师。但由于经费困难等原因，张謇举办盲哑师范传习所的努力未能如愿。1915 年，张謇采取变通办法，在博物苑设立了“盲哑学校师范科”，“聘教师毕庶沅、崔文祥分任教授，造就师资，定一年毕业。”“（1916）年十二月师范科毕业者计九人”。张謇又撰写了《招愿习盲哑教员者启事》，刊登于 1915 年 6 月 16 日的《通海新报》上，招聘四名愿意做盲哑教员的学员，分别派送到烟台、上海去学习。张謇又致信法国耶稣会士、时任上海徐家汇土山湾孤儿院院长、震旦大学院院长的孔明道，亲自联系两位学员前去进修。

张謇规建盲哑学校期间，正值民国初期国内政局动荡、第一次世界大战爆发，而此时的张謇又在北洋政府任职，盲哑学校因经费匮乏，建设颇不顺利。张謇在筹措办学经费上花了许多精力，先后得南通县余西乡瞿仰之捐银 6 000 元，常阴沙顾淑基捐常阴沙圩田 100 亩，值银万余元，“合购买校地、置备用具凡五千余金，概由顾女士淑基、邑绅张退公捐助”。另有“狼山僧近岸捐二千元”。

在上述乡贤捐款之外，张謇鬻字款项也是创办盲哑学校的重要经济来源。1916 年初，张謇先后在南通《通海新报》、上海《申报》上刊登了“为残废院盲哑学校鬻字启”，润资所得，尽供维持盲哑学校及残废院之用。

费时四年（1912—1916 年），历尽艰难，1916 年 11 月 25 日，狼山盲哑学校终于开校。张謇出任学校第一任校长，并亲临学校主持开幕仪式。

张謇在开幕典礼演说中再次阐明了创办盲哑学校的意义。张謇认为，盲哑学校除了要让盲哑学生学懂必要的文化知识，还应把盲哑学生从单纯的消费者培养成具有一定劳动生产技能的生产者。狼山盲哑学校一直是以上述宗旨为指导的，把手工、藤工等各种工艺技能作为重要的教学内容，特地聘请了国内专职教师和技师进行教习。这样盲聋哑毕业生都具有一定的生产劳动技能，颇受社会欢迎。盲哑学校被誉为“为盲聋哑人造福”的课堂。

张謇将“勤俭”二字作为狼山盲哑学校的校训，经常要求盲哑学生“一粥一饭，当思来处不易；半丝半缕，恒念物力维艰”，注重培养盲聋哑学生艰苦朴素的品德。

盲哑学校开办后，学校设盲、哑两科，学习年限均为四年。1920 年添设藤工科，1924 年停办，1926 年又复办。

盲哑学校在初创阶段就强调教学方法要适应盲哑生或盲或聋哑的特点。张謇以为：“盲哑学校者，期以手足之有用，弥补目与口之无用。”在教学方法上，张謇主张学习和吸收先进的办学经验，符合特种教育的教学原理，讲求综合运用之效。在综合训练中，提高盲哑生器官健全者弥补生理有残的能力。到 20 世纪 20 年代，盲哑学校的教学已取得明显效果。陈翰珍于 1925 年撰著的《二十年来之南通》（1930 年《通通日报》连载）中曾有这样的记载：“教时教员以手作势，暗示一切，先教字音，习发音，次认识，次书写，次讲解。嘱其言，虽发音不甚清晰，然留心细听，亦可略得一二。中有数生字极端正，清雅可爱，优者且能作简单之应酬语。”这种口语、手语、书面语等各种语言综合运用之教学方法，和现在国内外聋哑教学法是相似的。

盲哑学校重视职业技术教育，以达到“养成盲哑生之技能，使为生利之国民”的目的。学校聘请有技术专长的技师来校教学，课上加强个别指导，力求学生掌握工艺技术。20 世纪 20 年代两度开办以传授藤工技能为重点的藤工科。

在抓好知识教育的同时，盲哑学校还注意抓好音乐和体育等科的教学。盲哑学校开办后十分重视音乐教学，早期盲部教员崔文祥，本人是盲人，熟悉中外音乐，演奏与歌唱均有相当造诣，他兼授音乐，与残疾学生心心相通，寓教于情，教学很受学生欢迎。

1918 年春，狼山盲哑学校的哑生在公园剧场演出，受到观众欢迎。后来，盲哑学生多次登台献艺，《通通日报》有一则消息说：两科学生会演新剧一次，剧目为“普渡慈航”，颇为观众赞赏。音乐教学与演剧活动的开展，有助于学生听觉的发展，同时也达到了“增进盲哑享受社会娱乐的幸福，以减少其单调乏味生活之痛苦”。1920 年狼山盲哑学校置备了大量的运动器具，增设了体育课。

三、学校的曲折发展

私立南通狼山盲哑学校建成不久，改称为南通县私立盲哑学校，张謇亲任校长十年，直至 1926 年辞世，尔后由其子张孝若继任校长。自建立以后，除 1929 年招收附设盲哑师资训练班外，俱招盲、哑两部学生。进入南通县私立盲哑学校学习者，除本地人外，还有广东、上海等地的盲哑儿童来校求学。学生毕业后，有的从事盲哑教育。20 世纪 20 年代初的毕业生王振音，1927 年受聘于南京盲哑学校任教，又赴苏州，创设吴县盲哑学校，并任校长，以后又在绍兴、台北等盲哑学校任教。多数毕业生能找到谋生的职业，其中在报馆书局从事印刷排字的相当多。历届毕业生服务各界，勤勉任事，为社会人士所称道。

1938 年 3 月，日军侵占南通，学校无法继续办学。停办四年之后，1941 年复校上课。经过几年的惨淡经营，终于迎来了中华人民共和国的成立。

1950 年，学校有教职工 7 人，学生 25 名。期间，学校两次搬迁，先搬入狼山老山门北侧五山小学分部，旋又于 10 月搬入狼山三元宫枕山楼原僧立初等小学办学。中华人民共和国成立后，人民政府投入财力、人力，修缮了陈旧而破败的宿舍，添置了教学和生活设备，充实了师资。1952 年 9 月改为公立，定名为南通市盲哑学校，隶属南通市人民政府文教科领导。1966 年“文化大革命”开始后，部分在校高年级学生、往届毕业生及社会上少数人冲击学校，焚毁图书资料，学校校舍为其他单位所占用，师生迁入城东小学内，学生住环东路 135 号原教具厂内。至 1969 年，才迁至南通市东门板桥。1991 年，学校恢复盲科教育，南通市人民政府批复：“南通市聋哑学校、南通市盲童学校实行‘两块牌子、一套班子’。”学校直属市教育局（市教委）领导。2001 年，因教育体制调整，学校划归崇川区领导。

1989 年，学校在九年制义务教育的基础上，开办了聋哑初级职业中学班，开设了服装制作和工艺美术两个专业。1994 年，开办了聋哑职业中专班，开设计算机应用、服装工艺和装潢设计三个专业。1983 年，学校开办了聋幼儿班，1985 年创办了市聋儿听力语言康复中心，对聋幼儿进行听力语言训练和知识启蒙教育。学校的聋儿教育形成了层次结构比较合理，包括学前教育、九年制义务教育和职业中专教育等在内的完整体系，为特殊教育的发展提供了可行的办学模式。学校在 1991 年复办盲童教育的基础上，于 2003 年 9 月开办了盲职业中专班。学校基本形成聋哑教育、盲童教育、康复教育三大板块，特殊教育的门类已经比较齐全。

教学方面，在坚持三语结合（口语、手指语、手势语）、着重发展书面语能力的基础上，率先参加全国推行的口语教学法试验，逐渐形成了“以口语教学为主，口语、手指语、手势语相结合，努力发展学生的书面语能力”的特色，并被特教界绝大多数学校采纳和运用。

2008 年 8 月，学校整体搬迁至城山路 110 号，学校占地面积 36 614 平方米，建筑面积 21 944 平方米，建有体育馆、游泳池及感统、视训、家政、职教等二十多个专业教室，设施先进，功能齐全，是江苏省特殊教育合格学校，江苏省特殊教育现代化示范学校。学校现有教学班 34 个，学生 257 名，教职工 106 名。2009 年 2 月，南通市聋哑学校、南通市盲童学校和南通市崇川区辅读学校联合组建为“南通特殊教育中心”。

四、狼山盲哑学校是第一所中国人自己创办、独立设置的盲哑学校

与近代其他教育都从西方输入相似，我国近代盲哑教育也是舶来品。外

国教会中一些传教士、慈善家看到许多中国盲哑儿童流落街头，出于怜悯，举办了几所盲哑学校。清同治九年（1870年）英国传教士莫伟良在北京设立“瞽目书院”，专收盲人，教授读书、算术、音乐等科，同时创造了中国点字“瞽手通文”（盲文），教授盲童，开我国盲人教育之先河。光绪四年（1878年），美国传教士梅耐德夫人在山东烟台创办了“启瘖学校”，教育聋哑儿童。然而，这些学校均是外国人在中国创办的特殊教育。根据《杭州教育志》，认为“民国二年（1914年）周耀先在杭州创办的聋哑学校是国内由中国人开设并任教的第一所聋哑学校”。但它没有盲童教育，不是盲聋儿童合设的学校，所以并非盲哑学校。根据1934年出版的教育部《第一次中国教育年鉴》记载，1916年1月湖南省救济院附设盲哑学校，这是中国人自办的第一所盲哑学校。在其后10个月，南通狼山盲哑学校建成开学。但是，湖南的盲哑学校附设于湖南省救济院内，这说明该盲哑学校并非独立设置。与其相比，南通狼山盲哑学校却是独立设置的教育机构。所以，我们可以说，南通狼山盲哑学校是中国人自己创办的、独立设置的第一所盲哑学校。

五、狼山盲哑学校创建的影响

如上文所述，1915年张謇创办的“盲哑学校师范科”在当时是一个史无前例的创举，这既是中国人自办盲哑教育的开端，也是中国盲哑师范教育的源头。张謇主持制定的《南通盲哑学校暂行简章》使近代学校制度在特殊教育领域得到了确立，成为我国第一部盲哑学校章程。100多年来，该校以其骄人的办学业绩、浑厚的人文底蕴享誉国内外，成为我国特殊教育的一张亮丽名片。

1926年6月，张謇去世。他创办的这座学校，经历11年艰苦奋斗，培养了很多具有一定技能的盲哑毕业生。他们大多能自食其力，又“多皆勤勉任事”，广为社会称道，在国内外享有较高的声誉。1929年，盲哑学生手制的58件工艺品在西湖博览会上展出，受到中外人士的称赞。国外媒体多次报道学校办学详情。到1933年，学校已发展到学生44人，教师6人。盲哑学校师生还积极参加社会活动，1925年上海爆发五卅运动，盲哑学校师生素食节费，援助沪工，积极声援五卅爱国斗争，这是我国教育史上首次记载的盲哑学校学生参加政治活动情况。

1960 年，学校被评为全国教育和文化、卫生、体育、新闻方面社会主义建设先进单位，学校派代表去北京参加全国群英会，受到刘少奇、周恩来等党和国家领导人的接见。1983 年以来，学校连续被评为市教育系统文明单位，1993 年被评为省残疾人三项康复先进单位，1996 年被评为省残疾人事业先进集体。学校教师中先后有十多人获全国、省、市先进工作者、十佳师德典型、职业道德明星等称号。1986 年 12 月，中国残联主席邓朴方视察了学校，欣然题词“七十春秋育英才”，以示鼓励。1991 年 10 月，南通市政府、中残联和国家教委联合在北京人民大会堂为学校举行建校 75 周年纪念会。陈丕显、李德生、洪学智、严济慈、程思远和各方面领导 200 多人出席了会议。原国家副主席王震抱病给大会写来贺信：“南通市残疾人教育历史悠久，成绩显著，难能可贵，值得发扬。”

中国第一所戏剧学校

伶工学社

伶工学社是张謇为补助教育之不足，改良社会风气，于1919年在南通创办的戏剧学校。张謇请来了京剧南派代表人物欧阳予倩任主任，主持校务工作，其子张孝若任社长。选址城南望仙桥畔五圣殿原址为校舍，建成开学后，张謇还亲自讲授修身课，批阅学生书法习作，协助国文教材篇目选编。为了便于演出，给师生提供实习阵地，张謇又设计、建造了当时全国一流的“更俗剧场”。学校课程统设专业与文化两大类，在戏剧教育史上开风气之先。虽然伶工学社办学时间不长，但它着实“开启了中国艺术教育的现代之门”。

伶工学社学员排练

伶工学社主任欧阳予倩

伶工学社学员合影

伶工学社军乐队

欧阳予倩在南通演出《馒头庵》剧照

欧阳予倩在南通演出《思凡》剧照

中国第一所戏剧学校

伶工学社

张廷栖

20世纪初，清末状元张謇在实业救国和教育救国的实践中，在家乡南通创办了一系列的实业、教育和文化事业。张謇认为实业可振兴经济，教育能启发民智，而戏剧不仅繁荣实业，抑且补助教育之不足，因而对戏剧事业给予热情倡导，并亲身践行。

一、南通伶工学社的创建

1.张謇为改良社会风气而创办戏剧学校

张謇认为，我国“社会不良极矣。社会苟不良，实业不昌，无可言者”，至于“改良社会，文字不及戏曲之捷，提倡美术，工艺不及戏曲之便”，而“改良社会的措手之处，以戏剧为近”。在他看来，旧的戏剧内容驳杂、良莠并存。戏剧改革和戏剧教育是改良社会最好的手段和途径。由此，他萌发了创办戏剧学校的强烈愿望。

张謇开始寄希望于梅兰芳主持办学，然而梅兰芳的兴趣在于戏曲表演，对于办戏曲学校有为难之处。于是又转向与梅兰芳齐名的京剧南派代表人物欧阳予倩。欧阳予倩是一位有思想的艺术家，在长期的艺术生涯中，对中国旧戏的弊病有着深切感受，恰巧也有戏剧改革的愿望和设想。1919年5月，欧阳予倩在上海新舞台演出。趁此机会，张謇特邀其来南通，于西公园演出3天。演出期间，张謇以上宾相待。在接触过程中，双方都有改革戏剧的诉求，彼此找到了知音，一拍即合。欧阳予倩返沪后，张謇修书一封，派人专程赴沪，邀请其前来南通主持伶工学社。欧阳予倩回信表示，愿意倾力相助。张謇与欧阳予倩携手合作创办伶工学社由此开始。

得悉欧阳予倩的回复，张謇立即选择南通城南望仙桥畔五圣殿原址为社址，动工新建伶工学社校舍。一年后，占地16亩，共有60多间的校舍落成，除了教室、宿舍和生活设施外，还有小剧场供排练之用。一所现代意义的戏曲学校就此诞生，经费均由张謇筹措。学校组成的领导机构，由张謇之子张孝若任社长，欧阳予倩任主任，主持校务工作。

2. 欧阳予倩为培养一支适应时代需求的演员队伍而主持伶工学社

欧阳予倩到任后，张謇先是派他到北京为伶工学社招收学员，接着又派他去日本考察戏剧和剧场。回国后，由他主持伶工学社的校务工作。校舍未建好前，以四面环水，东西两堤竹廊紫藤满架的南公园做临时校舍，借西寺公房作为校外宿舍。开学后，欧阳予倩首先将学生分为古剧与新剧两个班，课程设置有戏剧专业课，以京剧为主，昆曲为辅，兼学话剧，音乐、舞蹈等课程，包括西洋音乐；又有文化课程，如国文、英文、算术、历史、地理、伦理学等。欧阳予倩亲自为学生讲授戏剧理论，介绍外国戏剧作品，提高学员的艺术修养。张謇亲自讲授修身课，批阅学生书法习作，协助选编国文教材篇目。

欧阳予倩提议，伶工学社需要一个演出的实习阵地。于是，张謇请孙支夏仿上海新舞台设计剧场，选择桃坞路西端为地址，建造更俗剧场。剧场由主体建筑、四合院的演职员宿舍组成。戏剧演出设施当时属于全国一流。为与伶工学社配合，又由欧阳予倩主持制定了剧场的规章制度，全面负责剧场的行政管理。为提高学生的舞台实践水平，欧阳予倩晚间带领学生，前往更俗剧场实地演习，有时还到外地演出，使学员得到实际锻炼。欧阳予倩除了亲自上课，制订学社的章程、制度、课程设置等，还从上海聘请一批颇有名望的教师，如薛瑶卿、吴我尊、文荣寿、李月恒、陈灿亭、吕小卿以及冯子和、赵玉珊、芙蓉草、苗胜春等，来南通任教。伶工学社可以说是一所设备齐全、师资一流、理念新潮的正规戏剧学校。

1919年至1922年的3年间，张謇邀请梅兰芳三次来南通演出。伶工学社的学员也每次与之配戏，如梅兰芳演的《天女散花》中，有12名学员饰演神童神女；《游园惊梦》中有10多名学员饰演花童等。欧阳予倩主持伶工学社期间，与梅兰芳同台演出，京剧的“北梅南欧”南北两派在南通相汇，盛况空前，影响深远，成为佳话。张謇还为此特地在更俗剧场前台大门的楼上建了“梅欧阁”，80平方米的阁内挂有他亲笔题写的“梅欧阁”匾牌，匾额下有梅兰芳、欧阳予倩各自的照片，匾的左右挂有联语。张謇亲撰联语为“南派北派会通处，宛陵庐陵今古人”，反映“北梅南欧”在此会合。另外还分别陈列梅兰芳、欧阳予倩各自的剧照12张。

然而，伶工学社的好景并未持续太长。随着大生资本集团陷入困境，学校经费不足，加上欧阳予倩与一些人在办学方面存有分歧，最终，欧阳予倩于1922年辞职，离开伶工学社，学校改由徐海萍负责。此后，欧阳予倩邀请前来任教的一批上海教师，也不断有人辞职回沪，学校逐步走下坡路。张謇去世后，人亡政息，伶工学社也就停办了。南通伶工学社前后办学7年，培养学生90多人，中间辍学者30余人。但它以戏剧史上的特殊、重要地位而被载入了史册。

3. 伶工学社的旧址修复、重建后对外开放

伶工学社旧址现被列为南通市文物保护单位。历经90多年的历史沧桑，旧址尚保存部分历史建筑和两株几百年的古银杏树。2010年起，伶工学社保护利用工程全面启动，政府对留存的原校舍进行了修缮，同时还恢复了演习场所等设施。维修复建后的伶工学社占地面积3 350平方米，建筑面积1 650平方米，包括6个古建筑和新建的仿古戏台及小剧场，以尽最大可能重现南通这一重要文化遗存的历史风貌。2013年，旧址正式对外开放，并与北京梅兰芳艺术基金会共建为“梅兰芳教育基地”。伶工学社新建的露天戏台、小剧场，经常举行特色活动，为戏剧爱好者提供活动、交流的场所。现在的伶工学社，天天有展览，周周有演出，月月有讲座，季季有名家献艺，年年有比赛，努力传承张謇改良社会风气、陶冶道德情操的戏剧改革思想，成为南通特色文化的新地标，普惠百姓公共文化服务的新阵地，更是票友们的乐园。与伶工学社配套的更俗剧场，中华人民共和国成立后改为人民剧场。1996年为建商场而拆除，于2000年底动工重建，并再次命名为更俗剧院。剧院在圆顶门厅的三、四层，恢复了梅欧阁，扩建为陈放张謇、梅兰芳、欧阳予倩

三人蜡像和生平业绩的梅欧阁纪念馆。馆中陈列了更俗剧场的历史资料，以及梅、欧在南通演出的场景等 200 多幅珍贵照片，重现当年的盛况。

二、伶工学社是我国第一所戏剧学校

民国之前，戏剧人才只有在科班中以师傅带徒弟的形式培养。民国后，出现过 1916 年由京剧演员田际云在北京创办的崇雅社，该社于 1919 年解散。有人认为，“中国最早的戏剧（曲）学校应属于 1916 年在北京成立的崇雅社”。这是中国近代第一个招收女性的戏曲科班，共招收女学生 57 人，兼授京剧、梆子，培养了生、旦、净、丑的各行女演员。出于此科班的有老生铁宝山、李伯涛等，小生梁桂亭等，武生梁春楼、粱瑞楼等，旦角有金少梅、福芝芳、常九如、张碧玉、郑菊芳（武旦），净角有张子寿、范风茹、龚翠兰等，均曾享名一时，在戏剧史上做出过一定的贡献。但是，崇雅社还不是一所现代意义上的戏曲学校。它虽有学校的形式，但性质还是没有从戏剧科班当中脱胎出来。主张它是第一所戏曲学校的人，也承认崇雅社“只培养女京剧演员，在教学体制上也尚未脱离科班性质”。这也是苏移先生在《京剧二百年概观》中的结论。学校的性质主要还是由教学体制、课程设置、教育理念而定。崇雅社在性质上依然是一个戏剧女科班，这就十分明确，它还不是一所现代意义上的学校。

相比之下，伶工学社有明确的办学宗旨，正如欧阳予倩所说，“一是伶工学社是为社会效力之艺术团体，不是私家歌僮养成所”，二是“伶工学社是要造就改革戏剧的演员，不是科班”。学校废除了旧科班的一切封建性规制，完全按照新式学校的教学方式组织教学，注重学员综合素养的培育，力图将其塑造为有别于传统艺人、符合现代社会发展需求的新一代戏剧从业人员。

伶工学社是全国第一所戏剧学校，得到了戏剧界的公认。当年张謇就说伶工学社“为全国之导线也”。戏剧大师梅兰芳在回忆文章中说，在那时的南方，伶工学社“是开风气之先，唯一的一个训练戏剧人才的学校”。这一说法后来被学术界认可而广泛引用。如《中国近代音乐史简述》中说，张謇“创办‘伶工学社’，成为我国近代建立的第一个专业戏曲、音乐教育机构。”又说：“伶工学社创办于 1919 年……成为我国近代第一个专业戏曲学校。”

所以，南通是近代戏剧教育的发祥之地。

三、伶工学社的历史地位和现代意义

伶工学社虽然从1919年创立到1926年停办，只有7年的办学历程，结局令人遗憾，但是，它应有的历史价值和社会意义并不能被湮没。张謇与欧阳予倩探索戏剧教育改革的先行实践弥足珍贵。

首先，伶工学社开辟了我国戏剧教育的新路。在欧阳予倩的实际主持下，南通伶工学社的戏剧办校宗旨、人才培养目标、体系建构、课程设置、管理体制等诸多方面已颇具格局，体现出以现代意识代替封建意识、以现代方式代替传统规制。虽然，南通伶工学社仍以传统的“伶工”“学社”命名，但在一开始就被欧阳予倩明确界定为“与传统戏剧科班、私家歌僮养习所有本质区别的、为社会效力的艺术团体”（学校）。至于教习课程设置，则完全打破科班旧制，统设专业与文化两大类课程，在戏剧教育史上开风气之先，“成为后继此类艺术学校竞相效仿的基本模式，奠定了现代艺术教育‘古为今用、洋为中用、立足现实、变革创新’的总体原则和基本框架，正式开启了中国艺术教育的现代之门”。1928年冬，欧阳予倩应李济深之邀前往广州筹建广东戏剧研究所；次年2月16日该所正式成立，所中附设戏剧学校，以养成学艺兼备健全的演员为宗旨。它和1930年成立的中华戏曲专科学校、1932年成立的国剧传习所、1938年成立的夏声戏曲学校、1939年成立的上海戏剧学校等，均沿着南通伶工学社所开创的现代戏剧教育之路，不断走向拓展与深化。

其次，伶工学社培养了一批新型的演艺队伍。伶工学社办学7年，入校学生先后有90余人，中途辍学者30余人，毕业后当演员或从事戏剧工作者60余人。客观地说，伶工学社的办学规模、办学时间，乃至人才培养数量上都不尽如人意，但在20世纪初中国社会转型时期，这批新式艺术学校培养的人才，与传统科班培养的仅有技艺的演艺人员具有质的区别。他们既继承了传统戏剧科班专业教学、舞台实践相结合的优良传统，又注重现代综合素养的培育；他们既接受中国传统文化的教育，又经受系统的戏剧理论熏陶，具有新时代民主、自由意识，受到新时代人生观和价值观的影响，另有开阔的视野。作为新一代戏剧从业人员，他们符合现代社会发展的需求成为戏剧界的新生力量，为未来戏剧的新发展播下了希望。

最后，伶工学社为南通社会树立了文明新风尚。张謇创办伶工学社的宗旨，是将其作为社会教育的途径、改良社会风气的重要举措。欧阳予倩陆续排演了大量自创的《玉润珠圆》《长夜》《哀鸿泪》《和平的血》《人面桃花》等京剧、话剧新戏。其中有的故事反映男女青年相知相爱、被迫分离、终又相聚的人生悲欢离合故事，对建立在志同道合、相互倾慕基础上的现代爱情观予以颂扬，对封建势力干涉婚恋自由和肆意践踏人性尊严进行了抨击。有的剧目影射时政，生动刻画了政客、豪绅、军阀等不同人物类型在面对天灾兵祸时暴露出的贪婪狡黠、鱼肉百姓的丑恶共性，揭示了民众遭受苦难的深层社会根源。这类创编排演的新戏，反映张謇与欧阳予倩响应时代要求，试图通过艺术的感染力来提升民众素养、改善社会面貌的积极探求，这在当时收到了良好的效果。南通社会风气大有改观，这不能不说是伶工学社的贡献。由于欧阳予倩大力提倡话剧，伶工学社学员在更俗剧场与京剧同台演出，为南通播下了话剧的种子。影响所及，20 世纪 30 年代形成了以赵丹为代表的话剧运动，南通也有了话剧故乡的美誉。

与此同时，张謇授意欧阳予倩管理更俗剧场，彻底革除了旧戏园的陈规陋习，如泡茶递水、传递手巾、烟糖叫卖、乱丢瓜果皮壳等。剧场严格执行张謇亲自制定的十二条《更俗剧场规约》，即使张謇邀请前来演戏的梅兰芳，也被告知“三不准”。这种做法有效突破了传统社会的旧规陋俗，形成井然有序、文明礼貌、整洁安静的演剧环境，并在民间营造了一个符合现代社会发展的良好氛围，为江海大地传播时代新思想、新风尚播下了希望的种子。

江海大地上的南通伶工学社可以说是中国近代戏剧史上独树的一面旗帜。

中国第一座公共博物馆

南通博物苑

清光绪三十一年（1905 年），张謇于南通老城区的东南濠河之滨创办南通博物苑。博物苑由动物园、植物园、博物馆和园林景区组成，藏品分天产、历史、美术、教育四部，以“设为庠序学校以教，多识鸟兽草木之名”为宗旨，服务于学校和社会。张謇创造性地将西方博物馆理念与中国传统文化结合，开创了中国博物馆本土化的模式，至今仍被视为博物馆之典范。张謇也是中国博物馆学的奠基者。有 110 年历史的南通博物苑是中国最早的一座公共博物馆，如今成为全国重点文物保护单位，首批国家一级博物馆、全国文明单位、全国科普教育基地，国家 5A 级风景旅游区。

南通博物苑中馆（左）和南馆（右）

南通博物苑北馆

南通博物苑藤东水榭

张謇为南通博物苑题写的对联

南通博物苑早期的国秀亭

南通博物苑谦亭

中国第一座公共博物馆

南通博物苑

金　艳

通常认为，博物馆一词源自希腊文 Mouseion。在古希腊，Mouseion 被看作是供奉缪斯（Muses）——掌管科学与艺术的女神的神殿，也指是一种冥思苦想的地方。康熙二十二年（1683 年），英国牛津大学阿什莫林博物馆建立，正式使用了 Museum，此后这个单词才成为博物馆的通用名称沿用下来。所以，在我国一般认为博物馆是西方文化的产物。我国近代意义最早的博物馆，是张謇创办的南通博物苑。南通博物苑建于光绪三十一年（1905 年），位于南通老城区的东南濠河之滨。当时的南通市称为“通州”，民国时期改为南通县。南通博物苑是中国最早的一座公共博物馆，开创了中国博物馆事业之先河。

一、南通博物苑缘起

近代中国内忧外患，饱受列强欺凌，先觉醒的知识分子发出了“睁眼看世界”“师夷长技以制夷”的呐喊。振兴国势、挽救民族危亡，是当时的主旋律。在这样的时代背景下，西方先进的文化教育事业也伴随坚船利炮进入国门，受到国人关注。代表近代文明的博物馆作为新生事物，也来到了中国。近代博物馆最显著的特征是通过向公众开放，以达到“广见闻”“启民智”的作用。早期，博物馆知识传播到国内时，是零散的，尚无系统性的理论著述，除往来域外者的“游记”“见闻”等文字外，便是西方传教士在上海、天津等大城市的文化活动。

现今发现，张謇与博物馆发生关联最早是在光绪十七年 (1891 年)。此年，张謇好友顾延卿随薛福成出使英国，张謇致函顾：“《永乐大典》自庚申之变，没入英吉利者近千本，存其博物院中，以为武功之纪，此中国之大耻，而故籍之所关。”并建议：“或易以它书，或抄其副。”前一年，张謇参加光绪皇帝亲政的恩科会试而不幸落榜，出生于普通农家的青年知识分子，参加科举求仕途是改变人生命运的唯一途径，此时的博物馆大概只是认知的一个名词而已。

光绪二十年（1894 年），张謇金榜高中状元，不幸甲午战争爆发。当丧权辱国的《马关条约》签订后，张謇在日记中抄录了条款主要内容，并叹：“和约十款，几罄中国之膏血，国体之得失无论矣。”《马关条约》强烈地刺激了有志之士。光绪二十一年 (1895 年) 十一月，以康有为为代表的维新派在上海成立强学会，强学会章程把“开博物馆”列为重要项目，维新派的主张得到光绪皇帝的支持。光绪二十四年（1898 年）五月二十四日，光绪谕令总理衙门颁布《振兴工艺给奖章程》，在第七款、第八款明令规定了奖励民办博物馆的办法，不幸，此法不久便随百日维新一起夭折。之后，康有为被迫出走欧洲，后著《意大利游记》一书，向国人介绍博物馆知识，成为我国博物馆的早期著述之一。张謇从主战派至强学会成员，始终站在时代前列，心系国运，对于博物馆已有一些概念。

光绪二十九年（1903 年），张謇应日本国内劝业博览会的邀请赴日考察。这时，他已在南通先后开办了大生纱厂、通海垦牧公司和通州师范学校，希望借日本之行能亲眼看看日本的明治维新成果，汲取可资借鉴的经验。博览会本是资本家为宣传产品、开拓市场需要而推出的一种形式，展览会大多陈列一些工业、科技、教育等先进产品，可在日本的博览会上，张謇看到我国选送的展品中“有汉瓦当、唐经幢”，不禁感慨：“劝业以开来，而此以彰往，若移置中国博物院差不倍耳。”东游之行，张謇不仅多次参观了博览会各展区，还参观了附设于学校以辅助学校教育的各种博物馆。张謇日记中详细记录了观展时所见展品名称，特别是各种动物名，这些为日后创办博物苑提供了直观的参考。

张謇访日期间，亲身感受到明治维新促发的日本社会巨大进步。回国后，一方面张謇极力宣传仿效日本实行君主立宪制度，另一方面大力实践他的实业救国、教育救国主张。光绪三十年（1904年）十二月九日，为通州师范学校规划“学校公共植物园”，作为学校教育之辅。光绪三十一年（1905年）九月二日，延续了1 300年的科举制度宣布终结，国家号召推广新式学堂教育，此举正是张謇所望。但新学初起时，学校的规划、课程的设置、施教的方案等均无现成的标准与体系，不同的见地往往伴有纷争。十月，张謇被公推为江苏学务总会会长。积新学问、旧道德一身的状元公，于新学与旧学、中学与西学、学校教育与社会教育等均有独特的见地，尤其异于时人的是，张謇本人具有极强的行动力，他的主张并不停留于语言和文字，而是积极付诸行动。除开办学校教育外，同年，他撰写了《上学部请设博览馆议》和《上南皮相国请京师建设帝室博览馆议》，建议国家在京城北京建设集图书馆、博物馆于一体的“帝室博览馆”，并举日本帝室博览馆为例，认为其是适宜我国参照之法。张謇不仅主张国家兴办博览馆，而且提出要将这种教育形式推广到各府、州、县。虽然张謇的主张未能在当时实现，但南通的新式教育在张謇的示范和推动下却云蒸霞蔚地进行着，鉴于“授博物课仅恃动植矿之图画，不足以引起兴味；国文、历史课仅恃书籍讲解，不足以徵事物图；地方人民知识之增进，亦必先有实观之处所”，张謇将规划中的“学校公共植物园”改为“规划博物苑”。由此，一座富有中华民族特色的、中国最早的公共博物馆在南通诞生了。

民国政府成立后，南通博物苑已初成规模，张謇已积累了丰富的博物馆建设经验。1913年，他再度上书政府请国家兴办博物馆，在《国家博物院、图书馆规划条议》中对博物馆的建设与管理进行了多方面的论述，并详述实施办法。张謇呼吁“宫苑森严，私于皇室。今国体变更，势须开放”。1914年2月，我国首座国立博物馆——古物陈列所在故宫文华殿和武英殿建立。10年后，逊帝溥仪被逐出紫禁城。1925年，故宫博物院建立；1948年，古物陈列所并入故宫博物院，一座完整的故宫传承至今。张謇关于博物馆的理论与实践，在现今南通博物苑均得到完好的保存。人们视南通博物苑为中国博物馆的发源地，不仅是因为它创建时间早，而且有一套理论建树作支撑，同时也因为它所承载的历史记忆。

二、南通博物苑的创办历程和曲折发展

南通博物苑是有建苑宗旨、有规划、有目标，逐步建成的一座公共博物馆。从光绪三十一年（1905 年）始建至今，以博物苑区域发展为要，大概经过了四个阶段。

第一阶段：1905—1926 年，是博物苑发展的高峰期。

博物苑在创建之始，张謇即为其拟定了建苑宗旨，分别从博物馆的教育功能、教育目标两方面阐明了思想。其一："设为庠序学校以教，多识鸟兽草木之名"，表明博物馆是一所特殊的学校，人们来这里可学到丰富的知识。其二："能消忙事为闲事，不薄今人厚古人"，意为博物苑润物细无声地传播知识的同时，也要让人们感受到美和趣味。建苑宗旨使博物苑的发展始终有明确的方向。

张謇自任博物苑总理，聘任正在通师求学的孙钺担任苑主任，管理日常事务。其发展大约可分为两个时段，前十年以规划建筑为主，后十年以收藏管理为主。建设的主要资金来自张謇的捐资，据《南通地方自治十九年之成绩》记载，博物苑（1905 年至 1914 年）十年建设共投资花费银 48 760.868 元，这部分开销仅限于员工劳务费和基础建设费，不含文物藏品的征集发生费。

南通博物苑是在一片荒冢之地上建成的，创始时"购并地二十九家，凡三十五亩有奇"，"迁移荒冢三千余座"。最早建成南馆和中馆。光绪三十三年（1907 年），博物苑向全国公开发布征集启事，刊印《征集通属先辈诗文书画及所藏金石古器启》，详列各式征集品物，明确限定收藏范围，通过当时最有效的信息传播方式——分传单和单册两种印刷形式邮递、分送进行宣传，征集启事与建苑宗旨紧密结合，开启中国近代博物馆向社会公开征集藏品之先河。

博物苑的布展与建筑同期进行，先于室外规划种植植物、饲养动物。最早饲养的禽类是贵池刘世珩（聚卿）赠送的两只白鹤，最早饲养的两栖动物是长沙马晋羲（惕吾）赠送的一只娃娃鱼（学名：鲵）。另一主要展馆"北馆"于宣统三年（1911 年）建成，次年基本完成了三个主要展馆的室内陈列布展。1912 年，为开放管理之需，博物苑颁布了规范参观管理章程的《博物苑观览简章》，涉及预约制度、票证凭单、参观次序、观众管理等内容，是博物馆公共管理的重要文献，被视为中国近代博物馆最早的管理章程，启用的参观门券是我国最早的博物馆参观券，被收藏界视为“门券之祖”。

1913年开始，博物苑对藏品进行研究与登目，次年将藏品名称、来源、计量等信息整理为《南通博物苑品目》编印发行。此举使博物馆收藏向公众开放，充分体现了博物馆的公共性、公益性特征。这种先进性即使放到今天，仍未完全普及。

建设之初，张謇亲自审定规划设计图，并在建设过程中逐步进行了修订。据1914年测定的《南通县博物苑图》，博物苑整体分布成方形，建筑物呈“工”字型布局。南边一排建筑以豢养兽类为主，北边一排以饲养禽类为主，中部南北贯穿的三座主要展馆连成一线，分别为南馆、中馆和北馆。东边主要是备为专用功能的景观建筑及门房，有相禽阁、迟虚亭、藤东水榭、谦亭、水禽罧等。园区还有一些造型风格迥异的景观建筑散布，如花竹平安馆、荷花池、水塔、风车等，建筑上多有张謇亲笔题就的联语、匾额。至此，博物苑的基础建设业务初告一段落。

博物苑自建成始，便为通州师范学生上课的实验之地。1915年至1926年，博物苑的建设成就通过报刊、游记在社会上流传，名声远扬。1917年，钱公溥考察江苏教务来南通，称赞“是院也，精神所萃，故能美富若是”。1920年5月，苏社在南通开成立大会，与会代表在博物苑集体游园。1920年，德国汉堡大学教授颜复礼博士听说南通博物苑收藏有中国古代文物，慕名从德国专程来访。1922年8月，中国科学社在南通开第七次年会，梁启超、丁文江、竺可桢等与会嘉宾集体游园。著名京剧表演艺术家梅兰芳两次来访，张謇亲自陪同参观并解说，成为不朽佳话。

第二阶段：1927—1949年，是博物苑发展的劫难期。

1926年8月24日，张謇不幸辞世，其独子张孝若勉力接替了张謇的未竟事业。博物苑改隶属于南通大学（后称南通学院）。此时，南通的各项事业正处低潮，博物苑未能有发展，长年的管理“欠账”，致使1932年南馆发生文物盗窃案，引起较大的社会舆论反响。此后，博物苑重又改属通州师范学校管理。但由于财力、人力拮据，只能辛苦维持。1935 年，张孝若不幸英年早逝。至抗战前夕，在张謇夫人吴道愔的认可下，由孙钺、胡履之、葛进夫等联合当时通师学校的负责人，“从南馆选取物品 50 余件，从北馆取出书画 43 轴”，辗转至安全地带保存。

1938 年 3 月 17 日，南通沦陷。日本侵略军占领南通后，南通博物苑沦为日军的马厩，惨遭毁坏，苑养的丹顶鹤被日军枪杀，未被转移的馆藏文物被损毁或掠夺。到中华人民共和国成立前夕，博物苑衰败至颓垣断壁、杂草丛生。

第三阶段：1949—1999 年，是博物苑发展的曲折期。

1949 年，中华人民共和国成立后，南通人民政府立即着手恢复地方建设事业。在修建南通博物苑的过程中，南通各界人民广泛响应。修建委员会通过政府协调，收回了博物苑外存的藏品，同时通过募集、捐赠等多种方式，为博物苑征集了大量的地方藏品，南通博物苑的发展进入新的历史发展阶段。遗憾的是，修复后的博物苑，为适应当时的社会需要，将原来的园林部分辟为人民公园，馆舍部分命名为“南通博物馆”。园林与馆舍分开管理，在一定程度上制约了博物苑的发展。但是，这段时期的工作目标十分明确，就是要保护和恢复南通博物苑。此间博物苑的业务工作因此发展很快，尤其是在张謇研究和张謇的博物馆思想传播方面取得了可喜成果，促成了社会群体对于南通博物苑历史地位、公共功能的高度一致认同。1982 年，南通博物馆被列为省级文物护单位；1984 年，恢复使用“南通博物苑”原名；1988 年，国务院将其公布为全国重点文物保护单位。1999 年，人民公园成建制地并入博物苑，南通博物苑终于得以馆园一体，恢复原始格局。

第四阶段：2000 年至今，是博物苑的跨越发展期。

为迎接南通博物苑建成 100 年暨中国博物馆事业百年，在南通市委、市政府的关心下，南通博物苑特邀两院院士吴良镛教授，主持了南通博物苑规划设计加单体方案，并得到国家文物局的批准。经过全面的规划和建设，南通博物苑总面积扩展为 7 万多平方米，博物苑建筑遗址规划定位为历史文化保护区，已毁的建筑得到部分恢复，园林基本保持旧貌，在西南部位还建设了总面积约 6 330 平方米的现代化新展馆。

百年苑庆之后，南通博物苑进入跨越发展历程，先后荣获国家首批一级博物馆、国家 5 A级旅游景区、全国文明单位、全国科普教育基地等殊荣。2015 年，南通博物苑 110 周年之际，南通市委、市政府批准了“博物苑拓展提升工程”，未来发展中，南通博物苑将实施大周界安防管理工程，实现周边成方、成形、成规模的新格局。

三、南通博物苑是中国最早的一座公共博物馆

对于南通博物苑历史地位的确认，经历了“肯定—限定词肯定—争议—肯定”的回转历程。这一过程与中国博物馆学的发展基本同步。

早期，南通博物苑作为中国最早的一座现代博物馆，多见于一些媒体报道。如 1932 年 11 月 11 日的《时报》记载：“南通博物苑乃张季直手创，为国内创设最早规模最大之博物苑。”当时全国的博物馆不多，博物馆事业尚是新生事物，对博物馆还没有形成一种完整的知识结构，这种描述多为一种客观陈述。

1935 年，中国博物馆协会成立，协会有组织地倡导博物馆学研究。但不幸的是，博物馆事业刚起步就被侵华日军的战火扼杀。1943 年，曾昭燏、李济著《博物馆》记：“中国博物馆之设……国人自办者，始于光绪末年张謇所设之南通博物院（苑）。”这一观点表述代表当时的认知。

中华人民共和国成立后，我国博物馆学有了新的发展，主要以苏联博物馆学研究成果为范。当时强调博物馆的“三性二务”，即博物馆的基本性质是：科学研究机构、文化教育机构、物质文化和精神文化遗存以及自然标本的收藏所；其基本任务是为科学研究服务、为广大人民群众服务。1956 年 5 月 21 日，文化部在北京召开全国博物馆工作会议，文化部副部长郑振铎致开幕词说：“中国博物馆事业的历史并不太久。最早的公共博物馆，除了帝国主义者们在沿海地区所办的几个之外，要算是张謇他们办的南通博物苑了。继之，是 1912 年成立的北京古物陈列所。”郑振铎的讲话强调了南通博物苑的“公共性”，首次将“公共博物馆”冠名于南通博物苑，代表了同时代人的共识。中国科学院学部委员、古脊椎动物与古人类研究所研究员裴文中在南通召集

中国自然科学博物馆协会筹备会时表示：这次会议在中国博物馆的第一个诞生地南通召开，很有意义。并题词："中国第一博物馆，是最有价值的珍宝。"

裴文中来南通时，已是1979年10月。20世纪中后期，博物馆事业发展很快，博物馆数量激增，但博物馆学还没有被作为一门学科进行研究。1974年6月，国际博物馆协会于哥本哈根召开第11届会议，修订博物馆定义为："博物馆是一个不追求营利、为社会和社会发展服务的公开永久性机构。它把收集、保存、研究有关人类及其环境见证物当作自己的基本职责，以便展出，公诸于众，提供学习、教育、欣赏的机会。"1979年版《辞海》等对博物馆的解释为：博物馆是"陈列、研究、保藏物质文化和精神文化的实物以及自然标本的一种文化教育事业机构。"期间，张謇关于博物馆的论述开始被广泛研究。1980年，首篇专题研究论文《张謇倡办博物馆的理论和实践》在《文物通讯》发表。同年，南开大学创设博物馆学专业，张謇的博物馆理论与实践进入大学专业课。1982年3月，中国博物馆学会成立，对博物馆学一些基本理论展开讨论。在当时的研究中，叙述我国近代博物馆的产生与发展时，对我国最早的博物馆前通常加上一些限定性词语。代表性著述如：

1905年，张謇创建南通博物苑，是近代中国人自建博物馆的开端。

——1983年1月黎先耀主编《博物馆学新编》

中国人自己办的第一座博物馆，是1905年张謇首创的南通博物苑。

——1983年3月江苏省博物馆学会编《博物馆学概说》

中国自力创办的第一座公共博物馆，是张謇1905年筹建的南通博物苑。……南通博物苑是中国人自己创办综合性博物馆的开端，也是我国第一座学校博物馆，在中国博物馆发展史上，具有开风气之先的意义。

——1985年12月文化部文物局主编《中国博物馆学概论》

1905年张謇创办我国近代第一座私立博物馆就是以其经营企业的利润为后盾的。南通博物苑的建立，是民族资产阶级多年来倡导博物馆的第一次实践。

——1986年梁吉生著《旧中国博物馆历史述略》

"自办""私立"等限定词，脱离张謇在南通地方自治的社会大背景，很容易用今天的语境去理解，从而在全局评定上，将关注重点转移，而产生一些模糊认识，不久发生了“谁是中国第一个博物馆”的讨论。1987 年 1 月陆惠元在《中国博物馆》发表文章《天津考工厂是中国第一个博物馆》，梁吉生于 1988 年 2 月在《博物馆研究》上发表《〈天津考工厂是中国第一个博物馆〉质疑》，根据博物馆定义对此进行了辩驳，文章指出有收藏、陈列、场地及开放等是构成博物馆的条件，但据此还不能区别于某些社会设施，判断其是否为博物馆还必须具备两个条件：“一是它的收藏物不是一般物品，而是人类生活和自然环境的见证物。这种藏品，具有典型性、代表性和特殊性，是凝固了的历史或现实运动的物证，具有历史价值或艺术价值、学术价值。二是作为博物馆，它应该是文化教育性机构，即通过陈列展览等形式，致力于教育的目的，给人以知识和美育。”从而得出结论：“天津考工厂虽有收藏，但其物品并不代表人类和自然环境见证物，而是具有交换意义的一般工商产品；虽有公开陈列，却是集中外商品的展销活动；它的‘为社会发展服务’，是通过罗列工商货物及样品，提供商品信息，激发工业家观感，促进工商业生产，而不是以教育为目的，给人以知识性文化和思想性文化。所以……天津考工厂是一个博览会性质的机构，而不是博物馆。”

这次辩论厘清了博物馆定义中容易产生歧义的几个模糊认识，在对博物馆定义进行解读的过程中，促进了对张謇博物馆思想和南通博物苑历史更进一步的研究。1989 年 9 月，国际博协在荷兰海牙召开第 16 届全体大会，修订博物馆定义为：“博物馆是为社会及其发展服务的非营利的永久机构，并向大众开放。它为研究、教育、欣赏之目的征集、保护、研究、传播并展示人类及人类环境的见证物。”1990 年，王宏钧主编的《中国博物馆学基础》，为国家文物局主持编写的文物博物馆系列教材之一，该书叙述了“作为博物馆应当具备四个条件：第一，要具有藏品也就是实物；第二，要有基本陈列；第三，要真正向社会公众开放；第四，要有经营管理藏品、开展社会教育的专业人员。这种法定的永久性机构，才是现代意义的博物馆”。此著作不仅是博物馆从业人员的工具书，亦是大学文物与博物馆专业的基础教材，该书数次重印，并于 2001 年 12 月进行了再版修订，传播广泛。文中所述观点深入人心，关于南通博物苑的表述为：

博物馆学产生于20世纪初，南通博物苑创办人张謇是中国博物馆学奠基人。

1905年，张謇创办我国第一座公共博物馆——南通博物苑，从此开始了中国近代博物馆的新篇章。

跨入21世纪后，随着历史研究的深入，尤其是一些新史料的发现，偶有比南通博物苑建立更早的博物馆议题出现。但述诸原委，以近代博物馆定义衡量解读，均未能有像南通博物苑如此之符合其义者。南通博物苑在建筑规模、教育宗旨、收藏章程、陈列展览、科学研究和服务社会等方面均有案可稽，完备周全，迄今尚未发现同时代有同类机构可与之媲美。

2005年，南通博物苑迎来百年华诞。经过专家多方论证，一致认为：南通博物苑发展的一百年也是中国博物馆事业发展的一百年。2005年9月24日至25日，由文化部、国家文物局和江苏省人民政府联合主办，江苏省文化厅、南通市人民政府、省文物局、中国博物馆学会、中国自然科学博物馆协会承办的“南通博物苑一百年暨中国博物馆事业发展百年”庆典活动在南通隆重举办。国际博物馆协会主席亚历山德拉·库敏斯等200多位来自全球各地的嘉宾，以及知名博物馆馆长出席了纪念大会。从此，将南通博物苑的创办确定为近代中国博物馆事业发展的起点。

当今，博物馆学和博物馆事业发展迅猛。追根溯源，快速发展的事业让人们对南通博物苑是中国最早的一座公共博物馆的认识更加巩固。2015年，我国颁布的《博物馆条例》指出：“本条例所称博物馆，是指以教育、研究和欣赏为目的，收藏、保护并向公众展示人类活动和自然环境的见证物，经登记管理机关依法登记的非营利组织。”以今天的定义去审视创办之初的南通博物苑，可见该馆久远、鲜活的生命力。这一历史资源也是南通博物苑今后发展的核心竞争力。

四、南通博物苑对中国博物馆事业的贡献

南通博物苑是中国博物馆的初始圣地，深受我国博物馆人的敬仰。不仅是因为创建之早，遗址保存之好，理论研究之富，机构历史连续，更因为其所承载的文化命脉和精神情怀。它对中国博物馆事业的主要贡献有：

1. 南通博物苑的率先创办，在中国博物馆历史上开风气之先。办馆实践固然是博物馆事业的宝贵经验，其开拓之功对中国博物馆的发展做出了卓越的贡献。

2. 南通博物苑的创始人张謇，结合中国实际情况，引进西方博物馆的经验，将西方博物馆理念融入中国传统文化之中，创造性地以博物馆加动物园加植物园的这种组合，开创了博物馆新模式。同时，他还建立了适宜中国国情的博物馆理论，使西方博物馆在中国本土化。张謇是我国早期博物馆学理论家，南通博物苑是中国早期博物馆理论的实践成果。南通博物苑的早期遗址，作为中国博物馆事业发展的实物证据，是中国博物馆的宝贵财富，这是南通博物苑对历史的贡献。

3. 南通博物苑源起于近代知识分子的强国之梦。在张謇实业救国、教育救国的宏伟蓝图中，博物馆是学校教育的重要补充，是社会教育的重要场地。张謇经营南通，是为了建立一个新世界示范全国。南通博物苑是这个理想社会的重要一环。南通博物苑服务学校、服务社会，同时也通过传播科普知识引领文明、引领社会新风尚，从而促进民众素质提升，推动社会进步。博物馆不是一味迎合社会，而是对社会进步肩负使命和责任，这在全球大力提倡市场经济的今天尤为重要。从一定程度来说，这是对人类社会的文化贡献，没有疆域之分。

4. 南通博物苑是博物馆事业促进地方文化发展的典型案例。基于百年前张謇的示范和引领，今天的南通人仍对办博物馆有着高度的热情。后继者们在追随创办人张謇，对南通博物苑进行保护与建设的实践过程中，不断探索、挖掘张謇的博物馆思想“富矿”，在全国率先提出了建设博物馆城的设想。如今建成的环濠河博物馆群，体现了南通城市人文面貌的根本改变，成为国家5A级风景旅游区。这是南通博物苑对南通城市的新贡献。

5. 张謇在创办南通博物苑的过程中，事无巨细亲力亲为，积累了丰富的经验。他将这些经验进行了理论总结，多次呼吁国家兴办博物馆，并对国家设立博物馆进行了理论论述，形成了我国最早的博物馆学理论。在他的呼吁和示范下，中国的现代博物馆事业开始萌兴、发展壮大。这是南通博物苑对中国博物馆事业、对博物馆学科的巨大贡献。

曾任中国国家文物局局长、中国博物馆学会理事长、国际博协中国国家委员会主席的吕济民说：“思考中国博物馆所走过的道路，越来越使人感到，张謇创造中国第一座博物馆的伟大创举的意义重大。”《中国大百科全书·文物、博物馆卷》对张謇创办南通博物苑进行了高度评价，南通博物苑是中国第一座博物馆，这是我国文化界和社会各界经过多次论证决定的，并获得国际博物馆界的认可。张謇不仅是中国博物馆事业的创始人，也是中国博物馆学的最早研究者。张謇开创的博物馆理论和实践，使中国博物馆从一开始就具有近现代意义；使博物馆从一开始就有中国特色；使中国博物馆学从一开始就沿着科学的道路发展；使中国博物馆事业从一开始就沿着正确的方向前进。

中国第一座气象台

军山气象台

1916 年，张謇创办军山气象台。该气象台位于南通城南郊的军山之颠。张謇亲任气象台总理，并从南通师范学校学生中挑选优秀生刘渭清，送上海徐家汇观象台培训，学成回南通后任主任。军山气象台于 1917 年开始运行，观测气象，并且定期出版英文的气象季刊，与 40 多个国家、100 多个气象单位进行业务交流，被列入英国国际气象台名册，享誉海内外。张謇成为我国近代气象事业的开拓者。具有百年历史的军山气象台旧址至今保存完整，为市级文物保护单位。

张謇等在军山气象台开幕式上的合影

军山气象台

军山气象台无线电室

中国第一座气象台

军山气象台

张廷栖

张謇十分重视气象事业，他在中国近代气象史上曾做出诸多贡献。其中，南通军山气象台的创建尤为突出。

一、缘起

中国是农业大国，张謇出生农家。他知道天气与农业生产的重要意义——农民靠天吃饭，一旦有大旱大涝，农田颗粒无收，生存便会成为大问题。所以，张謇十分重视水利和气象事业，希望通过农业防灾减灾，帮助农民丰产丰收。张謇走上实业救国、教育救国道路后，在实践中更加认识到气象对其事业的重要性，因为这不仅关系到农林事业，而且与水利、交通等事业密切关联。他说："农政系乎民时，民时关于乎气象。"光绪三十二年（1906 年），张謇决定在南通博物苑创建测候室，这是中国人自己创办的第一个测候机构，是气象事业的基础。创办者张謇也因此成为近代中国气象事业的开拓者、先驱者。

张謇不仅在南通创立测候所，在 1913 年 10 月担任北洋政府农商总长兼水利局总裁期间，十分重视气象事业对农林、水利的重要意义。到任不久的他于 1914 年建立了部属的测候总所，制定了观测规范，同时还通令各省农业机关设立气象测候分所 26 处，这是全国普遍设立农业气象站的开端。然而未过一年，张謇反对袁世凯复辟帝制辞职南归，因为经费困难，大多数气象测候分所被迫停办，仅剩北平三贝子花园、北京农专和山西农专 3 个测候所勉强维持。可见当时旧中国举办气象事业的艰难。张謇未能实现在全国建设气象事业体系的夙愿。这一遗憾成为他南归回通实行地方自治，建设军山气象台的重要动因。他认为“气象不明，不足以完全自治，而明之必有其地，尤必有其人。”于是身体力行，决定亲自创办气象台。

法国天主教会曾于同治十一年（1872 年）在上海徐家汇建立观象台。张謇对这个西方殖民者在中国最早创办的气象台很有感慨。他认为气象事业涉及国家主权、甚至机密，不宜落入外国人之手。张謇曾有如此表述：“各国气象台之设，中央政府事也，我国当此时势，政府宁暇及此？若地方不自谋，将永不知气象为何事、农业根本之知识何在，謇实耻之。”基于对气象预测重要性的认识，张謇决心亲自实践，担负本该由政府主办的气象事业。

二、军山气象台的建立

从 1913 年开始，张謇创建军山气象台的工作有条不紊地进行。他首先从农校数理素娴，并通英语、法语、日语的优等生中遴选人才，将其派往当时被誉为“远东第一台”的上海徐家汇观象台培训，学习气象专业。被选中的学生刘渭清（字叔璜），到上海后便跟随副台长法国耶稣会司铎马德赉（Josephas de Moidrey）学习气象，研习气象学，学习观测、绘制天气图、天文、统计、观星测时等业务；同时，还去昆山菉葭浜天文台学习推算日月蚀、节气等方法；并了解各地磁针偏差的测数以及各地台站的海面高度；他学习的时间总长达 3 年零 1 个月。在培训人才的同时，张謇将台基位置择取于军山之巅、普陀寺之后。在地球上的具体位置是北纬 31°57′35″，东经 120°53′17″，海拔 110.4 米，距离县城 18 里。气象台之所以建址于军山，有张謇的文字可查。他说：“气象台宜设军山上，不仅有关风景，且于天气预报有益。因为军山南临长江，与江南的福山对峙，形势绝佳。江中来往船舶，遥望军山有标号。在通城及东乡民众，远望军山有台，亦可提高重视天气预报的观念。所以台设军山上，可以瞭远听远，对天气预报是有裨益的。能加强天气预报，也与农业有裨。”张謇落实人才培训和确定台址以后，便积极筹备基建事务。

翌年 5 月，张謇委托上海马德赉副台长帮助购买气象仪器；同时，又派刘渭清与其反复商讨气象台的建筑图稿。马德赉建议把普陀寺拆除，之后建台，张謇不愿毁坏数百年的古刹，乃以其后殿之基建台。为了保护一株古银杏树，又向前移了一米，因而台址范围仅 1 550 平方米，显得略小。

军山气象台，由张謇培养的建筑师孙杞（字支夏）设计监造，吴松山辅助之。当年 12 月破土动工，1916 年 10 月竣工，建筑工期历时 23 个月。气象台坐北朝南，建筑共 4 层，面积 330 平方米。第一层，面宽 3 间，东为仪器室，当年重阳节开始安装，室内安置观察仪器，仪器室外南面短墙顶安置日晷仪，西为办公室，中是会客室。第二层，1 间，用于收藏图书资料，由此通往办公室等屋顶，屋顶平台安置日照计及测云器。第三层，1 间，为自记风向风速计室。第四层，1 间，上通台顶，台顶安置风向风速计旋转部，并安装避雷针。军山气象台计有各种仪器 30 多种，其中拥有法国、德国、日本、英国等国制造的当时世界最先进的仪器 11 种。当时的设备，国内固属仅见，国际亦享有相当声誉。军山气象台的附属生活等用房面积 122 平方米，为台前右侧平房 8 间。台后空场一方，安置寒暑亭、地温表、草温表、蒸发皿、雨量器、自记雨量器、无线电无线柱等。台前南首有平房 3 同，分别为门房、夫役室及厨房。西首平房 5 间，为膳食室、寝室、浴室、卫生室。建筑之间均有走廊及雨道，四周绕以铅丝藩篱。军山气象台共耗资 10 953.55 元，这些创建经费大部分由张詧、张謇兄弟承担，乡里人士也有一定赞助。建成后的军山气象台正门两侧，张謇亲手书下对联：“仰窥象纬抬头易，自有云雷绕膝生。”对联说明建立的气象台，既观察天象运行，又测量气象状况，具有天文与气象并举的目的。

三、军山气象台的运行

军山气象台建成后，由张謇任总理，张詧任协理；时年 31 岁从徐家汇观象台学成归来的刘渭清被任命为主任，成为气象台的实际负责人，主持台务，也就是台长；陈濡（字泽渔）为助协员；赵日昇为练习生、测算员；蒋仲濂（字亦溪）为缮写员，由此组成一个十分精干的组织管理机构。

张謇对气象台的管理非常到位。气象台成立不久，就相继颁布了《气象台办法大纲》《气象台观测章程》《气象台计算章程》《气象台参观条例》等规章制度。对气象台的办台宗旨、人员编制、职员权限以及气象观测、资料统计、表册报告、天气预报等工作要求、技术方法作了具体规定，各项工作均有章可循，业务人员的日常工作严格认真。

1917年元旦，气象台正式开始观测工作。观测业务不仅测雨量、风向、气温、湿度等气象数据，还测报潮汐和天文数据，每天在南通地方报纸上发布天气预报。这是南通乃至江苏气象史上的第一页。台内十分重视资料的积累和保存，每月有月报、每季有季报，从1918年起，每年还编年报一册，发表一年的观测记录和研究成果。气象台还根据观测和科学研究成果，展开科学普及工作，解释气象现象，破除迷信。例如，1918年6月15日下午7时，平潮地区下了红雨，乡民以为这是不祥之兆，今后许多事会凶多吉少，民心恐慌。军山气象台立即解释，红雨内含一种红色矿物质，由旋风卷入空中，随雨而降，并无凶吉之事。气象台更重视南通的气候研究等科研工作。20世纪20年代，气象台的学术科研活动相当活跃，创办了气象季刊，自制的赤道晷、雨量器、日照计、指星仪等先后在南京、上海举行的展览会上获奖。气象台印制的英文版刊物和报表，与40多个国家和地区的100多个单位交流，在国际上享有声誉，曾被列入英国出版的国际气象台名册，深受国内外气象同行的赞誉。1925年，为了收回东南沿海的气象主权，72岁高龄的张謇仍然雄心勃勃，志将军山气象台扩办为中国的“东南气象台”，他的主张和设想受到中国气象学会同仁的一致赞同。但是，在当时积贫积弱的中国，要想实现这个愿望，几乎是不可能的。

四、军山气象台的衰落

1926年张謇辞世，军山气象台风光不再。经费难以为继，每年的年报也无法按时出版。后来，中央研究院气象研究所成立，所长竺可桢认为军山气象台为张謇首创，历史最早，资料可贵；由此整理出版了从1925年至1929年的5年气象报告辑要。气象台于翌年由南通学院农科接管。这时，除了经费困难，又加上刘渭清主任调任水利局，陈濡为主任，3年后陈濡主任又调任省测候所主任，技术、力量不断削弱。1935年1月，气象台由江苏省建设厅接管。1938年，日军侵占南通，气象台遭受严重破坏，大量珍贵资料散失，部分仪器被抢劫转移到了日本，从此业务中断，气象台停办。

1949年5月1日，南通恢复了测候工作，但已不在军山气象台原址。军山气象台的旧址仍然保留，主体建筑保存完好。1979 年，南通市人民政府拨款对旧址进行了第一次维修。1997 年初，国家气象局认定军山气象台为国人自建的第一座气象台，南通市人民政府将气象台旧址列为重点文物保护单位，并于 1998 年按原状修复，作为文化旅游景点，对外开放。2004 年，南通气象局在军山气象台原址上设立了自动气象观测设备，恢复了气象观测。目前南通市气象局已成为拥有 7 个科室，60 余名工作人员和健全的气象业务服务体系的地市级气象局，而且建有南通气象博物馆。

五、国人自建的第一座气象台

我国古代有发达的天文事业，早在公元 473 年南朝刘宋时期，祖冲之就在江宁(南京)北极阁山上设置观察气象的“灵台候楼”；元朝至正年间(1341—1368)，元顺帝在此再度设置观象台；明朝时期在此设置壮观的“钦天台”，这比英国的格林威治天文台还要早 295 年。但是，我国的气象事业相对滞后。近代中国最早做出天气预报的是外国殖民者。至于测候所，仅为观测天文与气象，即观察天文，测量气象，但并不能提供天气预报。直至 1912 年，民国政府成立中央观象台，1915 年才内设气象科，翌年试作天气预报。也就是说，中央观象台气象科比军山气象台早两年建立，早 1 年发布天气预报；如此看来，似乎气象科为中国的最早气象台。白寿彝在《中国通史》中就把中央观象台看作是中国人办的第一个气象台。人们确实应该承认中央观象台气象科在气象史上的地位，“为近代中国官办的第一个综合性的国家观象台，它标志着中国近代气象事业的新起点”。

但是，气象界普遍认为，南通军山气象台才是国人自办的第一个气象台。理由为：其一，严格来说，观象台并非气象台，观象与气象仍有区别。在西方文字中，观象与气象为同一个词，而在中国文字当中它们是有区别的，观象仅仅观察记录，而气象不仅如此，还应预测预报天气。中央观象台虽有气象科，但并未形成气象台的完整专业架构。气象台的构成要件和主要标志之一，是看有无无线电收发报设备，能不能自主收发报，而这一点正是中央观象台所没有的。其二，独立建立气象台是从张謇建军山气象台开始的。中央观象台气象科并未正式命名为气象台，中央观象台经过断续发展、种种曲折，直至1930年4月，才成立北平气象台。也就是说，在张謇创建军山气象台13年之后，中央观象台才成为气象台的。其三，气象学界的共识是张謇创办的南通军山气象台是国人自办的第一所气象台。

洪世年、陈文言编著的《中国气象史》认为，“我国最早私人设立的农业气象台为1916年资本家张謇在南通设立的‘军山气象台’”。当时全国只有观象台，命名为气象台的仅此军山气象台一家。《上海气象志》编修办公室的专家声远在1990年第1期《上海修志响导》刊物上发表的《张謇与我国近代民营气象事业》一文认为，“军山台建造过程中，得到徐家汇气象台外籍人士鲁曾、龙相齐的帮助，但它是中国人自办第一座具有近代科学水平的气象台”。南通地方气象史研究者孙锦铨高工在《中国天文气象史上闪光的一页》（自然辩证法研究1995年第8期）论文中也明确认为，“1917年创建了国人自办的第一个气象台，为开创中国天文气象事业作出了卓越的贡献，引起世人的瞩目”。更权威的机构中国气象局于1997年初，确认南通军山气象台为国人所创的第一座气象台。

笔者同意刘佳发表在《2013张謇研究年刊》里的《张謇与中国近代气象事业》一文中的论断，“蒋炳然曾在1924年中国气象学会成立大会上称赞军山气象台是中国私家气象台之鼻祖。……军山气象台不仅是私家气象台全国第一，而且是中国人自办气象台全国第一。中央观象台气象科虽然也试作预报，但未形成气象台的架构，也未正式命名，又不能自主收报，且1925年因经费无着落而被迫停顿，仅维持9年”。这一段论述已经比较清楚，基本可以否定中央观象台气象科为中国人最早自办气象台的说法。至于“军山气象台是中国私家气象台之鼻祖”的定位，也只是一种孤绝的说法。军山气象台至今已有百年历史，未见再有第二家私家气象台，在中国，今后也很难再出现了。没有后代延续的军山私家气象台，在这个意义上说可能是“空前绝后”的。

六、军山气象台的历史价值和当代意义

1. 中国的气象事业从南通开始

近代南通在张謇的经营下，由偏僻封闭落后的农业县成为全国闻名遐迩的模范县，创办了无数的事业，开全国之先河，中国的气象事业就是其中之一。早在光绪三十二年（1906 年），张謇就在南通博物苑创办了全国第一个测候室，在此基础上办了军山气象台。南通军山气象台是中国人自办的第一所气象台，南通成为中国气象事业的发祥地，张謇成为近代气象事业的开拓者。正因为如此，1924 年 10 月“中国气象学会在青岛成立（蒋丙然为会长），天文、气象界线逐渐明朗。中国气象学会选举张謇为终身名誉会长”。

2. 为中国的气象事业赢得了荣誉

军山气象台测报所得的资料，所收集的自然现象、自然灾害，调查研究的成果，被编制成为内容丰富的气象月报、季报、年报，采用中英文对照，以布面精装出版发行。除国内交流外，还与国际上 40 多个国家和地区的 100 多个单位交流。气象台以仪器的先进、测量的精确、交流的广泛，在国际上知名度与日俱增，被国际气象会议上规定为电报资料交流单位，成为近代中国科技史上的一个亮点。作为全国 1 700 多个县中的一小邑，以一县之力，办出如此先进的气象台，在国际气象事业中争得一方之地。这种乱世中的自立自强，为中华民族赢得了荣誉，做出重大贡献，不能不说是一个奇迹。

3. 为国家培养了杰出的气象人才

张謇历来重视各类人才的培养。他要办什么事业，就事先选择人员派遣到国内外培训机构去学习培训，学成归来后再创办。他要办医院，就派熊辅龙（省之）赴日本学医；他办气象台，就选送刘渭清去上海徐家汇观象台跟随马德赉学气象。他们均学成归来后业务精湛、业绩突出，在全国行业中享有相当的知名度。刘渭清在军山气象台做出了出色成绩，在中国气象学会成立大会上被选为首届理事会理事，兼编辑委员会委员，成为全国气象学会的骨干力量。原助协员陈濡也成为全国天文学会和气象学会的会员，继任刘渭清的主任职位后，于 20 世纪 30 年代负责筹建江苏省水利局测候总站，后任江苏省建设厅测候所主任，指导各县测候工作。3 年后，又奉命负责在镇江北固山建省立气象台，并成为该台的主要技术骨干；中华人民共和国成立后，他还担任淮河水利工程总局淮域滨海区水利工程总队副总工程师兼主任等职，可见在省内气象事业中的地位和作用。

4. 军山气象台遗存成为宝贵的历史文化遗产

现在军山气象台依旧完整地耸立在军山之巅。党的十一届三中全会拨乱反正之后，南通市政府拨款对气象台旧址进行了第一次修缮。1982 年，又宣布为市级文物保护单位。1987 年 2 月，为纪念气象台成立 70 周年，举行了纪念活动和学术交流。1997 年，南通市人民政府进一步将其旧址列为市重点文物保护单位，并且拨款根据修旧如旧的原则按原样进行第二次重修，并拟建“南通军山气象博物馆”。2002 年 10 月 24 日，“南通军山气象台展览馆”在原址正式开馆，馆内搜集和陈列了军山气象台早期的部分仪器设备和珍贵资料。该馆成为展示张謇当年业绩，宣扬热爱家乡、热爱祖国，敢为人先、开拓创新，人才立国、科技兴国的生动教材。南通市气象局，秉承张謇的开拓创新精神，从 2011 年开始筹建气象博物馆，经过 4 年的积极筹备，2015 年建成，于“3 · 23 世界气象日”正式开馆，对外开放。南通气象博物馆是继中国南京北极阁气象博物馆之后，全国第二家气象行业博物馆，也是全国第一个地市级的气象博物馆，对全国的气象事业继续发挥着精神引领作用。

中国第一个立宪团体

预备立宪公会

光绪三十二年（1906 年）底，中国第一个具有政治结社性质的立宪团体，“预备立宪公会”在上海成立。立宪派是推动清末立宪运动的主要力量，张謇是领军人物。预备立宪公会成立后，做了许多卓有成效的工作，其中心工作是积极参与速开国会请愿运动。立宪运动对清末军事、经济、文化教育、地方自治等方面的影响也十分重大。清末立宪运动对中国传统专制社会向现代民主社会转型做了前期准备，预备立宪公会对几千年的封建专制制度持否定态度，在唤醒民众的民主意识方面，起到了启蒙作用。

中国第一个立宪团体

预备立宪公会

陈 灵

19 世纪中期，鸦片战争爆发，西方列强敲开了古老中华帝国的大门，清王朝开始经历苦难历程。一批先进知识分子意识到要学习西方的先进科学技术，以改变落后状态，洋务运动即在中国兴起。及至中日甲午战争，洋务运动以失败告终。20 世纪初的世界政治环境，对中华帝制产生了巨大影响，西方列强加剧了对中国的瓜分。甲午战败之后，《马关条约》签订。清政府中后党和以李鸿章为代表的淮系势力遭到全国舆论谴责。清廷中的帝党与维新人士活动频繁，维新派创办《中外纪闻》，成立强学会，主张实行君主立宪，变法图强。百日维新只是昙花一现，以康有为为首的维新派旋即遭到后党顽固派的镇压。19 世纪至 20 世纪之交，历经义和团运动、八国联军侵华等失败后，清政府只有寻找一条新的出路，以维护统治地位，保障皇族集团利益。光绪二十六年十二月（1901 年 1 月），清政府颁布变法上谕，要求各大臣参酌中、西方国家的情况，抒发己见。《辛丑条约》签订后，中华民族面临更大的危机。这个时期出现的新兴资产阶级、小资产阶级知识分子当中，产生一批要求革命、实现共和的革命派。与此同时，原来的维新派大多开始转变为立宪派，主张在中国实现君主立宪，要求建立国会，设置责任内阁；这部分力量并不主张暴力革命。

20 世纪初，发生在中国东北的日俄战争，对中国造成重大影响。对这场战争，清政府内部认为，如果日本获胜、俄国战败，即是君主立宪对专制制度的胜利。战争的结果是日本获胜。因此，中国的立宪派认为君主立宪制要比专制制度优越，于是大张旗鼓地宣传立宪。日俄在东北争战的时候，英国、德国、美国、法国也分别在西藏、江西、陕西和上海等地要求特权；中国面临的国际危机不断加剧。立宪派更加认为，要想拯救中国只有实行君主立宪。在这种背景之下，光绪三十二年（1906 年）七月，清政府颁行“预备立宪”上谕。这是一种在内忧外患情况下的被动选择。

一、预备立宪公会建立前立宪派的活动

张謇作为江苏立宪派的头面人物，在立宪运动中做了大量工作。

清政府下达新政谕旨后，张謇与汤寿潜、沈曾植、郑孝胥共同酝酿，谋划新政。他在《变法平议》里，从政治、经济、军事、文化和教育等多方面，提出改革中国政治的设想。按照旧式政权的架构，张謇把变革的事宜，按吏户礼兵刑工六部分为六大部类，按三个阶段实施。他提出吏部应设置议政院，《变法平议》认为“制定新法改正旧章，上有所建交院议行，下有所陈由院议达，故下无不通之情，上无不行之法”，地方应设府县议会。可是，这种已算温和的改良措施并没有得到清廷与一些重臣的重视。

光绪二十九年（1903 年）四月，张謇赴日本考察。虽然考察的目的以教育和实业为主，但在考察过程中，张謇认识到依法治国的重要性。立宪，就是用宪法和法律来限制政府的权力，保障公民的基本权利。从《变法平议》开始，张謇萌发君主立宪政治理念。考察日本之后，君主立宪这一政治理念在他意识中不断增强。十二月，张謇在上海与汤寿潜等人交谈，阐明自己“天下将沦，唯实业、教育有可救亡图存之理”。至年底，张謇获悉日俄战争日方小胜，颇有感叹，他在光绪二十九年十二月三十日（1904 年 2 月 15 日）日记中抒发见解，“日本全国略与两江总督辖地相等……致力实业、教育三十年而兴，遂抗大国而拒强国”，叹息朝廷中没有人能把这个情况“举以为圣主告也”。张謇一面筹划立宪，一面在家乡加紧建设，努力践行实业、教育救国方略。光绪三十年（1904 年），张謇扩建师范学校，与乡里议论“寻常小学校教育事”，试行改革盐业生产“相度试验盐田”；与此同时，他还草拟“度量衡铜员盐鱼制造奏”等，以自己的努力为变法做实践准备。

光绪三十年（1904 年）三月，张謇被朝廷授予三品衔，任商部头等顾问官。这为他推动立宪提供了有利条件。据卫春回研究，张謇“自光绪三十年（1904 年）到三十二年（1906 年）清政府颁布立宪上谕的三余年时间中，做了大量的促进立宪的工作”：比如，起草立宪奏稿；宣传和普及立宪知识；为获得袁世凯对立宪的支持，还恢复了与他中断 20 年的联系。

光绪三十年（1904 年），张謇在南京拜见张之洞、魏光焘，共同商量立宪事宜。并且，往来南京、上海，与蒯光典、赵凤昌、汤寿潜等商谈立宪要旨，撰写奏章，在反复磨勘、数易其稿后，通过地方大员上奏朝廷，提出在中国推行立宪政体的具体要求。立宪奏稿分析了日俄战争的形势，认为“祸连未解，要其终局，害必及我”，为了免除外患，应当实行新政，以“振积弱而图自强”。奏稿认为，清廷为政要以“理财、练兵、兴学”为当务之急。认为如果能制定宪法，“以外邦经验之良规，成中国创行之新政”，就能收到事半功倍的效果。

为宣传、普及立宪知识，张謇在蒯光典、赵凤昌、罗振玉、郑孝胥等人的帮助下编译刊印了《日本宪法义解》《日本宪法》《日本议会史》等多部有关君主立宪的理论著作，宣传立宪。张謇等人认为，要挽救国家危亡就得从根本上改变国家政体。他们认为，日本国情与中国相近，日本宪法便于学习。而且，立宪以后清皇室的地位与权力仍然能够保持，君权不变的立宪能为清统治者接受。立宪著作出版后，张謇将其分赠王公大臣，如铁良等，甚至送达内廷。他还把《日本议会史》《英国国会史》等书赠与袁世凯、林绍年，这对统治集团中上层人物的态度转变起了推动作用。

20 世纪初，袁世凯是清廷重要权臣，他身兼多职，同时执掌直隶大权。能获取袁世凯的支持，立宪就有了较大成功希望。在与袁世凯复交的问题上，张謇极为谨慎，除了与汤寿潜等绅商好友商量，还在光绪三十年（1904 年）四月专程赴上海与袁世凯的谋士杨士琦交谈，了解袁世凯的政治动向。五月，张謇发信给袁世凯，详论立宪大义，希望袁世凯能带头参与立宪。张謇还多次致书端方，并到上海等地与他晤谈，说明立宪的必要，面请端方加入立宪阵营。

日俄战争中俄国战败，给清政府带来极大震撼。朝廷内宗室大臣载泽以及地方督抚们对立宪的支持态度渐至明确，两广总督岑春煊，继张之洞、林绍年之后，也上书请求立宪。后来，在建立预备立宪公会时，岑春煊捐资万元，充分表明了自己的态度。在这种形势下，袁世凯的态度也日渐明朗，他与张之洞、周馥联名上奏，请求委派大臣出国考察宪政。清廷接受了枢臣吁请，委派五大臣出洋考察，正式揭开了立宪改制的序幕。光绪三十二年（1906年），国内第一个政治结社性质的立宪团体“预备立宪公会”，在上海应运而生。

二、预备立宪公会的建立及其工作

光绪三十二年十一月初一（1906年12月16日），预备立宪公会在上海愚园召开成立大会。预备立宪公会是郑孝胥、张謇等人在宪政研究公会的基础上建立的，国内第一个具有政治结社性质的立宪团体，规模最大。预备立宪公会的成立是20世纪初立宪派的重要成果。

成立大会上，郑孝胥当选为会长，张謇、汤寿潜为副会长，不久张謇任会长。立宪公会的会员来自商、学及文化界，大多都是社会精英，其中有实业家、报人、出版家，如黄炎培、杨斯盛以及孟森、孟昭常、雷奋、杨廷栋等，他们都是知识界的领军人物。预备立宪公会的成员最初由江、浙、闽的人员为主，后来扩展到国内十多个省，甚至香港、澳门、南洋等地，不久江西、安徽、山西、四川、吉林等省的咨议局议长或副议长也都参加进来。预备立宪公会为推动宪政做了大量工作，如出版书刊、普及宪政知识，开办法政讲习所，推动地方自治及咨议局的成立，编订商法等。这些活动表明，预备立宪公会具有浓厚的政治色彩，可以说，预备立宪公会是全国范围的政治结社性立宪团体。

预备立宪公会在成立后的几年间，做了许多卓有成效的工作。如光绪三十四年（1908年）预备立宪公会刊印了《预备立宪公会报》，后改为《宪政》月刊，用于宣传宪政。联络商界人士，研讨、编纂保护工商业发展的商法。开办法政讲习所，讲授法律，训练司法人才，讲授财政、预决算知识，培养地方自治人才。

立宪派注重地方自治。张謇在《自订年谱》中认为，地方自治是立宪的基础，他主张“立宪大本在政府，人民则宜各任实业教育为自治基础”。这样，立宪派在全国立宪运动中，把实行地方自治作为主要诉求之一，参与组织地方政权，建设社会公益事业，进而提高自身社会地位。地方自治过程中，上海、南通以及苏州的成效最大。

立宪派还参与设立了咨议局。光绪三十三年（1907年），清政府决定在各省设立咨议局，次年颁布咨议局章程、《钦定宪法大纲》。咨议局是民选机构，拥有地方立法权，监督行政、财政权，其地位与督抚几乎对等。清廷宣布各省建立咨议局后，预备立宪公会与其他团体就在上海商讨筹办咨议局事宜，并于光绪三十四年（1908 年）成立江苏咨议局研究会，建立咨议局筹办处，张謇为筹办处总理。立宪派成为咨议局筹办处主要办事人。宣统元年(1909 年)，江苏咨议局成立，张謇当选为议长，立宪派的骨干成员成为议员。

预备立宪公会的一项中心工作是积极参与速开国会请愿运动。国会请愿运动分为两个阶段：从光绪三十三年（1907 年）到三十四年（1908 年）各省咨议局成立之前，主要是各地宪政团体和个人的上书请愿活动；从宣统元年（1909 年）末到第二年，请愿活动以设立责任内阁和召开国会为主要目标，这一阶段以进入由咨议局的立宪派为主导。预备立宪公会在立宪团体中组织最为健全，其内部有完整的民主程序，政治态度较为温和，不主张暴力革命。

三、全国影响最大的第一个政治性立宪团体：预备立宪公会

光绪三十二年七月十三日（1906 年 9 月 1 日），清廷颁布预备立宪诏旨“仿行宪政”。十月二十四日（12 月 9 日），宪政研究会在上海愚园召开成立大会。该研究会是由马相伯在上海发起的立宪研究团体，有会员 300 余人，马相伯为总干事，雷奋为副总干事，沈恩孚、袁观澜、李平书、白振民、黄纫之、林康侯、狄楚青、穆恕斋等人为评议员。与宪政研究会相比，预备立宪公会是清末全国范围影响最大的政治结社团体。

预备立宪公会的中心工作是积极参与请愿，推动召开国会。湖南宪政公会的立宪派人士杨度首先上书清廷，请求召开国会。接着，预备立宪公会与宪政公会等设立国会期成会，领导请愿活动。请愿活动在各省咨议局成立后，进入由咨议局立宪派为主导的新阶段。宣统元年 (1909 年) 和宣统二年（1910 年），江苏咨议局领导了三次大规模的请愿活动。预备立宪公会作为国内首个立宪预备团体，在宣传鼓吹立宪、编纂商法、培养立宪人才方面做了不少实实在在的工作。

宣统元年（1909 年）八月，张謇请江苏巡抚瑞澂联合各省督抚上书清廷，请求组织责任内阁。九月，江苏谘议局在南京正式成立，张謇当选为江苏咨

议局议长。各省咨议局也相继诞生，张謇作为预备立宪公会会长和江苏咨议局议长，联络各省咨议局议员共同上书清廷，请求速开国会。各省参加请愿活动的代表还在上海预备立宪公会事务所成立“请愿国会代表谈话会”，并决定联合赴京请愿。到宣统二年（1910年）九月，国会请愿代表团已三次上书。在此期间，各省咨议局、各省督抚也联合发出奏章，要求召开国会，实行立宪。在这种形势下，清廷于十月宣布预备立宪由九年改为三年。然而，宣统三年（1911年）四月，清廷成立了“皇族内阁”，至此，立宪运动宣告失败。上述过程可见，预备立宪公会在立宪运动中的影响是最大的，其他立宪团体与它还不能相比。预备立宪公会可以说是全国影响最大的第一个政治性立宪团体。

四、预备立宪公会的历史贡献

立宪派是推动清末立宪运动的主要力量。预备立宪公会组织起来的立宪派人士多数属于士绅阶层，在地方都是上层人物，且与地方实力派有着较为密切的联系。他们联合地方督抚，迫使清政府作出缩短预备立宪期等的决定。预备立宪公会在其中起到了重大作用。这些立宪派人士积极引进西方国家先进的法理观念，传播宪政文明，为实现宪政做了大量宣传工作。这对改革旧有政治体制、催生新政治制度，起到了舆论引导作用。经过斗争，清政府把预备立宪的时间由九年缩短为三年，这在一定程度上也是对2 000多年的封建专制政体的一种冲击。

预备立宪公会主导的立宪运动，对当时的军事、经济、文化教育也产生了较大影响，推动了清政府的一些重大变革：军事上，清政府开始学习西方的军事体制，编练新军，裁汰旧式军队。经济上奖励实业，准许各省设立商会，并创立大清银行。文化教育上，开始创办新式学堂，传播西方科学技术；派遣留学生学习西方的先进科技知识；光绪三十一年（1905年），废除科举制度，延续千年的选拔人才制度得以革新。此外，在社会习俗方面也做了一些变通，如准许满汉通婚、劝止妇女缠足等，在改变社会风气方面起到一定作用。

预备立宪公会的活动，为由专制社会向民主社会转型做了前期准备。其对几千年来的封建专制制度，持否定态。这在唤醒民众的民主意识，启蒙国民的现代政治意识方面起到了重要作用。

中国第一个咨议局

江苏咨议局

江苏咨议局由张謇奉旨筹办，于宣统元年（1909 年）在南京宣告成立，张謇被推为议长。张謇为江苏咨议局制定了各项议事、选举细则，把咨议局纳入制度轨道。在张謇的主持下，咨议局利用合法阵地，行使政治权利，提交议案，参政议政。为提前召开国会，江苏省咨议局联络各省咨议局，组织了三次请愿活动，与以督抚为代表的顽固势力奋力抗争。当时，社会各界对江苏咨议局好评如潮。日本人井手三郎向日本外务省提交的中国各省《咨议局开设之状况》排名中，“以江苏第一”。

中国第一个咨议局

江苏咨议局

张廷栖

张謇自从东游日本，见到明治维新以后日本欣欣向荣的局面，回国便大力提倡立宪。他积极联络和推动一些省督抚，奏请实行立宪，主动为湖广总督张之洞、两江总督魏光焘等主拟请求立宪奏稿。同时，又刻印立宪书籍，介绍立宪知识，开始立宪的宣传活动。清廷迫于压力，为了应对自身统治危机，推行所谓“新政”。清光绪三十二年（1906 年），清廷颁布九年预备立宪诏，宣布预备“仿行宪政”。

张謇认为宪政是救国的不二法门。为此满怀信心，全力投入。是年冬天，经过筹划，张謇与郑孝胥、汤寿潜、赵风昌等在上海成立“预备立宪公会”，被推为副会长。不久，因郑孝胥辞去会长之职而担任会长，并创办《预备立宪公报》机关刊物，作为宣传立宪的重要阵地。该公会组织不仅是江浙以至东南地区立宪运动的核心，而且对全国立宪运动也起着主导作用。

翌年，预备立宪公会联合其他团体，在上海筹办咨议局有关事宜。10 月 19 日，清廷正式下令筹设咨议机关，建立“咨议局”。这是清末新政的一项重要举措。当时的“咨议局”类似“省议会”，但不是正式的省议会，是为将来的省议会做试验的机构。光绪三十四年六月（1908 年 7 月），慈禧太后以懿旨公布《各省咨议局章程》，同时命各省总督巡抚马上筹办，一年内成立。张謇奉旨筹办江苏咨议局。

一、筹建江苏咨议局

张謇认识到这是一项崭新的工作，需要学习研究并广泛进行宣传。光绪三十四年八月（1908 年 9 月），张謇组织立宪派的骨干人员成立咨议局研究会，为推动和协助创办咨议局出谋划策。同时，组建咨议局的筹办机构。张謇组织立宪派士绅在江苏教育总会开会，用投票方式，公推宁、苏两属咨议局筹办处总办、会办备选人员名单，以供督抚从中遴选。所推候选人，宁属为张謇、仇继恒、魏家骅、许鼎霖；苏属为王同愈、马良、王清穆、蒋炳章。同年十月十一日（11月4日），宁属咨议局筹办处正式成立，张謇被江苏督抚委任为筹办处绅界总理，其他负责人均为预备立宪公会的骨干；江苏参与筹办咨议局的主要办事人员都是立宪派士绅。

咨议局筹办处成立后，张謇对咨议局筹办工作十分认真、负责。根据本省情况，张謇竭力促使宁、苏两局合并为一，并将议员选举章程略加变通，进行解释，颁布告示；还在州县设立选举事务所，调查选举资格，编制选举名册，规定初选复选程序等，汇集了69项筹办事项，这些事项都是由咨议局研究会经过调查研究归纳得出，并领导36厅州县将之逐一落实。同时，张謇开始组织筹建咨议局大楼，派遣南通籍建筑师孙支夏前往日本考察，以为回国后参考设计；从选址、设计建筑图纸，到培训人员，张謇几乎事事亲自过问。为开好第一届年会，张謇与当选议员每周开一次例会，研究咨议局职权，预备议案，讨论自治团体和人民的建议，为会议召开做了充分准备。终于，宣统元年九月一日（1909年10月14日），江苏第一届常年会如期举行，与全国除新疆以外21个行省同时开会，咨议局顺利成立。

江苏省咨议局共选出125名议员，张謇被推为议长，并选举原宁属筹办处协理仇继恒、原苏属筹办处协理蒋炳章为副议长。两位副议长都是名重一方的绅士。议员中有17位是预备立宪公会会员，他们大部分是著名的立宪派骨干人物，如孟昭常、杨廷栋、方还、雷奋、狄葆贤、秦瑞玠、陶保晋、许鼎霖、黄炎培等，而且皆与张謇关系密切，这些骨干人物对张謇的组织立宪活动给予了大力协助。

二、咨议局的短暂活动

张謇为咨议局倾注了大量心血。他组织制定了一系列规章制度；如议事细则、选举议长和常驻议员细则、提议细则、办事处办事细则等，把咨议局纳入制度轨道，把咨议局工作做得有声有色。

1. 通过提起议案行使参政权

江苏咨议局第一届年会在张謇的组织领导下，成功召开。开会时，会场秩序井然，质询、辩论有声有色，并非只是扮演举手和鼓掌的角色表演。议员中一部分人有从政经历，一部分人有从事地方公益事业的经历，均有参政议政的能力。他们利用咨议局会议的合法阵地，行使权利、提交议案、参政议政。会议共收到 184 件议案，议员提出的议案就有 98 件，可见政治热情之高和社会责任心之强（其次，人民请交议案 71 件，督抚提交议案 15 件）。议案中有《本省单行章程规则截请已行未行界限、分别交存议案》《本局议案公布施行后之实行方法案》，这是议员充分利用提交议案的有效方式，强调咨议局的立法地位，欲使其成为真正的立法和权力机关，进而从中获取更大的参政权利。

2. 组织与领导请愿活动

张謇为了挽救国家危亡，积极提倡改革政治、呼吁提前召开国会。他亲自说服江浙督抚，上书清廷。同时，以江苏咨议局之名，派人分往各省咨议局，约请其他省份派代表前来开会讨论，得到了广泛响应。宣统二年（1910 年）十二月上旬，16 省咨议局代表到达上海。在江苏咨议局议长张謇的主持下，请愿国会代表团谈话会召开，会议讨论议决了推举赴京请愿代表及呈稿等事项，要求立即召开国会。第一次请愿代表赴京前，张謇亲自为他们饯行，谆谆告诫代表牢记“国之兴亡，匹夫有责”之言，并说一次不行，“而至于三，至于四，至于无尽”，这给代表们很大鼓舞。代表们到达北京后，于是年十二月初十（1910 年 1 月 20 日）向都察院呈递了请愿书，要求一年内召开国会，遭到清廷婉拒。代表们返回后继续发动请愿。在张謇的组织领导下，不仅是咨议局内，请愿还扩大到各界各种社会团体。宣统二年五月初十（1910 年 6 月 16 日），第二次请愿发动 30 万人签名，并组织了十个请愿团体的请愿书，如江苏就有教育总会、商务总会，甚至还包括满族代表。但这还是被顽固的清廷断然拒绝了。是年八月，第三次请愿声势更为浩大，咨议局发动各界群众举行了声势浩大的游行，还成立了咨议局联合会，专门讨论国会等政治问题，并促使 18 位各省将军、督抚连衔上奏清廷。清廷迫于压力，于九月终于宣布1913年召开国会，比原计划提前三年。咨议局的三次请愿活动，得到全国呼应，新生政治力量开始走上全国的政治舞台，成为举足轻重的政治力量。

3. 与总督抗争、争取参政权

财政收入支出，向来由督抚独断专行。咨议局于宣统二年（1910年）八月，召开第二届常年会。江苏督抚本应提交江苏省宣统三年（1911年）的经费预算案，供议员讨论修正后公布。然而，督抚张人骏不懂预算为何事，毫无准备。直至翌年一月，咨议局召开临时会议，专门审议预算案。咨议局认为这是本省纳税人的血汗钱，能节约的就该节约，能核减的就要核减。审议结果删去31项开支，预算由常驻议员制成修订后送总督，并要求10日内予以公布。张人骏一看修订案十分不满，不但觉得咨议局限制了他的财政大权，还认为核删太多，便将预算案搁置，拒不照章答复。这是公然蔑视咨议局的法定权利。张人骏又向上恶告，欲对咨议局动武。此事拖到四月初，即临时会议结束近一个半月的时候，议员们终于忍无可忍。议长张謇及副议长、常驻议员们决定以辞职抗议张人骏的恶劣行径。当时就有51位议员响应，亦宣布辞职。在京的江苏省人士，也联名奏劾张人骏在江苏的种种劣行。各省咨议局纷纷致电，表示声援。资政院的江苏籍议员联名请总裁、副总裁上奏，说明此次事件责任在张人骏。在全国舆论的压力下，清廷下令公布预算案。江苏咨议局取得了具有象征意义的胜利。

三、全国排名第一的江苏咨议局

在张謇议长组织领导下，江苏咨议局的工作卓有成效，后人对其好评如潮。台湾近代史研究所原所长张朋园在他的《立宪派与辛亥革命》一书中认为，“江苏咨议局在他（张謇）的主持下，极有规模，成为他省取法的对象。”其意堪称其他咨议局的标杆和榜样。中国科学院著名历史学家侯宜杰研究员从三个方面来评价：一是从咨议局的筹备工作来看，“解释章程、州县设立选举事务所、调查选举资格、编制选举名册、初选复选程序等，详细列表公布，使江苏成为绅民与筹备咨议局、办理议员选举最为出色的省区”。二是从咨议局的议事规范程序来看，“议事细则从议事日程表的安排，到提案审查；

从议员提议，到讨论、表决的程序和方法，以及重要议案采取三读会的方式；从审议会审查会特别审查会的设置选举分类议事，到书记长等办事机构的组织形式和职能基本精神与资本主义国家的议会毫无二致”。三是从第一届常年会开会的情况来看，“议员争先恐后提出议案，会议秩序井然，态度严肃认真。议事有速记，会下有临时公报，决议之案能及时发表，让全省人民了解，外国人见了‘亦甚赞许’”。确实提案有184件之多，而浙江66件、广东25件，江苏为各省之首。另外，从行使职权的力度来看，咨议局为预算案敢与以两江总督张人骏为代表的顽固封建旧势力做不屈的斗争。江苏咨议局领衔全国各省咨议局，组织领导议员代表，三次向清廷请愿，要求速开国会，其政治活动在全国范围产生了影响。南京大学张海林教授的《论辛亥革命前的江苏咨议局》一文评述，“江苏咨议局在20世纪初期中国政治舞台上所扮演的是一个民主先驱者或排头兵的光荣角色”。

日本人井手三郎向日本外务省提交的关于中国各省《咨议局开设之状况》的报告作了排名：“以江苏第一，浙江第二，河南第三，湖北、直隶、河南、安徽、江西、山东诸省在伯仲之间。”这一排名确实是当年江苏咨议局地位和水平的客观反映。

四、咨议局的历史价值

江苏咨议局虽然仅存在两年多，但它的成立，即由选票选出参与公共事务代表，并组成议事机构，这毕竟还是破天荒的第一次。它的活动在江苏，乃至整个中国近现代历史上具有划时代的意义。

从民主政治实践来看，江苏咨议局甫一出现，通过议案和决议行使参政权，打破了封建专制制度的牢笼，标志着社会民众开始某种程度地参与管理国家的政治生活。江苏咨议局为了建立、维护资产阶级民主制度，在政坛上敢于与封建势力进行不屈不挠的斗争，这种斗争无疑开启了中国现代议会民主政治的先河。这不仅意味着江苏，而且也代表整个中国，在通往现代民主政治的道路上艰难地迈出了一小步，在中国的民主政治发展史上具有划时代的意义。

从民主思想启蒙方面来看，江苏咨议局产生了思想传播效应。由于议员是经过选举当选，在江苏咨议局的示范作用下，各省进行了一次公正、公开的选举，当选的议员，基本上代表了那个时代具有知识和教养的精英阶层，在全国大规模地传播了民主理念，唤醒了一部分国民。它是一次全国性的资产阶级民主思想启蒙运动。江苏的民主思想启蒙与全国相比，尤为广泛和深远。

从政治目标和实际效果来看，江苏咨议局虽然只是一个地方的民意机构，但却发起了全国性的国会请愿活动。这说明江苏议员在议长张謇的带领下，政治视野并不局限于江苏一隅，而是着眼全国。这标志着江苏的民族资产阶级不仅在省内由分散走向联合，而且由地区继续走向全国，一开始就着眼于全国的政治制度改革，力图建立全国性的民主政治制度。实践证明，以张謇为首的江苏民族资产阶级在政治上的觉醒，比其他省份还要早一些。

中国第一部森林法

民国《森林法》

中国第一部《森林法》是张謇在担任北洋政府农林、工商部总长期间主持制定的。张謇经过半年时间对全国林区情况的调查，结合我国林业紊乱落后的现状，于 1914 年 5 月，对森林的保护和规划提出了一系列主张和办法。在此基础上，起草了 6 章总共 32 条的《森林法》。是年 11 月 3 日，政府公报颁布了中国历史上第一部《森林法》，加上与它配套的《森林法施行细则》《造林奖励条例》《国有森林发放规则》等，形成了比较完整的林业法律体系，开创了保护森林的现代法制时代。

中国第一部森林法

民国《森林法》

张廷栖

森林是人类赖以生存，不可缺少的重要资源，人类保护森林就是保护自己。有效保护森林，须要有法律规范人们的行为。

一、《森林法》产生的背景

中国林政长期失修，林业采伐无节，苗木培育失宜，以致童山濯濯。民国之初，这种状况依旧，滥伐滥采随处可见，私砍盗卖弊不胜数。尤其在我国的最大林区东三省，一些中外合办的采木公司，破坏更为强烈，从鸭绿江流域一直深入吉林省南部“地辟道梗”的桦甸、蒙江等县。长此以往，中国将无林可言，无木可伐。挽救之策，已经不能再缓。张謇平生爱树，历来主张保护森林、植树造林，在他身上曾发生过不少爱树护林的故事。

1913年10月，张謇在熊希龄名流内阁担任农林、工商总长，感到最困难的就是“法律不备”，无法为据，由此首先把主要精力放在制定法规条例上。在不到两年的任期内，张謇组织制定和颁布的各种法律法规有二三十项之多，其中有少数建立在前人的基础上，但绝大多数在我国是史无前例的创举。制定和颁布《森林法》就是其中之一。张謇用了半年时间对全国的林区情况进行调查了解后，于1914年5月3日，为规划全国山林办法给大总统呈文。呈文借鉴国外对森林保护的经验，结合我国林业紊乱落后的现状，对森林的保护和规划提出了一系列的主张和办法：（1）先于全国水源宏大之区，设保安林；（2）先于东三省测勘林区，规定发放规则；（3）先就东三省设官营伐木，以求为整理全国林政经费之用；（4）编、栽保安林，涵养水源；（5）奖励造林，试验育苗等详细的实施要求和办法。

二、《森林法》的内容

该呈文上报半年之后，即于1914年11月3日，张謇主持制订的《森林法》由《政府公报》颁布。这是中国有史以来关于森林的第一部单行法律。《森林法》总共32条，分为六个章节。第一章为总纲，总纲的主要内容将全国林区分为国有、公有、私有三种性质。凡无主山林、关系到江河水源、两省以上和涉及国际关系的林区，编入国有林；公有、私有森林中对经营国有林有重大影响的，得以相当价值收归国有。第二章为保安林，共6条，是本法的重点。所有林区凡关系到预防水患、涵养水源、公众卫生、航行目标、利便渔业、防蔽风沙者均得编为保安林，因此应对受损者给予补偿。保安林委托地方行政长官管理。第三章为奖励，共6条，凡中华民国个人或团体，愿承领官方荒地植树造林者，均无偿提供，但不得超过一百方里，同时需要缴纳保证金。保证金于5年后，如确有成绩者本息一并发还。第四章为监督，共3条，主管地方官对公有或私有之森林，禁止或限制其开垦、滥伐或荒废，对于荒山实行强制性造林。第五章为罚款，共10条，详细规定窃盗森林犯罪者处五年以下有期徒刑、拘役或罚款；对放火烧毁森林者、损害他人森林及其苗木、对违背规定而开垦者等，均有处罚规定。第六章为附则，共2条，规定施行日期从公布日生效和施行细则另订。

森林法颁布后两个月左右的时间，与之配套的《森林法施行细则》20条和《造林奖励条例》11条分别公布，成为实施的准则。同时还颁布了《国有森林发放规则》，由国有森林处人员负责。张謇为民国初年的林业，制定了一套较为完善的法律法规，并且建立了行政管理和监督制度，训令各地行政部门对于法规条例切实贯彻执行。

三、中国第一部《森林法》

在我国辽阔的土地上，森林资源丰富，我们的祖先很早就进行开发利用。随着人口繁衍，生产发展，城邑不断增多，对木材的需求量越来越多，森林开发的规模也越来越大，林木受到的破坏也在不断加剧。历代官府对森林也有管理，并采取各种措施加强。历史上也曾出现过政令、乡规民约，甚至一定的法律条文，限制林木开发和利用，对森林起到一定保护作用。例如，早在唐贞观十一年（公元637年）的《唐律》规定，“诸于山陵兆域内失火者，徒二年；延烧林木者，流二千里”。“诸占固山野陂湖之利者杖六十”“非时烧田野者笞五十”。到了宋乾德元年（963年），《宋刑统》规定，“诸盗陵园草木者徒二年半”，“盗他人坟茔内树者杖一百”，“毁伐树木稼穑者准盗论”，“延烧树木者，流千里”。元代至治三年（1323年）《大元通制》规定，“对盗伐林木者计赃科断”。所谓“计赃科断”就是根据盗伐林木之价格计算，科以不同的罪行进行处罚。历代也有保护森林的诏令，如：唐贞观初年，诏令春秋不得伐木，五岳名山不得采樵。北宋因为林木破坏加剧，保护山林、禁止山火、禁止滥伐和保护野生动物资源等方面的诏令尤多。明永乐帝即位，将北京近郊划为禁区，弘治年间诏令盗伐林木者充军南陲，官员降级。以上这些对保护森林及自然资源都起过一定作用。

然而，历代有关保护森林的法律条文仅在法典当中涉及而已，并没有一部专门保护森林的独立、完整的法律。晚清新政时期，制定了数目众多的法律。如中国历史上的第一部宪法《钦定宪法大纲》，中国近代史上第一部专门刑法典《大清新刑律》，第一部商律《钦定大清商律》，此外还有《破产法》《公司注册试办章程》《大请民律草案》等一系列法律法规，但是没有专门的保护森林的法律条文，仅有保护长白山及承德等地森林的诏令，更没有独立的《森林法》。由此可见，张謇所主持制订并在1914年11月3日颁布的《森林法》，是中国第一部关于保护森林的《森林法》。

四、《森林法》的历史价值及其意义

1. 开创林业立法的新时代

张謇主持制定并颁布的民国初期《森林法》，是中国保护森林的第一部现代法律，加上与它配套的《森林法施行细则》《造林奖励条例》《国有森林发放规则》等，形成了比较完整的林业法律体系，开创了依法保护森林的新时代，为以后的中国森林立法树立了榜样，奠定了制度基础。1932年，国民政府公布了新的《森林法》。1945年，《森林法》修订。事实上，北洋政府和国民政府先后公布的一些关于森林管理、造林政策的法令，都是在《森林法》基础上的延续、补充、完善和发展的。张謇主持制定的《森林法》在中国林业史上具有重要地位。

2. 开创林业管理的新局面

《森林法》及其配套法规条例的制定十分及时。这使林业管理和有关地方行政执法部门的工作，有法可依，有据可查，有责可问。法律出台之后，张謇因为反对袁世凯复辟帝制，早早辞职回乡，一心从事地方自治事业。具体的法律法规贯彻执行，限于当时的政治和社会原因，不如人意。但是，这部法律理顺了林业管理的关系，为林业管理工作创造了制度条件，改变了林业管理的紊乱局面，对森林乱砍滥伐现象起到了遏制作用，保护了当时的森林自然生态，并为后世的森林立法提供了经验。

3. 这部《森林法》，反映张謇领先时代的生态观

张謇在中国早期现代化的实业救国实践中，就已经具有生态意识，努力追求产业结构生态化，形成资源节约型的产业链，以减少因工业发展对生态环境带来的负面影响。在南通的城市建设过程中，追求园林化、生态化。20世纪初的南通城市，通过张謇的设计、规划和建设，在人们面前就已经展现出人与自然的亲密关系，凸显生态文明的维度。张謇之所以在农林、工商总长任上仅一年多的时间内制定、颁布《森林法》，以及一系列的相关法规和条例，绝不是偶然的。这不仅是出于农林总长履行职责的考虑，也不是因为张謇对于植树造林有着特殊的私人爱好，而是因为张謇自身已经建立领先时代、成型有效的生态理念和科学、管理意识。张謇对于森林是陆地生态系统的主体，在维持生态平衡、调节气候，保持水土、减少洪涝等自然灾害方面有着重要作用，已经有了清晰、理性的认知。张謇特别重视珠江、长江、黄河三大干流的水源保护，为此作出设立保安林的重大决策；他还十分关注重点林区东三省的森林保护。除了保护现有林业，他还主张开发林源，鼓励荒山植树造林，发展林业。可以说，张謇在森林的保护和营造方面作出了特殊贡献。张謇领先时代的生态观，是个重要的思想资源，也是一笔可贵的精神财富。

中国第一所纺织高等院校

南通纺织专门学校

1912 年，张謇创办南通纺织专门学校。校址位于大生纱厂之侧，初称纺织染传习所，次年更名为南通纺织专门学校，旨在培养纺织人才，以使纺织技术不受制于外人。张謇克服了办学资金不足、师资短缺等种种困难，借鉴西方办学经验，大胆探索，创建了纺织工程教学、课程体系，建立了一整套实践教学方法，走出一条培养纺织专业人才的路子。南通纺织专门学校是当今南通大学和东华大学的前身。先后为国家培养了近 2 000 人的人才队伍，被誉为纺织工程师的摇篮。

南通纺织专门学校足球队在校门前合影

学生在实习

张謇题写的校训

学生进行提花机实习

学生进行织布实习

学生进行纺纱机实习

中国第一所纺织高等院校

南通纺织专门学校

张廷栖

南通纺织专门学校是张謇教育救国实践的一大硕果，开创了我国高等纺织教育的先河，为我国纺织高等教育做出了重大贡献。

一、学校创办的缘起

张謇的实业救国理想，首先在家乡通州起步。通州历来盛产棉花。因而，他首先考虑从创办纺织厂开始自己的事业，办纺织厂需要纺织方面的人才，清末的中国，无纺织人才可言，纺织技术完全依赖国外。而在外国，工程技术人才也相当缺乏，即使接受应聘，要价也高，这成为张謇创办实业的一个重大难题。在创办大生纱厂过程中，张謇除了资金筹集困难，也为引进纺织技术人才伤透了脑筋。最终，聘到英国工程师汤姆斯和机匠忒纳，生产技术方面的大小事务几乎完全掌握在他们手中。所有生产上用的机器物料及配件，从开单到采购，全凭汤姆斯指定由瑞记、地亚士、怡和 3 家洋行承办。汤姆斯的每日工资为规银 14.7 两，年薪 5 292 两。他人居住在上海，而真正在南通工作的时间一个月只有三四天而已，往返交通费用还要由工厂负担。机匠忒纳，年薪 1 000 两，通、沪往来的交通费、伙食费也全由纱厂支付。他与工厂签订的合同内容署明，只要机器能转动，可以数月不到厂，但薪金照支。

由于缺乏人才，生产技术上只有依赖他人。大生纱厂除支付外国技术人员薪金外，还不得不满足他们的其他要求。工厂特地建造了小洋楼供外国工程师住宿，专门聘请了西餐厨师。除此之外，还有额外负担，在大生纱厂 1900 年的档案中，还出现过几个与大生纱厂毫不相干的外国人名字，他们从国外来到中国，又从中国回国的交通费用，合计 288 英镑又 2 个先令 11 便士，开支全从大生纱厂报销。张謇在这张账单上批了“不知何人所用”，流露出十分不满的情绪，但因为得罪不起，只能照常支付。张謇在谈到要办纺织学校，培养自己的纺织人才时，就诉说过去受制于外人的苦恼：“下走从事纺厂者十有八年，以是为悯悯者，亦十有八年矣。”“夫如是则安足以望自树立之一日哉？”所以他开办纺织专门学校之念，非一日所思，是下决心自己办校，为了培养人才的长远考虑。

二、学校的艰难创办、曲折发展

要办纺织高等教育，国内前无所师，旁无能考。张謇一方面借鉴国外经验，另一方面又根据国情，结合自己创办棉纺企业的实践进行探索。当时，首先要解决的问题是筹措办学资金。创办工科院校的资金投入要比创办一般文科院校大得多。20世纪初的中国，国势衰弱，政府无能，重负赔款，债台高筑，仅有的几所高校，远不能满足中国近代工商业发展的需要。中国的高等教育迫切需要开辟新途径。张謇就是这个新途径的开拓者。他的“父教育而母实业”思想，就是以实业辅助教育，以教育改良实业。在这一思想指导下，张謇大胆地开辟了一条企业办高校的新路子。可以说，南通纺织专门学校是中国民营企业办高校的一个范例，这在中国教育史上也产生了深远影响。

《大生纺织公司年鉴》记载：“民国元年（1912年），纺织公司以养成纺织技师，乃议立纺织染传习所。敦劝大生股东出资兴办；协议经常各费，先由大生正厂任六成，分厂任四成。俟布厂成立后，则三厂分任之。”这是张謇在当时中国国势衰弱，民力匮乏，财政拮据的情况下，开辟的一条兴办高等教育新路。这种办学模式不仅在当时是一个创新，即使在我们今天所处的社会主义初级阶段，在经济文化不发达的条件下，也不失它的借鉴意义，有着重要的历史价值。

1912年4月，以大生纱厂工房为教室，借资生铁厂厂房为宿舍（后教室也移至铁厂），张謇办起纺织染传习所。第二年，独立校舍于唐家闸大生一厂之南侧建立，与工厂仅一墙之隔。张謇之所以把纺织专门学校办在大生纱厂之侧，是因为张謇教育思想的重要内容和重要特色之一，就是强调理论和实践相结合。他认为“将欲行之，必先习之，有课本之学习，必应有实地之经验”。他对工科学生的要求更高，强调不仅要把书本知识学好，而且要能运用到实际中，根据我国的国情进行工程建设。为了提高学生的实践能力，必须为学生下厂见习创造条件。

学校初始占地35亩，次年五月竣工。校舍落成后，九月迁入，定名为“南通纺织专门学校”。学校开办费20多万元，常年经费约5万余元。建校之初，目的“以是校所养成之人，供南通一县之用而已”。但实际上，后来学校的发展为全国培养了一大批人才，毕业生遍及全国各地，直至东南亚国家。

办纺织专门学校，除了资金，更为困难的是缺乏师资。虽然当时中国已有大批学生被派遣出国留学欧洲、美国和日本，学习先进的科学技术，然而留学生中学习师范、政法、农业、医学、矿业等学科的较多，而研习工艺者甚少，攻读纺织技术专业的更是寥寥无几。张謇认为如全聘外籍教师，不仅薪俸过高难以供养，而且语言、交通等方面也有诸多不便。于是，张謇首先千方百计在国内选聘出国留学人才。最先聘任的是美国费城纺织专门学校毕业的黄秉琪和英国曼彻斯特纺织专门学校毕业的丁士源等。

学校机构为校董制，大生各纱厂董事出任。张謇任校长，下设主任一人，由校长延聘。教学行政分教务部、事务部、实验部。学制初期分本科、预科两种，本科招旧制中学毕业生，3年毕业；预科招收高小毕业生，5年毕业，嗣后取消预科，采取4年制。学校不断发展，办学条件不断完善。1914年，建有纺纱实习工场和机织实习工场；1915年，向英国购纺机8部、机织28部以及电动机等充实实习工场；1916年，建染色实习工场，添染灶和丝光机；1919年，设立纺织试验室，全部购美国纺纱机；1920年，再次向美国购纺织清花机、染色整理机、金工实习机等12种之多；1923年，增设针织实习所；1934年，又增设染整实习工场等，学校作出种种努力，为实践教育环节提供良好条件。

三、学校发展历经几个阶段

学校的发展，也不是一帆风顺，大概历经如下几个阶段。

1. 初创阶段

大约1912年至1918年6年时间。学校初具规模，已有两届毕业生50多人，分布全国各地，学校协助上海厚生纱厂排装新机获得成功。

2. 稳定发展阶段

1919 年至 1937 年。1926 年张謇去世后，其子张孝若于 1927 年将南通纺织专门学校改称南通纺织大学。第二年，将南通的农、医、纺三所大学合并为南通大学；1930 年在中央教育部备案时改称南通学院，但纺织科专业设置有扩展，1932 年增设了染化专业，成立染化工程系，此为全国首创专业，成为全国第一个染化工程系。同时，为了适应纺织业发展急需人才，纺织科附设高职职业班。学校办学条件不断完善，招生数字不断增加。在国内外已经具有一定的影响力。

3. 曲折发展和复兴阶段

1938 年至 1952 年。1938 年，日本侵略军占领南通，学校沦陷，一度中辍，后与农科共同迁往上海江西路 451 号上课。1941 年太平洋战争爆发，学校又被迫停课。1942 年又由江西路迁至重庆北路 270 号复课。1945 年抗日战争胜利后，修理南通原有校舍，次年招收新生先在通城启秀路院本部上课，其余各年级仍留上海，从而形成了通、沪两地办学的局面。1949 年上海解放，在沪师生返回唐家闸上课，结束了侨校历史。1952 年，全国高等学校院系调整时，纺织科迁至上海，与其他院校有关科系组建华东纺织工学院，后来更名为中国纺织大学，即现在的东华大学。改革开放后，1978 年南通复校，成立南通纺织工学院，后更名为南通工学院，2004 年与南通医学院和南通师范学院组建南通大学。这就是南通纺织专门学校的大概历史。

四、全国第一所纺织高等院校

南通纺织专门学校是全国最早的一所独立设置的纺织高等院校。

有学者认为，中国最早的纺织高等专门学校是浙江丝绸学院的前身蚕学馆，该校创办于清光绪二十三年（1897 年），教学的主要内容为栽桑、养蚕和制丝。它的创办确实开创了我国近代纺织教育的先河，在纺织教育史上有其特殊的地位。但它并非一所高等纺织院校。蚕学馆直到 1955 年并入杭州工业学校时，还只是中等专业学校，后又并入浙江丝绸学院。因此，蚕学馆还不能称为全国最早的高等纺织院校。

还有的学者认为，中国最早的高等纺织专门学校是北京工业专门学校。该校前身是京师高等实业学堂，于1912年改组而成，当时设有机织科。北京工业专门学校虽然是一所高等院校，设有机织科，但该校不以纺织为主，机织仅是它众多系科之一；学校还设有机械、电气、应用化工等系科，因此它也并非一所独立设置的纺织高等院校。综合各方面评判要素，1912年张謇创办的南通纺织专门学校确实是全国唯一的以纺织命名的高等院校。

事实上，南通纺织专门学校在当时就被国内外认定为中国唯一的纺织高等院校。1924年张謇在《致美国政府请求以退还庚子赔款酌拨补助南通文化教育事业基金意见书》中提到："纺纱须纺织专门人才，又设立纺织学校，此校为全国所仅有。"在《二十年来之南通》一书中，作者叙述纺织专门学校办成后"成绩日佳，而各省学生来入学者亦日益众，盖为国内独一无二之学校也"。这一观点也为国外所公认。1918年8月25日美国《新贝尔德周日标准报》上发表的《中国棉纺织厂寻求美国机器》一文就是佐证："美国如果只有一所纺织院校，人们不难想象这所学校在其产业领域中占有多么重要的地位。就中国的纺织工业来说，南通纺织专门学校恰好拥有这样的领导地位，因为在整个广阔的中华帝国，它是唯一的纺织院校，而且自它1912年建立以来，它的学生人数猛增，工作范围也在迅速扩展。"以上足已说明，它是我国第一所纺织高等院校。

五、对我国高等教育事业的贡献

张謇成功创办南通纺织专门学校，在我国的高等教育史上占有重要地位。这是全国第一所纺织高等院校，历史上曾做出突出贡献。

1. 张謇独树一帜，开辟企业办高校、高校办企业的新途径

南通纺织专门学校是由大生各企业联合出资创办的一所民办学校。张謇不仅开辟了民营工厂办高校的新路子，而且还尝试了学校办工厂。这在中国的教育发展史上也是史无前例的。1915年夏天，他以教职员工为主要股东，筹资700元，购买了提花织机，开办起床单厂，即大生织物公司。公司第一年就生意兴隆，后又扩建增资。据报道，这是当时全国唯一的床单厂。产品除了在本地和附近地区销售，还远销上海。1917年，又扩资采购40台手工

织机组成织造室，生产布匹，销路也很好。校办企业所创造的利润一部分用于办学开支，一部分用于改善教师生活待遇。这种厂办校、校办厂是张謇“始实业而及教育”“实业教育相互迭用”教育思想的有益实践，也可以说是我国大学产学研相结合的最早尝试。他的许多成功经验，至今仍然熠熠生辉，为我们今天的教育改革提供了宝贵经验。

2. 张謇为培养德智体全面发展人才创建了一个典范

1914年，张謇在拟定河海工程养成所的章程中明确表述：“一、注重学生道德、思想，以养成高尚之人格。二、注重学生身体之健康，以养成勤勉耐劳之习惯。三、教授海河工程上必须之学理技术，注重实地练习，以养切实应用之知识。”可见，当年张謇心中已初步形成与我们今天教育方针中德智体全面发展相同的一些基本思想。就在同一年，他又亲自撰写了《南通纺织专门学校旨趣书》，阐明了举办纺织教育的目的，就是培养能“主一工厂之事也，则又必科学专家而富有经验者”。他还亲自为纺织专门学校题写了校训：“忠实不欺，力求精进。”该校训体现了他的办学宗旨和教育思想，凝聚着他对人才的殷切期望。

张謇还创立了培养全面发展型纺织人才的教学体系：

首先，创立纺织高等教育的课程设置体系。根据我国的实际情况，科学合理地安排了四个学年八个学期的基础课程、专业基础课程和专业课程，使学生德智体得到全面发展。张謇力图培养全面发展型的新型人才。南通纺织专门学校的课程设置，就体现了张謇的这一教育思想。

学　年	课　　　程
第一学年	伦理、国文、英文、数学、图案画、物理、化学、机织、织物组合、织物分析、体操
第二学年	伦理、国文、英文、数学、应用力学、物理、雕花纹法、纹织学、化学、机织、制图、织物组合、织物分析、体操
第三学年	伦理、雕花纹法、数学、机械工学、机织、织物组合、织物分析、棉纺学、染色学、电机工学、制图、体操
第四学年	伦理、雕花纹法、工厂建筑、工业经济概论、织物整理、棉纺学、电气工学、工业簿记概论、纺织实习

从以上课程安排中，我们可以得出三个结论。第一，张謇十分重视学生的道德教育。他认为文化科学知识不能替代一个人的道德品质，用他的话说，“学问是一事，道德又是一事。”他主张“首重道德，次则学术”；“不然，学术虽精，必不能信用于人”。为了加强学生的道德教育，纺织专门学校四个学年均安排了伦理课程，用中华民族优良的传统道德来教育和陶冶青年学生。同时，他向学生提出了修身的要求，主要内容是进行爱国主义教育。他说：“中国今日国势衰弱极矣，国望亏损极矣。……至有以奴隶目我者。诸君以为可耻否乎？”他又说，“欲雪其耻而不讲学问则无资，欲求学问而不求普及国民之教育则无与”，他办教育的宗旨就是强国救国雪国耻。第二，张謇十分重视体育，纺织专门学校三个学年都安排了体操课。张謇向来认为一个青年只有有了强壮的体魄才能担当重任，体育课不仅能锻炼身体素质，还是培养遵守纪律、吃苦耐劳和勇往直前精神的有效途径。在他主办的各级各类学校中都设有体育场，体育与其他学科并重。另外，纺织专门学校学则规定，学生除了要上体操课，每日课后还需参加体育活动，按运动种类划为小组，由组长率领，协助体育教师开展活动。当年纺织专门学校的学生足球队就很有名声。第三，张謇十分重视学生的智育。从课程的设置，我们可以看出张謇对基础课、专业基础课和专业课的教育十分重视。除了数理化，中英文并重；除了机电，还学工业经济、工业簿记；在专业课程中，纺、织、染三方面的专业知识并重。他认为纺、织、染之间是相互联系不可分割的。学校教授亦不宜畸重畸轻，研究纺纱者犹不可不事于织，研究织物者万不能不精究乎染，盖织物以美观为原则，不精通渲染之人才，何由得美观之织物？吾国织物之不良即由此。纺织染三方面专业课的并重和相互结合，是张謇纺织专业教育思想的核心内容，为以后我国的纺织教育界所接受，纺织院校既学棉纺学又学织物学；既学纺织又学染整。这样培养的人才，在专业知识结构上比较宽广，适应性强，一专多能。事实也证明，毕业生普遍受到聘用单位的欢迎。

其次，重视实践环节，将实习列为学生的必修课程。在纺织专门学校学则中，专列实习一章，共有40条之多。对学生实习的管理及注意事项均作了具体而周密的规定，学生每周都有实习的时间。随着年级的升高，实习的时间也逐年递增，目的是要学生将学到的理论知识与实践结合起来，在实践中增强理解，提高技能。学校努力为学生创造良好的实习条件，还专门聘请了一位英国工程师负责指导学生实习，以提高实践环节的教学质量。

最后，张謇重视道德教育。不仅进行课堂教育，还鼓励社会实践。在学则上规定学生必须每学期“修学旅行”一次。所谓“修学旅行”就是今天讲的社会实践活动，“修学旅行”设有三个项目：“一巡视各地之实业状况可供实地见习资料之地；二锻炼身体习劳耐苦资以训练之地；三名胜古迹借广知识之地”，选其中一个项目，以鼓励学生接触社会。在出发前要求带着问题旅行，“返校时一一答复”。所需旅费，学校补贴 20%。通过这些实践活动提高学生的思想道德素质、身体素质和实际能力。我们今天高校实行的暑假社会实践活动，在这里可以见到它的历史渊源。

以上内容奠定了我们高等纺织教育的基本框架和原始体制，开辟了独特的高等纺织教育办学途径，树立了一个成功典范。

3. 南通纺织专门学校培养了我国第一批纺织精英人才

从 1912 年创立至 1952 年全国院系调整，学校历经 40 多年。从 1916 年开始有毕业生，纺工班共有 38 届，毕业学生 1 373 人，染整班从 1936 年开始有毕业生，共有 15 届毕业学生 330 名，加上三届纺织高级职业班毕业生 89 人，总共培养了 1 792 名，这为中国的纺织工业培养了一批优秀的纺织工程技术和管理人才，如任理卿、黄云骙、傅道伸、张文潜、杜燕孙、刘冠洪、严宝仁、蒋乃镛、吕德宽、何正璋、梅自强、姚穆等纺织精英，为我国的纺织事业做出了重大贡献。

张謇创办的南通纺织专门学校是具有国际影响的、全国最早的纺织高等院校，可以被誉为近现代中国“纺织工程师的摇篮”。

中国第一所水利高等院校

河海工程专门学校

河海工程专门学校是张謇在担任农商总长、全国水利局总裁时主持创办的，直接目的是解决治理淮河人才匮乏问题。张謇亲自奔走，解决了办学经费、校址校舍问题，并为学校延揽了许肇南、黄炎培等著名贤达主持校务。学校 1915 年办成招生，精心设置课程、严格教学管理、不断完善设备，为社会培养了大批水利专门人才。学校几经发展，成为当今河海大学的办学源头。

1915年3月15日，河海工程专门学校开校典礼合影。前排左起：1. 沈恩孚；4. 沈祖伟；6. 李仪祉；8. 何恩溥；9. 许肇南；10. 张謇；11. 齐耀琳；14. 李虎臣；15. 黄厚甫；17. 黄炎培

河海工程专门学校校舍（1915年借用江苏省咨议局房屋）

1916年暑假，租用南京高等师范学堂一字房

1916年河海工程专门学校的化学实验室

学生在图书馆

中国第一所水利高等院校

河海工程专门学校

张裕伟

河海工程专门学校是我国历史上第一所培养水利技术人才的高等学府。该校是在时任农商总长、全国水利局总裁张謇的直接倡议下创办的。学校有着优良的办学风气和光荣的革命传统，培养了一批批优秀的高级水利技术专家，为我国水利事业的不断发展奠定了坚实的人才基础，为推动中国近代的经济发展和社会进步做出了突出贡献。学校几经演变，不断发展，是我国当今唯一以水利为特色的全国重点大学——河海大学的前身。

一、学校的艰难创办

19 世纪末 20 世纪初，我国内忧外患交作，外则列强环伺，虎视鹰瞵，经过多次大规模的侵略，清王朝一次次屈膝投降，中国的民族危机变得空前严重，内则国贫民穷，江河失修，洪旱灾害十分严重。这时期可以写入灾荒史的就有光绪三年（1877 年）至光绪四年（1878 年）惨绝人寰的“丁戊奇荒”、光绪八年（1882 年）至光绪十六年（1890 年）黄河连续 9 年漫决，光绪十五年（1889 年）全国性大水灾、19 世纪末连年发生的顺直水灾，戊戌维新时期的全国灾荒等，其他规模小些的则几乎无年无之。大规模的灾荒给清王朝的统治带来了严重威胁，但因为晚清时期中央政权权威的逐渐衰落、严重的财政危机加上极其腐败的官场，致使灾荒难以得到有效的应对，社会在灾荒的侵蚀下逐渐糜烂。

正如张廷栖教授所指出的，张謇在事业上的成就是以爱国主义为其动力的。张謇的爱国主义思想首先表现为救亡图存的忧患意识，忧国忧民之情进一步转化为救国救民之行。张謇创办河海工程专门学校就是在强烈的爱国主义精神指导下的一个救国救民壮举。张謇很早就深刻认识到水利建设对于国计民生的重大意义，张謇出身社会底层，他曾自述“謇生长田间，习知水旱所关，河渠为重”，游孙云锦幕时在河南开封亲眼见到黄河决口后灾区“漂没村庄、镇集以二三千计……溺死之人，蔽空四下，若凫鸥之出没”的惨况，极受触动。此后张謇潜心研究水利，并且亟盼有一日政治清明，可以大规模兴修水利，让百姓能够不为水害所扰，得以安居乐业。尤其对于原本是全国富庶地区的黄淮平原，由于元明以后历史上黄河多次决口改道，严重破坏了水系，几乎无年无地不遭水患，张謇对此最加注目。张謇为了解决水患，不辞劳苦，渴望利用西方先进的技术和理论进行系统深入的整治，为之奔走大半生，被称为“清末唯一研究水利之学者”（刘厚生《张謇传记》）。

张謇在晚清时期多次上书朝廷和地方官员，请求治淮，但均无果而终。辛亥革命后，孙中山的中华民国南京临时政府昙花一现，很快袁世凯在北京就任大总统，张謇则被袁世凯任命为农商总长兼全国水利局总裁，张謇本来一再声称不愿为官，但这次之所以答应就任，重要目的之一就是想在其任上展开他念兹在兹的以导淮为代表的水利事业。张謇赴北京就任后，很快就将治淮提上日程，而创办河海工程专门学校的直接目的，就是要为以导淮为代表的水利事业培养具有现代知识的专业人才。

张謇作为河海工程专门学校的创办人，主要做了以下几个方面的工作：

一是多方筹措办学经费。经费问题的解决是创办事业的前提，也是难点问题。张謇首先想到的是申请国家财政拨款，他数次呈文，结果均无答复。1914 年 11 月，他提出一个解决燃眉之急的折中办法，即由国家承担开办之初应急资金 2 万元，每年的经常费用 3 万元则先由江苏、浙江、山东、河北四省均摊，四省选送的学生可免交学费，并可优先接受学校毕业生；待中央财政好转后再给学校拨款。呈文获准后，张謇又亲自出面与四省当局商定了具体办法。商定的结果是每省拨给开办费 5 000 元，每年承担经常费用 1 万元。

二是联络解决校舍问题。为节省开办费用，尽快招生开学，张謇决定临时借用校舍，张謇原拟在上海借用中国公学或中国图书公司房屋，后来考虑到上海繁华都市过于喧嚣，不利于“养成勤苦纯朴之校风”，决定改在南京办学。张謇利用曾任江苏省咨议局议长的影响，借下了原江苏省咨议局的房屋，解决了校舍问题。

三是物色延揽办学人才。1915 年 1 月，聘请留美归来的许肇南为校主任（1919 年后改称校长），聘请著名教育家、时任江苏省教育司司长的黄炎培和前都督府秘书沈恩孚为学校筹备正、副主任（开学后改为评议），许炳堃、林大同、丁紫舫为评议。并聘任了李仪祉、杨孝述、沈祖伟、顾维精、刘梦锡、伏金门等一批教职员，其中多为留学欧美大学的工科毕业生，不少后来成为蜚声我国教育界、科技界、水利界的前辈和名流。

以上大节粗定后，招生工作提上日程，1915 年 2 月，于上述四省分途招生。1915 年 3 月 15 日，河海工程专门学校隆重举行开学典礼，张謇专程从北京赶到南京参加。这是我国历史上第一所培养水利技术人才的高等学府，学校隶属于全国水利局，并由全国水利局转咨教育部立案照准。

二、学校的办学概况

招生方面，1915 年为招生第一年，招收两个班共 80 名新生。其中一个班学生数学、英文程度较深，编为特科一班，学制为两年，教授的都是“切要功课”，以期迅速培养成才，以应导淮急需。第二年招生两个班共新生 60 名。以后每年暑假招生一个班，40 人左右。1922 年应湖北申请，并由湖北省提供经费，为该省培养治水急需人才，特设湖北班 46 人，学制四年。1924 年开始每年招生 50 名。

师资方面，据 1917 年特科毕业纪念册记载，当时有专任教师 11 人 ,1922 年为 18 人。这些教师都经严格遴选，均是有真才实学并热心教育事业的工科专家，并且绝大部分有留学欧美大学的经历。多数教师同时教授多门课程，而很多行政业务也均由教师分任。按照张謇的设想，曾打算聘请一些荷兰的水利专家来校任教，但因故未果，学校完全由中国人自办，并且取得了出色的办学业绩，学校教学质量深受社会好评。

组织方面，校长、副校长以下，有教务部、事务部、进德部、出版部、图书馆、注册部，各部设主任 1 名，机构若干。教务部是中心部门，每周开一次教务会议讨论教学问题，参会者仅限专任教师。在校长的主持下，每周还召开一次校务会议，全体职员和全体教师均参加。

设备方面，学校设有自修室、寝室、图书室、物理实验室、化学实验室，校内还设有水力实验室、材料实验室、模型陈列室、地质矿物标本室、测候所等，测量仪器有经纬仪、水准仪、流速器等，在当时的新式学堂中，算是较为丰富完备的。

课程方面，除设置国文、英文、数学、物理、体育等基础课外，还开设与水利工程有关或相近的各种专业课，门类繁多，多至五六十门。之所以设置这么多的科目，原因是“中国习惯缺乏常识，凡工程学校毕业的人，无论什么工程都叫他做”，多增加学习内容可以让学生毕业后多一些为社会服务的领域。学校所用的教材多是英文原版，这是因为“本国的书籍，关于高深科学的完全缺乏，不得不然”，但直接用英文原版教材，也出现了脱离中国实际的弊端,后来一些教师为改善教学效果,开始结合实际,用中文自编教材。

学校管理方面，根据“注重学生道德思想，以养成高尚之人格；注重学生身体健康，以养成勤勉耐劳之习惯；教授河海工程必需之学理技术，注重自学辅导、实地练习，以养成切实应用之知识”的教学方针和要求，学校制定了一系列规章制度，包括学业成绩考查规则、奖励学生规则、体育规则、入学考试规则等。学校依据这些规章制度，对学生进行严格的管理，如请假均经进德部审批，每节课均由教师记载考勤，缺课名单逐日上报教务部。有任一门课不及格就要留级，多门课不及格就令退学。学校注重学生的体质锻炼，体育课尤为严格，体育课作为主科，实行强制运动，每日早操，每周三次下午操，运动开始前 5 分钟，各级自修室、阅览室均严行锁闭，断绝学生出入，以防过于勤学者耽于学习不顾身体。为鼓励学生上进，学校实行奖学制度，分为德业奖励和体育奖励，每年于孔子诞辰给奖一次。学校还给每位学生发两册“修省录”，供发抒意见用，每周轮番上缴校长批阅。学校对此非常重视，将之作为改进学校管理的重要参考。

三、学校的曲折发展

1915—1924 年夏，校名为河海工程专门学校。1924 年夏，东南大学工科并入河海，学校更名为河海工科大学，仍隶属于全国水利局。到 1927 年 6 月，国民党中央政府决定试行大学区制，在全国设立四个中山大学，南京由9所大学合并为第四中山大学，河海被编入第四中山大学工学院土木系。1928年3月，第四中山大学改称江苏大学，同年5月又改名为中央大学，1949年5月改为南京大学。

1949年中华人民共和国成立，国家面临繁重的建设任务。为了使各高校的人力、物力更好地为国家建设服务，国家在1952年暑假开始进行了大规模的高等学校院系调整。根据我国水利事业发展的迫切需要，将南京大学、交通大学两校的水利系合并，加上浙江大学、同济大学两校的土木系水利组及华东水利专科学校的水利工程专修科，以上五校、系、科于1952年8月成立了华东水利学院，成为中华人民共和国成立后第一所独立的、规模较大的高等水利院校。学校由此掀开了崭新的一页。

自1952年学校成立后，学校进行了一系列改革，以适应国家经济建设对人才的需要，改革的主体方向是向苏联学习，借鉴苏联的办学经验。从教育计划、内容、方式及规章制度等方面全面改革。学校聘请苏联专家来校讲学、派遣师生赴苏留学、学习俄语、翻译俄文教材资料等，与此同时，加大了教学改革的力度，大力开展科学研究，认真抓好党的建设，学校的面貌为之一变。

进入全面建设社会主义时期，学校根据中央方针政策，加强了党的领导和思想政治工作，提高了师生的政治觉悟，但在“左”倾错误的影响下，学校也出现了不按教育规律办事、政治运动频繁等错误倾向。“大跃进”、人民公社化运动后，学校及时进行了调整，使学校的各项工作重新得到了恢复和发展，但好景不长，随着“左”倾风潮的重新袭来，特别是接下来“文化大革命”的席卷全国，给学校带来了严重的灾难。

1978年党的十一届三中全会召开后，中国进入新的发展时期，各项事业迎来新的发展春天。学校随之进入全面的整顿、恢复、巩固的新时期。学校得到迅速发展，1985年9月，经国家教委批准，恢复“河海大学”的传统校名，并由邓小平亲笔题写，学校的发展又进入一个新阶段，开始由一个水资源综合开发利用的工科大学，逐步向以水力资源综合开发利用为重点的，包括理、工、管、文各类学科的综合性大学发展。经过几十年发展，如今学校是实施国家“211 工程”重点建设、国家优势学科创新平台建设、一流学科建设以及设立研究生院的高校，并朝着“水利特色、世界一流”高水平特色研究型大学的目标迈进。

四、学校是中国第一所培养水利技术人才的高等学府

河海工程专门学校，是中国第一所培养水利人才的高等学府，开创了中国水利高等教育的先河。

陈自强主编，水利部人事劳动教育司编的《中国水利教育 50 年》称“河海大学的前身为 1915 年由著名实业家张謇在南京创办的河海工程专门学校，她是我国历史上第一所专门培养水利科技人才的高等学校”。中国大百科全书出版社 2006 年出版的《长江志》编纂委员会编纂、长江水利委员会宣传出版中心长江志总编室编的《长江志》及 1997 年出版的水利部淮河水利委员会《淮河志》编纂委员会编的《淮河大事记》中也都有类似的表述。程中原的《张闻天论稿》中说“河海工程专门学校是张謇在水利局总裁任上创议设立的，黄炎培是具体筹办这所学校的负责人。学校筹建于 1914 年，1915 年春天正式开办。它是国内第一所培养中国自己的现代水利专门技术人才的高等学校，入学要求相当高”。

对于河海工程专门学校是中国第一所培养水利人才的高等学府的结论是包括以上著作在内的水利史学界、教育史学界及近现代史学界的一致观点，迄今未见有争论。因此，这一结论殆无疑义。

五、学校的主要贡献

河海工程专门学校自 1915 年创办到 1927 年 9 月并入第四中山大学，共毕业学生 10 届计 232 人，后来转入中央大学工学院毕业的学生共 5 届计 90 人。由于学校的办学方针明确，校领导集体的严格管理及广大教职员工的不懈努力，学校形成了团结、爱国、严谨、朴实的优良校风，造就了一大批有着献身精神和真才实学的水利人才如沈百先、汪胡桢、须恺等近代著名的水利工程大家，成为我国现代水利界、工程技术界和高等教育界的重要骨干力量。

在现存不多的河海工程专门学校校刊《河海周报》《河海月刊》《河海季刊》中，刊载的多为学生们的学习研究成果，如《发展中国水利概论》《太

湖流域工程规划刍议》《吴淞改道出海之提议》《川沙县横沙乡保坍计划书》《勘察徐属八县河道情形报告书》《直隶河工积弊之讨论》《改进大黑河水利大纲》《绥远水利考察记》《农商部第一棉业试验场灌溉调查》等，足见学校当时学习研究风气之一斑。1918年成立的顺直（后改华北）水利委员会、督办运河工程局，1920年成立的督办苏浙水利工程局、督办太湖水利工程局，1929年成立的导淮委员会，1933年成立的黄河水利委员会，1934年成立的扬子江水利委员会等流域机构和地方水利建设单位与管理机关，很多技术和管理负责人都是“河海”师生；1931年，中国水利工程学会成立，至1949年共产生了十一届委员会，历届会长均为“河海”师生担任；1935年，我国第一个现代水利科学研究机构“中央水工试验所”（南京水利科学研究院前身）成立，至1949年的历任所长亦均为“河海”师生担任。

河海培养的大批优秀毕业生在学成之后，参与主持了大量水利工程，有力地推动了我国经济的发展和社会的进步。兹举几例以见一斑。中华人民共和国成立前的主要有1917年海河流域发生大水，永定、大清、子牙、北运、南运等五大河一片汪洋、农田颗粒无收，1921年陕西大旱，1931年长江淮河大水灾，抗战胜利后的填补战争中形成的钱塘江缺口等严重灾情应对的重大工程，均是由河海师生主持的。中华人民共和国成立后“河海”的校友参加和主持了淮河、黄河、长江、珠江、黑龙江等流域治理中的关键工程，如佛子岭水库、梅山水库、三门峡水库、丹江口水利枢纽工程、乌江渡水电站等，这些工程无论在人力物力、投资规模、技术难度、经济效益等方面，都是我国前所未有的，这集中体现在“河海”高质量的教学水平和优异的人才培养成果。

学校在长期的办学过程中形成了“河海”优良的办学风气，为人才培养提供了有力保障。教风方面，学校教师很多是蜚声学界的饱学专家，治学严谨，诲人不倦，历任校长也均参加授课。除一些必要课程外，其余课程均不设助教，批改作业、辅导自学等工作均由教师自己担任。很多教师注重总结教学经验，不断研究改进教学方法，自行设计教学模型，并经常带领学生到国内各江河实地查勘实习。学风方面，河海学生绝大多数来自四省的公费生，出身较为贫寒，生活均较朴实，勤奋好学，加上学校作为一个工科学校学习任务十分繁重，学生大都埋头苦读，十分勤奋。

学校师生参加了一系列爱国革命活动，为我国的革命事业培养了一大批优秀领导人和杰出战士。河海师生们积极关注国家民族的前途和命运，在“五四”运动前已开始受到新文化、新思潮的影响，学生中争相传阅《新青年》等进步刊物，在“五四”运动和“五卅”运动中，学校师生明辨是非、挺身而出，成为南京学界反帝爱国斗争的旗帜和先锋，被称为“红帽子大学”。汹涌澎湃的革命洪流促进了师生的思想觉悟，不少学生骨干在斗争中成长为革命的杰出领袖和先驱，出类拔萃的有沈泽民和张闻天等。沈泽民 1916 年入校学习。于 1921 年在上海发起组织中国共产党，是上海发起组的 13 位成员之一。1931 年在中国六届四中全会上当选为中央候补委员、历任中央宣传部长、中华苏维埃共和国中央执行委员会委员等职。张闻天 1917 年入校学习。于 1925 年经沈泽民介绍入党，后被派到苏联学习和任教，1930 年回国，1931 年任中央常委、宣传部长等，1933 年当选为中华苏维埃共和国中央政府主席，在中共六届五中全会上当选为政治局委员，在遵义会议上被选为党中央总书记。

综上所述，张謇在前无先例、四无依傍的情况下，在内外交困的国势中，以敢为人先的气魄，筚路蓝缕创办的河海工程专门学校，在治水兴邦的奋斗历程中发展壮大，不愧是水利高层次创新创业人才培养的摇篮和水利科技创新的重要基地，张謇和“河海”的精神值得我们永远铭记并不断传承。

中国第一所水产高等院校

江苏省立水产学校

江苏省立水产学校即俗称的吴淞水产学校，是在张謇“渔权即海权”思想指导下于1912年创办的。由黄炎培统筹规划、组织实施，委任张镠具体筹办。学校设有渔捞、制造、养殖等科，后增设航海专科和远洋渔业专科。学校坚持教学、科研和实践相结合的办学模式，注重奖惩以调动学生的学习积极性，使学校迅速营造了浓厚的学习氛围和良好的校风学风，为国家培养了数以万计、遍布五湖四海的水产专门人才。学校是当今海洋教育的著名高校——上海海洋大学的前身。

江苏省立水产学校外景

1915年4月全体教职员和学生合影

编网工厂实习

海上捕捞实习

渔获分装

学生航海实习仪器

中国第一所水产高等院校

江苏省立水产学校

张裕伟

江苏省立水产学校位于上海吴淞，俗称吴淞水产学校，是中国历史上最早培养水产专门人才的高等学府。学校是在张謇的最早倡议下和直接支持下于1912年正式创建的。学校成功创办后，通过艰辛的办学实践和不懈努力，为社会输送了大批水产专门人才，为我国的海洋事业做出过卓越的贡献。学校经过百余年的曲折发展，成为中国当今海洋教育的著名高校——上海海洋大学的前身。

一、艰难起步

江苏省立水产学校的创办是张謇“渔权即海权”思想的直接产物之一。张謇这一思想是在当时不断加深的民族危机的大背景下结合张謇自身的经历和思考得出的认识。自鸦片战争英国殖民者从海上用坚船利炮轰开国门之后，在民族危机不断加深的同时，也促使晚清有识之士逐渐觉醒，开始认识到保护海权的重要性。国门被打开之后，人们的眼界变得开阔，看到了欧美国家对海洋的高度重视，他们将海洋和大陆同样看待，同等重视，放弃了领海就等于丢失了领土。而根据《万国公法》规定，一个国家如果有荒弃的土地，别国是可以代为垦荒的。这给以张謇为代表的爱国人士以很大刺激，通过英国由原来渔界仅有三海里到后来“代垦”别国领土迅速拓展到2 500海里的例证，张謇得出了“各国以扩张海权为事，若不及早自图，必致海界因含忍而被侵”的结论。至于如何确定海权范围，张謇认为“海权界以领海界为限，领海界以向来渔业所至为限”“海权、渔界相为表里，海权在国，渔界在民。不明渔界，不足定海权，不伸海权，不足保渔界，互相维系，各国皆然”“是海权之存亡，视乎渔界之涨缩”。概括起来就是“渔界所至，海权所在也”。并且指出这是“各国皆然”的国际惯例。基于这样的认识，张謇提出了用“联合沿海邻省，立公司、制渔轮，在我远洋海面捕鱼”，同时提出“派游弋兵轮每季周巡一两次，以资保护”的主张，通过这些措施向列强宣示中国的领海主权，以逐渐挽回被列强侵犯的海权。

张謇的重视渔权，也和他的“实业救国”理想密不可分。他主张“以商界保国界、以商权张国权”，而广阔的海域里蕴藏的无尽的渔业资源是待开发的宝藏，切不可浑浑噩噩，拱手让人。开发海洋渔业也是挽回中国利权的一个重要方面，是抵制列强经济侵略的重要手段。光绪二十九年（1903年）张謇赴日本考察，看到了日本渔业的发达，感受到日本对海权的高度重视，更加坚定了发展渔业以捍卫海权的主张。同时，张謇致力发展渔业，和他的出身经历也有关系。张謇生长于江海之滨，对传统的渔业捕捞和渔民生活比较了解，早年还参与过一些帮助政府组织渔民的具体事务。张謇走出家乡后，眼界变得开阔，看到了西方日新月异的技术进步，渔业方面轮船拉网捕捞的巨大收获。与之相比，中国传统的渔业捕捞方式十分落后，渔民生活极端困苦。若不改良渔业，“其患不止亏损公司，并且占我大众渔民之利”，而发展了现代渔业，既能为国挽回利权，也能改善渔民生计。

张謇对其“渔权即海权”的主张进行了一系列实践。光绪二十九年（1903年）游日归来后先是在通州吕四（现属启东市）创办了一家小规模的渔业公司，次年张謇得到商部的支持，召集股本45万两成立了江浙渔业公司，并斥巨资购买了德国新式渔轮“万格罗号”，改名为“福海号”，正式开启了中国渔业现代化的历程。“福海号”虽然先进，但由于一向对海洋渔业缺乏研究，对于渔场分布、鱼类生活习性、鱼汛规律等都不甚了了，致使“福海号”渔轮投入使用的最初一段时间出现了严重亏损的局面。由此张謇更加加强了对创办水产专门学校必要性的认识。光绪三十年（1904年）张謇为创办渔业公司事咨呈南洋大臣，曾提出在申请拨用吴淞海军官地仿日本设立水产学会及驾驶练习所。次年二月在为沿海七省联合创办渔业公司事答复南洋大臣时更明确提出设立水产学校和商船学校各一所，并提出在沿海渔业较多处设立初等小学校，设想将来创办的水产、商船学校规模各在500人左右，并指出“水产学校兴则关系渔利，商船学校兴则关系海权，二者利民居三之一，利国居三之二”。光绪三十一年（1905年）张謇得到时任两江总督周馥的批准，将江浙渔业公司附近的360余亩基地作为水产、商船学校的规划建设用地。鉴于水产学校作为专门学校，学理很深，需要招收具有相当基础的学生，因此张謇本着循序渐进的原则，开始先行于吴淞口所领创办水产学校的官地上创办了吴淞渔业小学校。光绪三十三年（1907年），张謇致函代理渔业监督瑞澂，提出“中国渔业公司甫就吴淞官房改设初等小学校，俟其卒业，方可升入专门，则水产学校之设，似可暂缓数年”。虽然张謇因为渔业小学的办成，认为水产学校可以暂缓建设，但张謇对于水产学校的筹备工作却没有停止。对于该校创办资金的筹措，张謇的设想是“应合七省担承。……两学校建筑之费约需十万元，常年之费约需三四万元，责之一省则单弦不调，七省合筹则众擎易举”。宣统元年（1909年）八月，张謇当时已就任江苏咨议局议长，在“规划全省教育案”中呈请督抚议决，其中再次提议筹设水产学校，但当时政治腐败、民生凋敝，各地之间互相推诿扯皮，张謇设想的七省合筹的办法自然进展缓慢，筹款的倡议虽经商部和农工商部多次转咨各督抚，各地往往“各保存固有公款之用而已，不肯顾也”，因而，直至清朝灭亡，这笔办学款项也远没有筹足，连张謇自己也感叹“筹教育之广固难，筹广教育之财尤难”。

辛亥革命后，社会上一度充满着建设新国家的热情。民国元年初，江苏省临时议会于民国元年预算案中议决“设立水产学校，亟应派员筹办开校事宜”，共拨经常费银19 688元，临时费银3万元，由黄炎培统筹规划、组织实施，委任日本东京水产讲习所归国留学生张镠为建校筹办员，具体筹办开校事宜。1912年12月张镠就任校长，学校于本年12月15日招收首批预科生68人，于1913年1月16日正式开学。

二、学校概况

学校虽很早就将校址定在吴淞炮台湾，张謇还实地勘察过，但因经费一直没有到位，直至学校办成招生，校舍尚未落实。学校只得暂借上海西门林荫路江苏省教育会为临时校舍，后来鉴于该地位于闹市，不利于学校管理，因此于暑假里迁往小南门白粮仓街求志书院。1913年2月18日，江苏省民政长应德闳指拨吴淞炮台湾原复旦公学校址（复旦公学迁往江湾镇）为水产学校校址，共计约70亩。该年3月16日，开始施工建造，12月，学校第一期校舍建成竣工，建成教学楼一幢，宿舍楼一幢，化学、生物实验室，渔具、罐头实习工场，学生餐厅等，其后第二期、第三期、第四期校舍工程相继开建，历经8年，完成校舍建筑面积3 000平方米，除必备的教学、实验场所外，学校还建有浴室、冷库、游泳池、篮球场、排球场等，办学条件在同类学校中居于前列。校门朝东直前200米即到黄浦江边。

学生在第一期校舍建成后即迁入，并将原预科班分为渔捞和制造两科，各30余人，学制定为三年半。1916年建造学习船“淞航号”，载第一届毕业生赴苏鲁冀等省考查；1919年增设养殖科，并在昆山周墅建立一个淡水养殖场，供学生实习。1920年增设职工科，招收高小毕业生，贝扣职工科和编网职工科，并有编网、制罐、贝扣等工厂供学生实习。1924年夏增设航海专科，1925年又设远洋渔业专科，学制均为三年，开启了高等教育的历程。

学校的整个学制分为预科和本科，预科也称为普通科，按照“学则”规定为升入本科的预备，预科学习一年再转入本科学习三年。1914年后改为预科两年，本科两年。预科教学内容主要是学习基础课程，有国文、英语、数学、物理、地理、无机化学、水产动植物、水产通论、国画、体操等，每周设36学时。使用的数理化教材大部分是英文原版，因此学习压力较大，很多学生预科没能通过，中途辍学。基础课的任课教师先后有55名。部分是本校职员兼任，还有些则是从其他学校或社会上聘任的，如交通大学商船学校的教师有很多在水产学校兼课，其中包括丁文红、曹惠郡等学界名流及留学回国，造诣较深的教师。

渔捞科的主旨是培养和造就海洋渔业专门人才，学生主要来源于预科，也接收其他同等学力者。渔捞科学制三年，1914年后改为2年，主要课程除国语、英文、数学加深外，专业课设置渔捞论、航海术、航海运用术、造船大意、制图、海洋学、气象学、卫生急救等，注重实践技能的培养，在校实习项目有织网实习、渔具、钓钩的制作，航海仪测量、气象观测，渔艇练习，校外实习有参加鱼汛生产实习，渔业调查、航海驾驶实习、海洋观察等。渔捞科的专任教师大多是从本校毕业生中择优培养的，使用的教材内容多是由留日教师带回的专业教材和笔记讲义编译而成。

制造科主旨是培养水产品加工制造方面的技术人才。专业课程主要有分析化学、水产制造论、细菌大意等。专业实习的科目有盐藏加工、干制品加工、罐头制品制造、瓶装食品实习、综合利用实习等。校外实习主要是在渔区鱼汛加工季节进行，另与上海泰康公司签有协议，每年赴公司进行罐头方面知识的实习。

养殖科的主旨是培养水产养殖专门人才。1919 年在昆山周墅建立一所淡水养殖场作为实习基地。主要专业课为水产生物学、细菌学、鱼病学、饵科学、淡水养殖学、咸水养殖学等，养殖场是养殖科学生接受知识的实习场所，鱼苗生产季节为增加鱼苗采集的感性认识，学生远赴湘江、武汉实习。

后增设的航海专科和远洋渔业专科主旨都是为了培养商船航海和高一级渔业技术人才。一年级主要是基础课，学习英语和日语两门外语，二年级进入专业课学习，三年级主要时间用于航海和渔捞实习、学生大多进入商船实习，少数在渔轮上工作。

学校创办之初在管理体制上由省长官委任校长总理学校事务，下设教务主任、舍监、书记、文牍、庶务员、助理及校医、会计等。后来学校规模增大，行政组织形成了一长三主任制，即在校长下设教务主任、事务主任（书记主任）和舍监（庶务主任）。

学校重视教学设施设备的完善。建校初期，学校的教学设施设备首先是从原北洋军阀中国渔业公司拨来，后来学校接收了一批意大利万国博览会的部分渔业展品，1914 年又从日本购进一批机械、标本等各类模型。为了适应航海实习配备了航测仪器、海图、通讯旗等，制造科陆续添置了罐头机械设备和发动机，冷藏机和贝壳加工机。养殖科在昆山养殖基地配置了显微镜和养殖机械等。为开展体育运动，学校建造了游泳池、体育场等，单双杠、石担、石锁、握铃、秋千等基础运动器具俱全。经过不断努力，学校成为 20 世纪 20 年代国内设备最完善的水产学校。

学校倡导“勤、朴、忠、实”为治学之本，作为校训传承下来，其含义是培养具有热爱劳动、淳厚朴素、忠诚老实、实事求是精神的人才。学校注重奖惩以调动学生的学习积极性。为了培养优秀学生，学校设置“特待生”。特待生须品学兼优、可为同学模范，其享有的“特待”是免除膳食费。第一学年被评为特待生，可以免除第二学年膳费，第二学年仍为特待生的，免除膳食费外还可获得金质或银质奖章，甚至获得公费出国深造的机会。从 1914 年至 1921 年共评出特待生 26 人。其中获得银质奖章的 10 人，获得金质奖章的 2 人，遴选极严。而对于学生怠惰不上进的、两年留级或者品行不良的，学校即勒令退学，如此奖罚分明、措施得力，使学校迅速营造了浓厚的学习氛围和良好的校风学风，为培养造就大批优秀水产专业人才奠定了坚实的基础。

三、曲折发展

首任校长张镠 1923 年积劳成疾，于 1925 年病逝，校长由侯朝海继任。北伐战争胜利后不久，1927 年国民政府对大学建制进行了改组，实行大学区制，学校被并入国立第四中山大学农学院，更名为第四中山大学农学院水产学校，归中央大学区教育行政院高等教育处管辖。1928 年 2 月，大学院颁布第 165 号训令，将第四中山大学易名为江苏大学，学校随之更名为江苏大学农学院水产学校。由于师生普遍反对，同年 5 月再次更名为国立中央大学，学校随之又改名为国立中央大学农学院水产学校。1929 年 7 月，国民政府教育部下令停止实施大学区制，学校恢复江苏省国立水产学校校名。学校规模缩小，仅办渔捞科和制造科两科，归江苏省教育厅管辖。

1932 年“一·二八”淞沪抗日战争爆发，日本海军狂轰滥炸，学校的校舍和设备遭到严重破坏。学校一度暂借上海康脑脱路春江别墅上课。不久重回原校办学。但因校舍难以恢复，办学极为艰难。1937 年全面抗日战争爆发后，日军在上海发动大规模进攻，中国军民奋起抗战，是为“淞沪会战”，战争中学校被彻底夷为平地，学校被迫停办。

抗日战争期间，部分师生辗转至四川合川，为维持水产教育，经学校校友会呼吁，国民政府教育部于 1939 年 4 月批准在四川合川国立第二中学设水产部，吸收战区学生入学。后经国民政府参议会参政院黄炎培等提议，并经当局同意，于1943年1月将第二中学水产部正式改组为国立四川水产职业学校。1945年抗日战争胜利。经侯朝海等校友积极奔走筹划，上海市政府于1947年6月批准学校在上海复兴岛复校。定名为上海市立吴淞水产专科学校。

1949年6月，上海市军事管制委员会接管学校。11月，江苏省立水产职业学校崇明分校并入，设为职业部。1951年学校更名为上海水产专科学校。同年，国立高级水产职业学校（浙江乍浦）并入，与职业部合并组建为附设水产技术学校。1952年全国展开大规模的高等院校调整工作，经华东教育部报中央教育部批准，于1952年8月学校改制更名为上海水产学院，成为我国第一个本科层次的水产高等院校。1952年12月，河北省水产专科学校撤销，部分师生和设备并入。整合组建的上海水产学院的领导关系多次变更，1960年后确定由国务院水产部直接领导。1961年5月被确定为部属重点高等院校。

1966年“文化大革命”爆发，学校停止招生，教学秩序完全陷入瘫痪状态。“文化大革命”期间，学校曾更名为厦门水产学院。由农林部和福建省共同领导，以农林部为主。上海原址设留守部。期间学校开始招收工农兵学员，实行“开门办学”，教育质量受到严重影响。

1978年党的十一届三中全会后，党和国家各项事业掀开崭新一页。伴随改革开放的春风，广大教职员工要求尽快迁回上海原址办学，1979年5月经国务院同意，学校得以复校，在上海军工路原址挂出校牌，正式使用“上海水产学院”名义对外招生。学校顺应形势，全面清理“文化大革命”错误，纠正“左”的思想，对学校组织管理进行了大规模的整顿，各项事业取得了新的进展。1985年11月，经农牧渔业部同意，学校更名为“上海水产大学”。1992年6月，农业部将学校确定为部属全国重点大学。21世纪以来，为适应海洋事业发展需要，响应“建设现代化海洋强国”的战略规划，学校经教育部批准，于2008年3月改为现名“上海海洋大学”。如今的上海海洋大学是国家首批“双一流”建设高校，上海市首批深化创新创业教育改革示范高校，入选教育部“卓越农林人才教育培养计划”“海外高层次人才引进计划”和“国家建设高水平大学公派研究生项目”，并朝着在国际上有影响力的高水平特色大学的目标迈进。

四、学校是中国历史上最早培养水产专门人才的高等学府

中国渔业历史悠久，沿海居民靠海吃海，赖渔盐之利生存，长期的实践中积累了丰富的渔业知识，但几千年来不过是“蹈常袭故，以供衣食之资”，谈不上真正的水产研究，自然也没有真正的水产教育。近代以来，外患频仍，海权沦丧，有识之士认识到渔业对于海洋权益的重要性，水产教育开始被提上日程。张謇最早提出创办水产学校的设想，并于光绪三十一年（1905年）创办吴淞渔业小学校作为创办水产学校的基础，该小学校也成为近代中国第一个正式的现代水产教育机构。宣统三年（1911年）孙凤藻在天津创办直隶水产讲习所，旋即改称为河北省立水产学校，设渔捞、制造二科，该校性质和江苏省立水产学校性质相同，时间上也早于江苏省立水产学校，是全国第一所水产学校，但该校尚属于中等专业教育的范畴。江苏省立水产学校于1924年夏增设航海专科，1925年又设远洋渔业专科，这两个专业招生对象为高中或十年制小学毕业生，事实上开始高等专科教育。1927年，学校被划入国立第四中山大学农学院，更名为第四中山大学农学院水产学校，归中央大学区教育行政院高等教育处管辖，则正式确立为水产高等教育学校。也就是从1924年开始了高等教育，而河北省立水产学校则于1928年一度停办，1929年1月经河北省府会议议决，改为“河北省立水产专门学校”，该年5月复校，才开始高等专科教育。因此，江苏省立水产学校的创办虽然略晚于河北省立水产学校，但在高等教育的开设时间上却早于它。所以学校是中国历史上最早培养水产专门人才的高等学府。

五、卓越贡献

学校以敢为人先的精神，艰辛探索、勇于创新，为中国的高等教育开辟出一整套水产教育人才培养体系，开创了一批特色专业。这些探索和实践，引领了中国水产高等教育的发展方向，为构建中国特色水产高等教育体系，培养水产高级人才奠定了基础。从1912年创办招生到1937年被迫停办，即已培养渔捞科学生21届，制造科学生20届，养殖科学生2届，远洋渔业专科生1届，航海科3届，渔网和贝扣职工科各1届，前后共毕业学生800余人，

新中国成立后，学校获得新生，成长为全国第一个本科层次的水产高等院校。后又几经更名，发展到今天成为历史底蕴深厚、学科门类齐全、科研实力雄厚的著名海洋高等学府，为国家培养了数以万计、遍布五湖四海的专门人才，著名的有张柱尊、沙玉嘉、张楚青、陈廷煦、姚詠平、陈谋琅、冯立民、侯朝海等。

“勤朴忠实”是学校的校训，也是学校秉承至今的办学精神，为学校的人才培养、教学科研等注入了不竭的动力。学校的首任校长张镠也遵循勤俭诚信的为人操守，1914年他在春季开学典礼上对学生提出希望“五事”，即：勤勉；造成诚朴之校风；戒浮嚣；勿空谈国事；当自食其力。“五事”和诚朴忠实的校风内涵一脉相承。张镠不仅对学生谆谆教诲，而且以身作则，学校筹办之初，举步维艰，千头万绪，他呕心沥血，殚精竭虑，后于1925年积劳成疾，英年早逝，年仅43岁。在诚朴忠实的校训指引下，学校根据水产业“风里来，浪里去”的特点，努力构建“吃苦耐劳、劳而无怨、求真务实、激流勇进”的学风校风，与国家同呼吸、共命运，谱写出艰苦奋斗、百折不挠的奋斗史、发展史。

学校传承光荣的爱国主义传统。1925年五卅惨案发生后，学校学生与同处吴淞的同济大学、中国公学等校学生组成吴淞地区学生联合会，对工人的爱国行动进行声援。1935年，学校会同吴淞商船学校、吴淞中学等进行罢课、游行和深入浦东农村开展抗日救亡宣传等爱国活动，积极支援“一二·九”运动，中华人民共和国成立前夕，由于学校师生熟悉水性，懂得驾船，成为国民政府撤离大陆时的重点争取对象。老校长侯朝海冒着生命危险保护师生撤出复兴岛，为新中国水产教育事业留住了难得的人才。

总之，学校作为中国历史上最早培养水产专门人才的高等学府，坚持教学、科研和实践相结合的办学模式，“把论文写在浩瀚的海洋和祖国的江河湖海上”，成为一代代海洋人乘风破浪、勇立潮头、开拓海洋的豪迈誓言。为中国水产事业的发展做出了突出贡献，在中国高等教育发展史上写下了浓墨重彩的一笔。

中国第一所航海高等院校

吴淞商船学校

张謇积极参与创办的吴淞商船学校于宣统三年（1911年）正式成立。张謇为学校捐赠了吴淞口新校舍的地块和办学资金六万元，并为学校推荐了首任校长萨镇冰。学校严格选拔生源，注重实地练习，实行半军事化管理，在仅存的五六年办学时间内，为社会输送了一批优秀的高等航海人才。学校发展曲折，跨越了四个历史时期，三停三兴，形成了著名的吴淞船校精神。在中华人民共和国成立后分别发展为当今高等航海教育的名校大连海事大学和上海海事大学。

吴淞商船学校外景

教学主楼

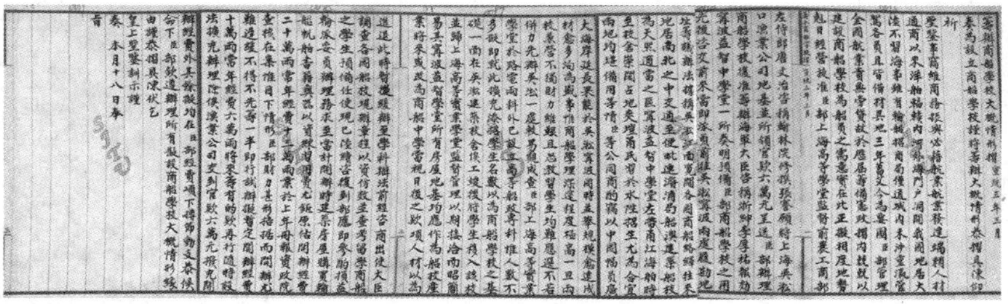

1911 年盛宣怀上奏的《筹办商船学校大概情形折》

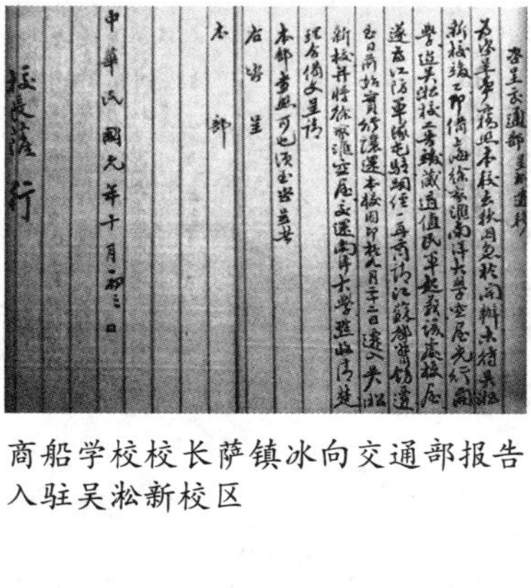

商船学校校长萨镇冰向交通部报告入驻吴淞新校区

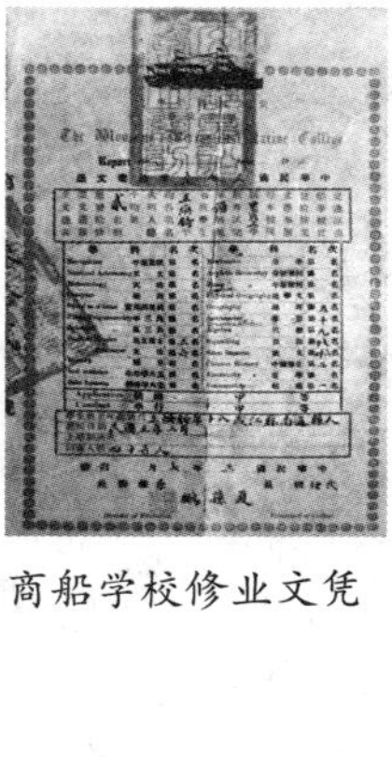

商船学校修业文凭

吴淞商船学校航海和航艺证书

中国第一所航海高等院校

吴淞商船学校

张裕伟

张謇参与创办的吴淞商船学校是中国最早的一所培养高级航海人才的高等学府。它的前身是宣统元年（1909 年）“邮传部上海高等实业学堂”内设立的“船政科”，后于宣统三年（1911 年）正式成立。学校在百余年的办学过程中，跨越了四个历史时期，走过了“三停三兴”的坎坷办学历程，为国家培养了大批的航海专门人才，为我国的航海事业奠定了最初的基础，做出了卓越的贡献。形成了著名的吴淞船校精神，成为激励一代代航海人才不懈奋斗的宝贵精神财富。学校历经曲折，在新中国成立后分别发展为今天著名的高等航海教育的名校大连海事大学和上海海事大学。

一、艰难创办

晚清时代，中国的领海尽是洋人的天下。中国传统的船员制度尽管在明清时期发展到比较完备的水平，但也难以适应新式航运，出现了各轮船企业船舶上的高级航海人员只能“雇用洋人、借才异域”的尴尬局面。

随着各航海企业业务的逐渐拓展，雇用外籍船员的弊端愈益凸显。张謇很早就提出了创办商船学校的设想。光绪二十九年 (1903 年)，他在参观日本劝业博览会期间，详细考察了日本的航海及渔业情况后认为，“维护领海主权，要先造就航政人才，大则可以建设海军，小则可以驾驶商船”。这表明张謇认为培养航海人才对于国家主权和国防建设均有重要意义。光绪三十年（1904 年），张謇为创办渔业公司事咨呈南洋大臣，曾提出在申请拨用的吴淞海军官地仿日本设立水产学会及驾驶练习所。次年二月在为沿海七省联合创办渔业公司事答复南洋大臣时更明确提出设立水产学校和商船学校各一所，并提出在沿海渔业较多处设立初等小学校，设想将来创办的水产、商船学校规模各在 500 人左右，并指出“水产学校兴则关系渔利，商船学校兴则关系海权，二者利民居三之一，利国居三之二”。光绪三十一年（1905 年），张謇得到时任两江总督周馥的批准，将江浙渔业公司附近的 360 余亩基地作为水产、商船学校的规划建设用地。光绪三十三年（1907 年），张謇致函代理渔业监督瑞澂，提出“中国渔业公司甫就吴淞官房改设初等小学校，俟其卒业，方可升入专门，则水产学校之设，似可暂缓数年。惟商船学校，英德各国均设有专门大学，日本除设大学校外，又有商船会社，其所以推广航业，与商务、海军均有密切之关系。中国创办商轮局已数十年，而管驾、管机悉委权于异族，非特利权损失，且无以造就本国人才。际此商战竞存之世，欲藉以保主权而辅海军，非创设商船学校不可”。表现了张謇对培养高级航海人才一贯的高度重视。

张謇创办商船学校的主张经过长期呼吁，终于在清末新政中得到了真正落实。光绪三十年（1904 年）正式实施的“癸卯学制”在高等教育阶段设有高等实业学堂一类，共有四小类，分别为高等农业学堂、高等工业学堂、高等商业学堂、高等商船学堂，这为创立高等商船学校提供了制度上的依据和法律上的保障。光绪三十二年（1906 年），商部上海高等实业学堂（前身为南洋公学）曾计划将学校办为四科：“一商业科、二航海科、三轮机科、四电机科”。同年，清政府改商部为农工商部，增设邮传部主管全国“路、轮、邮、电四政”，招商、电报商局也由邮传部管辖。光绪三十四年（1908 年），著名洋务派官商盛宣怀出任邮传部右侍郎，高度重视轮船航运业的发展，进一步加快了独立商船学校的开办进程。上海高等实业学堂中新设立船政一科，等到以后条件成熟后再将之扩充，单独建立商船学校。宣统元年（1909 年）秋，船政科遴选本学堂中院毕业生及路电初年级学生并招考外生，在本校附近所购丝厂旧屋开学。

张謇对于独立设置商船学校给予了大力的无私支持，促使学校得以顺利办成。宣统三年（1911 年）初，由于邮传部的大力支持和授权，唐文治等人积极筹备，一方面寻找开办商船学校的临时处所，另一方面按照邮传部的要求考察吴淞口地形，建筑新校舍。吴淞口新校舍的地址本是张謇原来为创办水产学校所领的官地，张謇将它无偿地捐给商船学校。张謇并将当时呼吁沿海七省创办水产学校时各省募集到的办学资金6万元全部无偿捐给商船学校。按照当时的记载，商船学校创办共需银10万元，其中6万元为张謇捐赠，剩余4万元为邮传部筹措。张謇向商船学校举荐人才。首任校长萨镇冰与张謇本有交往，张謇认为他是“朴实而明于治军……其不爱钱尤难得也”的贤才，在张謇自订年谱中也明确有“组织商船学校于吴淞，推萨镇冰任校长”的记载。由此可见，张謇对商船学校多方面的无私和大力支持是学校得以顺利开办的重要原因。如果考虑到张謇一直和盛宣怀不睦，他的这一举动所表现出的一心为国育才、功成不必在我的高风亮节尤其令人钦佩。

宣统三年（1911年）夏，高等商船学校首次招生，“报考者三千人，拥挤不堪”，开学时，学校举行了盛大典礼。因当时新校舍尚未建成，学生仍在船政科旧址上课。宣统三年（1911年），清王朝在辛亥革命浪潮中被推翻，商船学校的吴淞校区建设因而暂停。直到中华民国建立后，新成立的民国政府黎元洪副总统资助部分经费，吴淞校舍顺利建成，学校也改由国民政府交通部直辖，易名为吴淞商船学校。1912年9月22日，学校迁入吴淞炮台湾新校舍。至此，中国的高等航海教育正式揭开全新的篇章。

二、学校概况

招生方面，宣统三年（1911年）夏，学校首次以“邮传部上海高等实业学堂分设高等商船学堂”的名义招生。新生的来源为三个方面：一是高等实业学堂中学生直接升入；二是宣统三年（1911年）上半年各省招考应试已经合格并于上海复试及格者；三是本校上海招生考试及格者。其中以第三个来源为主。招生要求为中学毕业、拥有四年级以上程度并且能够直接听懂英文讲课者，年龄须在18岁以上。体检要求目不近视，无色盲，身体健全，最好能够熟悉水性。首次共招录专科和附属中学学生共160名。自宣统三年（1911年）船政科从上海高等实业学堂分出成立邮传部高等商船学堂，到1915年吴淞商船学校停办，学校共招六届学生，包括船政科学生在内，共计72人。

学校行政管理方面，高等商船学堂由清政府邮传部管理，暂交由邮传部上海高等实业学堂代管。学堂监督由唐文治兼任。唐再聘请留学英国学习海军刚回国的南洋公学毕业生夏孙鹏担任商船驾驶科主任，并聘请上海高等实业学堂庶务长庄思缄担任庶务长，共同管理日常庶务。商船学堂开学不到两个月辛亥革命爆发，清政府被推翻，商船学堂和邮传部失去联系，财政来源因告中断，唐文治也辞去了学堂监督职务，校务一时停顿下来。1912 年 3 月，高等商船学堂师生推举代表前往南京，向政府建议延聘萨镇冰担任校长，获得中华民国南京临时政府交通部的批准。随后萨镇冰到任，掌校一年有余，深得学生尊戴。1913 年 8 月，萨镇冰调往他任，吴淞商船学校事务改由教务长夏孙鹏代理。

学制和实习方面，学校设有高等、中学、预科三个层次，后改为高等、正科和普通科，高等和正科的学制为三年，其中在校学习二年，上船实习一年，普通科一年毕业。学校采取理论和实践并重的方针，理论课开设天文、船艺、船经学、水道测量、航政、海商等 28 门课程，每周 63 学时。学校十分重视学生实干能力的培养，积极组织学生上船实习，萨镇冰商准民国海军部，拨借保民军舰一艘，改为学生练习船，“保民”号成为我国高等航海教育史上第一条教学实习船舶。学生实地练习，成绩斐然。

学校师资方面，教职员工实行聘任合同制，聘期一般为一年，聘期内严格按照合同条文执行。根据 1912 年的一份教职工名单，学校共有 22 位教职员工，其中 14 位教师专业不一，分别担任了从驾驶到国文共 8 个方面的教学工作。教师中航海、数学、外文等科以年轻教员为主，国文、历史等课则由年长者担任，很符合课程特点。教师多毕业于英国海军军校、水师学堂等，拥有较高的学历和资历。

学生日常管理方面，学校实行半军事化管理，全体学生编为八个队，即按照船的左右舷各分为四个队，个人从船头开始，按照甲板部位名称命名，设分队长八人，总队长一人，由二年级、三年级同学担任，学生一律身穿海军制服。日常管理上，每天清晨，全体学生列队接受服装及仪容检查，聆听教务主任训话和宣布有关教学事项。上下课、进餐、起床、就寝、集合等均以军号为号，遇见师长、同学一律行立正举手礼。新生入学后，每日早操时均须认真练习礼仪动作姿势，室内不许戴帽，早晚举行升降旗仪式。学校重视英文学习，各科教材均为英文原版，学校领导公布通知事项均用英文，操练口令概无例外。学习上实行严格的奖惩制度。每学期都要举行一次表彰奖励大会，用现金奖励学习成绩优良的学生。同时，为了适应海上生活，学校在南洋公学上院对面操场内特设船桅一室，由分队长带领同学爬桅。这些教学与日常管理，显示出了鲜明的航海教育特色。

三、曲折发展

1915 年 2 月，吴淞商船学校奉国民政府之命停办，全部校舍、实习船及书籍仪器均由海军部派员接收，以备另办海军学校之用。1928 年，国民政府交通部决定恢复商船学校。经过筹备，于 1929 年 10 月在收回的原吴淞商船学校校舍开学，定名为交通部吴淞商船专科学校。1915 年吴淞商船学校停办时，正值第一次世界大战期间，因外籍船员纷纷回国，各轮船公司竞相延聘吴淞商船学校毕业生充任高级船员，这就使我国自己培养的航海技术人才真正得到了施展才能的机会。经过一段时间的工作，这些毕业生所表现出的娴熟技术和丰富学识，不仅为国内航运界所钦服，而且受到了国外航运界的普遍赞扬。一时吴淞商船学校名声大振，昔日仅有的毕业生供不应求，使社会各界对吴淞商船学校停办深感惋惜，从而促成了“航运界人才匮乏，亟待养成”的共识。这样，在社会各界支持下，吴淞商船学校的毕业生杨志雄、徐祖藩首先负起复校的重任，几经奔波，多方活动，到 1928 年，终于得到国民政府交通部部长王伯群的同意，后又得到航业界各方有识之士的解囊捐助，1929 年 9 月 1 日，正式复校，由交通部部长王伯群兼任校长，杨志雄任副校长，代理日常校务。招考新生后，10 月 8 日正式开学。为纪念这一有意义的大事，学校将 10 月 8 日定为复校纪念日。至此，停办 14 年的吴淞商船学校以交通部吴淞商船专科学校为名而重生。

1932 年，在淞沪“一 · 二八”战事中，校舍遭日寇炮火严重破坏。学校被迫在上海市区亚尔培路亚尔培坊（今陕西南路陕南新村）租屋上课。1933 年春，原吴淞校舍修复，学校始行迁回。1937 年，全面抗日战争开始，在“八 · 一三”战事中，校舍再度毁于日寇的侵略炮火，学校又临时在市区极司菲尔路 75 号（今万航渡路 75 号）租屋上课，9 月底，学校再次停办。

1939 年国民政府为继续培养商船技术人才，于重庆恢复商船专科学校，易名为“国立重庆商船专科学校”，并增设造船科。学校始以“江顺”轮为临时校舍，继迁址江北人和场段家公馆和黄家祠堂，后又辗转至溉澜溪新建校舍。在抗日战争的艰苦岁月里，船校师生意气风发，为高等航海教育的延续和发展，做出了卓越贡献。1943 年上半年，师生不满校长宋建勋挪用学校经费私自经商，群起反对，宋反诬学生掀起学潮，要求教育部解散学校。国民政府教育部 5 月下令解散重庆商船学校，后因遭到坚决反对，教育部只得收回成命，下令把重庆商船专科学校并入交通大学。

抗日战争胜利后，应原吴淞商船专科学校校友的要求和社会各界的呼吁，国民政府教育部决定在上海恢复吴淞商船学校，定校名为“国立吴淞商船专科学校”，1946 年 10 月 14 日正式开学。至此，吴淞商船学校经三度停办后终于在上海再次复校。

1949 年 5 月 25 日，上海解放。6 月 22 日上海市军事管制委员会接管学校。1950 年 3 月改由上海市军事管制委员会所属的航运处和中央人民政府交通部领导。学校回到了人民怀抱，我国的高等航海教育得到了改造、新生和稳定发展。1950 年 9 月，华东军政委员会教育部及中央人民政府交通部相继下文，决定国立吴淞商船专科学校与上海交通大学航业管理系合并，成立上海航务学院。1953 年 3 月，在全国高等院校调整中，上海航务学院奉令北迁大连，与东北航海学院合并成立大连海运学院。同年 11 月，福建航海专科学校并入。自此，奠定了新的办学基础，学校的发展和学科专业的建设进入了一个新的历史时期。

随着国民经济和海运事业的发展，急需一大批高级航海技术和航运管理人才，而自上海航务学院北迁后，上海这个高等航海教育的发祥地竟没有一所正规的海运高等院校，这既不适应交通运输事业的发展需要，又与上海这个世界著名的大港口和航运中心的地位很不相称，也有悖于上海高等航海教育的悠久历史和传统。1958 年 9 月，上海海运局、上海船舶修造厂联合备文请示交通部，建议在 1959 年筹建上海海运学院。9 月 27 日，交通部正式下文，同意在上海筹建上海海运学院及附属中等技术学校，以培养高、中级航海及船舶修造技术人才。经过“文化大革命”十年动乱的摧残，大连海运学院和上海海运学院在党的十一届三中全会后均取得了日新月异的发展。大连海运学院在1983年由联合国开发计划署（UNDP）和国际海事组织（IMO）在学校设立了亚太地区国际海事培训中心。1985年，世界海事大学在学校设立分校。1994年，学校更名为大连海事大学。上海海运学院2004年经教育部批准更名为上海海事大学。为更好地服务上海国际航运中心建设和国家航运事业发展，根据上海市高校布局结构调整规划，2008年上海海事大学主体搬迁临港新城。如今的大连海事大学是交通运输部所属的全国重点大学，是国家“211工程”重点建设高校、国家“一流学科”建设高校，是被国际海事组织认定的世界上少数几所“享有国际盛誉”的海事院校之一，现在正朝着世界一流海事大学建设目标迈进。上海海事大学也成长为具有工学、管理学、经济学、法学、文学、理学和艺术学等多学科门类的大学。

四、学校是中国历史上第一个高等航海院校

我国是一个海洋大国，有18 000千米绵长海岸线和6 500多个大小岛屿。鉴于这种局面，先进的中国人出于爱国热忱而力求挽回海权，逐渐萌发培养自己的航海人才的想法，在吴淞商船学校创办以前，出现了一系列包含有西方航海技术课程的新式学堂。创办于同治元年（1862年）的京师同文馆和同治二年（1863年）的上海“广方言馆”在课程设置上就涉及了航海教育。而同治十二年（1873年）由李鸿章创办的轮船招商局虽然在高级船员雇用上不得不主要依靠洋人，但也开始比较重视我国自己高级船员的培养，并设想“开办之初……雇用外洋人……仍派能干华人副之，俾可留心学习，将来学有所成功……则可全用华人驾驶”，为此，招商局早期曾举办了类似于西式学堂性质的航海实习教育机构——练船（实习船），融航海理论教学和海上实习环节为一体，以达到培养本局高级船员和技术工人的目标，但由于办学成本高昂，招商局的练船教育实际上并未真正推行开来。晚清政府创办的系列海军教育学堂与高等航海教育关系最为密切，如同治五年（1866年）创办的福州船政学堂、光绪六年（1880年）的天津水师学堂、光绪十六年（1890年）的江南水师学堂等，这些水师学堂大多设有航海一科或航海与管轮两科，尤其是福州船政学堂，在培养军事航海人才的过程中，采取了一系列具有西方航海教育特征的措施，实行公开招考，设置多科性、实践性的课程体系，因此培养了大批军事航海人才。吴淞商船学校的首任校长萨镇冰即是该校的毕业生。这些学堂的办学经验和人才培养对后来吴淞商船学校的办学产生了深远的影响。

但是，上述各类学堂和教育机构，或者重点定位在航海知识的了解，或者定位在航海职业培训、或者定位于军事航海教育，均不属于真正意义上的高等航海教育。中国真正的高等航海教育是在近代高等教育体系确立后才真正展开。光绪三十年（1904年）颁布实施的《癸卯学制》是我国近代教育史上第一个得到贯彻实施的学制。它以国家立法的形式第一次明确规定了高等教育各个层次的办学宗旨、培养目标、学习年限、课程设置，以及各层次学校之间的统属衔接关系，这给当时正处于初创阶段的高等教育发展提供了制度上的保障。该学制将纵向的学校教育体系分为三段，高等教育在最上位置。该学制仿照日本模式，将商船教育列为高等教育的重要门类之一。在该学制颁布后，经过张謇、盛宣怀、唐文治等不断努力创办成功的吴淞商船学校成为中国历史上第一所高等航海院校。

五、卓越贡献

吴淞商船学校在它仅存的五六年时间内，共招收培养了6届学生计72名，为社会输送了一批优秀的高等航海人才。尽管由于当时面临着严苛的就业环境，一些早期毕业生仍然通过自身的拼搏努力，打破了洋人对高等船员的垄断，在商船上担任了船长、大副、二副等职，1921年，毕业生郏鼎锡、陈干青等先后获得船长执照，被破格任命为海轮船长。之后，陈干青同班同学杨志雄、马家骏等相继任职船长，打破了被洋人霸占60余年海轮高级职位的局面。尤其值得一提的是，早期学校的毕业生中，有10人于1930年出任轮船招商局所属船长职务，其中沈际云还担任了总船长一职，构成了我国最大航运企业内的一支管理与技术骨干力量。这些毕业生后来不仅在本职岗位上为中国的航海事业做出了自己的贡献，还组织了以吴淞商船同学会为基础，以争取本国驾驶员上船任职权利的商船驾驶员总会，同时他们中的很多人还热心于中国的高等航海教育，成为接下来吴淞商船学校几次复校的人才基础和教学中坚。

吴淞商船学校创立于民族危急存亡之秋。创立时即以从帝国主义列强手中夺回航政主权、发展自己的航海事业为宗旨，具有强烈的爱国反帝性质。因为带着反帝爱国热忱办学，学校很快形成了优良的校风学风。本着大则可以建设海军，小则可以驾驶商船的目的，办学伊始，学校即进行军事化管理，训练严格，纪律严明，如同正规军队。

为达到建校初始目的，船校十分重视爱国主义教育。唐文治监督在“高等商船学堂”开学典礼的致辞中说：“一船生命财产之安危，均操于船长手中，试想所负之责任，又何等重大。同时诸生亦应当记住，商船驶到外国，实际是国家的势力所达到之处”，鼓励学生要勇肩重担，以振兴中华航海事业为己任。学校第一任校长萨镇冰写了“若无后悔需勤学，各有前途莫羡人”的诗句激励学生勤学苦练，勇往直前。第二任校长王伯群作“忠信笃敬”校训题词，取《论语》“言忠信，行笃敬，虽蛮貊之邦行矣”之意，寄学生以品学兼优的希望。领导铿锵的言辞，炮台湾的英雄史迹，始终激励学生勤学苦练，奋发图强，为国争光。

吴淞商船学校在近百年的传承发展中，形成了激励一代又一代中华航海人不断前行的“吴淞商船精神”。这首先是一种深沉的爱国精神。张謇、盛宣怀、唐文治等学校的创办者之所以孜孜矻矻、以办成船校为职志，就是出于和列强争夺海权，为国家挽回利益的爱国精神。它还表现为勇争一流的实干精神，要想夺回被洋人霸占的高级船员职位，必须要把本领练好练精，超过洋人，这样才不是纸上谈兵。吴淞商船学校以其严肃的办学宗旨、优良的校风、严格的管理和优异的教学质量，最终在毕业生中以全面的素质和优异的成绩实现了和洋人在海上争胜的目的。“吴淞商船精神”还表现为历劫不磨的奋斗精神。学校的办学过程历经坎坷，备受顿挫。自创校至新中国成立的40年时间，内忧外患相继不绝，学校三度停办，校舍两次毁于日军炮火，以致迁址不迭。直至新中国成立后，才走上了稳定发展的道路。学校一代代师生呕心沥血、屡仆屡起、鞠躬尽瘁的奋斗精神，堪为楷模，垂范于后人。

中国第一所渔业学校

吴淞渔业小学校

吴淞渔业小学校正式创办于光绪三十二年（1906 年）。办学的目的是培养具有小学文化程度的水产人才，为接下来开办水产专门学校提供生源。在教学上注重理化、水产，加强对鱼类习性、鱼群分布、渔业养殖等的教学研究，同时注重向学员传授新法捕鱼的技术，培养了一批具有一定文化素质的新型渔业人才。学校通过艰辛的探索，在人员培养、师资建设、办学经验等方面为后来的吴淞水产学校奠定了最初的基础，为推动中国渔业现代化做出了贡献。

中国第一所渔业学校

吴淞渔业小学校

张裕伟

吴淞渔业小学校是中国历史上第一所近代水产教育机构。学校正式创办于光绪三十二年（1906年），是张謇“渔权即海权”思想在教育领域的最早实践，也是为后来创办的吴淞水产学校准备条件。

一、创办缘起

晚清末造，清廷腐朽昏庸，民生凋敝，国运维艰。特别是西方列强多次从海上呼啸而来，打开中国的门户，中国一次次屈膝投降，使当时的一些有识之士清醒地认识到我国广袤的蔚蓝色海面对维护国家主权的重大意义，逐渐形成了海权意识。张謇就是其中的卓越代表，他提出“各国以扩张海权为事，若不及早自图，必致海界因含忍而被侵”的重要观点，逐渐形成了以“渔权即海权”为核心的爱国主张。

张謇的海权思想不是空泛的思想主张，而是具有极强的现实针对性。当时，德国、日本在我国领海中屡屡侵渔，致使我国海权面临巨大的威胁。为了同列强争夺渔权以捍卫海权，张謇采取了切实行动。他认识到要想同列强在海洋渔业上一争短长，必须采用现代化的捕捞方式，如果不采用西方工业革命后发明的轮船拉网捕捞技术，单靠传统的一叶扁舟出没风波的方式显然无济于事。张謇光绪二十九年（1903年）赴日本考察，看到了日本渔业的发达，感受到日本对海权的高度重视，更加坚定了发展渔业以捍卫海权的主张，回国后当年七月张謇先是在通州吕四（现属启东市）创办了一个小规模的渔业公司，次年张謇得到商部的支持，召集股本45万两成立了江浙渔业公司，并斥巨资购买了德国新式渔轮“万格罗号”，改名为“福海号”，正式开启了中国渔业现代化的历程。

“福海号”是当时欧美主流的先进捕捞渔轮，但它的投入使用并没有给公司带来显著的利润，自投产后的6个月中，由于捕捞时间少、初至外海试捕对渔况不熟悉，尚未摸索到鱼汛规律，加上晨出暮返耗费成本很大，造成了严重的亏损局面。这些问题的出现促使张謇加快了发展水产教育的步伐——如果能有一个水产学校对渔业捕捞、水产养殖加以悉心研究，认真演习，则上述问题自然不会出现。光绪三十一年（1905年）张謇为创办渔业公司事咨呈商部，明确提出设立水产、商船学校的主张，并且提出“先就各沿海渔业较多之处立初等小学校”。之所以提出创办渔业小学校的主张，是因为水产学校作为专门学校，学理较深，学生需要较高的基础才能适应，而当时正值科举新废，具有水产基础的学生自然非常稀缺，因此在沿海创办渔业小学校作为基础，先培养具有小学文化程度的水产人员，然后循序渐进，为接下来开办水产专门学校提供生源，这种做法是脚踏实地、符合当时实际的明智之举。

二、办学概况

这所创办于100多年前的渔业小学存在的时间不长，由于历史的原因，相关史料大多湮没不彰，对其办学的具体状况已难详述。可以确定的是该校创办成功于光绪三十二年（1906年）。据民国《宝山县续志》卷七记载：“光绪三十二年，张謇、樊时勋、郭漱霞等创办，设（于）炮台湾海军公所，俗称‘王宫’，程度类同高小，唯注重理化、水产诸科。”就这样，在张謇的指导下，中国渔业总公司当年划出原吴淞炮台湾营房的旧地160亩为校址，在江浙渔业公司提供的资金支持下，先行创办了这所渔业小学校。这所学校在教学上注重理化、水产，表明它是一所以培养具有现代知识结构的水产人才为目标的现代教育机构。光绪三十二年（1906年）《北洋官报》第1072期有“吴淞改建水产学校”的报道，其中说“江南吴淞炮台湾工程局及余地三百亩，前奉江督周玉帅拨归渔业公司及复旦学校，兹经张殿撰謇委驻淞经理委员，就工程局余屋即前设之随营学堂空屋三十余间作为水产学校，业已催工修理，以便定期招生开校”。从这则史料中可以看到，在最初创办吴淞渔业小学校时，校舍是使用前海军衙门的随营学堂空屋，略加修葺即投入使用的。

光绪三十三年(1907年)七月,张謇致函当时的代理渔业监督瑞澂称:“查泰东西各国所设水产学校，其宗旨在于研究鱼种，练习捕法；其办法先重普通学。中国渔业公司甫就吴淞官房改设初等小学校,俟其卒业,方可升入专门,则水产学校之设，似可暂缓数年。”这则史料中的一个“甫”字，表明这所渔业小学当时已经确实开办。其中和各国一致的“研究鱼种,练习捕法”等“普通学”自然也是这所渔业小学校的办学重点。该校因后来吴淞水产学校的成功开办招生，于1913年停办，学校的原有房屋土地等均用于吴淞水产学校、商船学校的办学，从另一个角度看，这所渔业小学校实现了新生。

三、学校的地位及贡献

吴淞渔业小学校是中国历史上第一所近代水产教育机构。和它时间相近的还有一所山东渔业公司附设水产小学校，该校位于烟台市。山东渔业公司是由王锡蕃筹办于光绪三十一年（1905年），公司创办之后，王锡蕃深感要发展渔业，必须先设学堂，以研究水产、洞悉渔事，因此提出创办渔业学校的设想。光绪三十三年(1907年)三月，他成功创办了水产小学校。是年十月，清朝农工商部下文予以承认。该校招收渔民儿童入学，学制五年，预科二年，本科三年。宣统元年（1909年），提学司给农工商部呈文，要求该校一面照原拟办法切实办理，一面招收高等小学毕业生，遵照中等农业学堂水产课程教学。由于山东渔业公司经营不善，于两年后破产，该校因之财源枯竭，学生未及毕业即告停办。该校和吴淞渔业小学校相比有诸多共同点：都是渔业公司资助创办，办学的直接目的都是为渔业捕捞服务，创办的时间也比较接近。事实上，山东渔业公司及其附设小学校都是在张謇思想主张及实践的影响下创办的。据光绪三十二年（1906年）的《东方杂志》第三年第六期记载，山东渔业公司在创办之初拟定的将来发展的策略之一即是“取法江浙渔业公司，逐渐扩充办理，查张殿撰所拟渔业办法各条皆于渔业及海权大有裨益，所有山东渔业公司允宜仿照办理”。至于公司附设的水产小学，“所有附近渔民之子弟，年齿幼稚者均准其入学读书，俟数年之后，择其资质聪颖、进步较优者送入吴淞水产、商船两学堂分别肄业，以期各有成就”。由此可见，这所小学受到张謇筹办吴淞水产学校的重大影响。具体从创办时间上讲，张謇创办的吴淞渔业小学校无论从开始筹办抑或正式办成开学，都明显早于这所山东渔业公司附设水产小学校。综合相关史料，吴淞渔业小学是中国历史上第一所近代水产教育机构。学校的创办，加强了对鱼类习性、鱼群分布、渔业养殖等知识的了解与研究，同时注重向渔民传授新法捕鱼的技术，努力培养了一批具有一定文化素质的新型渔业人才。学校通过艰辛的探索，在人员培养、师资建设、办学经验等方面为后来的吴淞水产学校奠定了最初的基础，为推动中国渔业近代化做出了贡献，同时作为中国最早的近代学制下的正式渔业教育机构，在中国教育史上亦占有重要地位。

中国第一家农业股份制企业

通海垦牧公司

张謇于清末创立的中国第一家农业股份制公司——通海垦牧公司，是大生企业集团的一个重要的组成部分，公司创建可分为酝酿期、实施期、经营期与公司的终结几个阶段。公司集聚民间资本，建立农工商完整的产业链，提出完整的农业改革方案，推行新型农业生产模式，推动了农业早期现代化的进程。垦牧区新建的市镇成为垦区的政治经济中心，垦牧乡成为实现地方自治的典范。通海垦牧公司的建立，是张謇在中国农垦现代化发展史上的一座丰碑。

通海垦牧公司第一届股东合影。前排右二为张謇

通海垦牧公司全景

张謇为公司望稼楼题写的对联

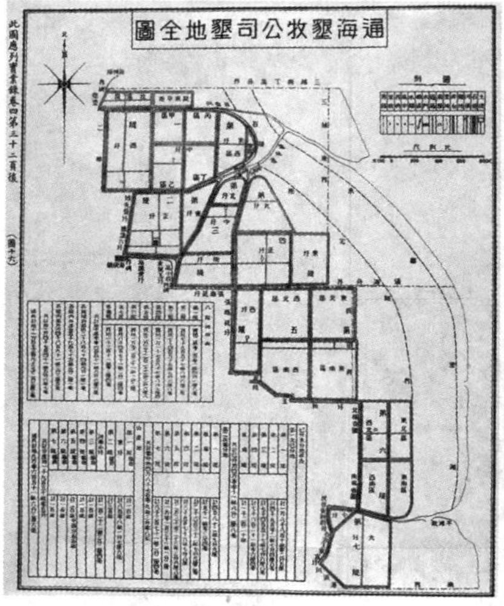

《通海垦牧公司垦地全图》

张謇与通师农科师生在公司大门前合影

公司工人在垦区耕棉

公司所在地海复镇的自治公所

中国第一家农业股份制企业

通海垦牧公司

陈　灵

光绪二十七年（1901 年），张謇将西方先进的股份制企业制度应用到黄海滩涂盐垦开发，创建了通海垦牧公司，成为我国第一个农业股份制公司。

一、通海垦牧公司的创办缘起

通州位于长江北岸，土壤肥沃，气候温暖，雨量充沛，适宜农作物生长。通州与海门为我国生产棉花的重要产区，通州的棉花，纤维长且色白，在亚洲享有盛誉。然而，通州没有新式工厂，这些宝贵的资源却被列强在华的企业利用。对此，张謇痛心不已，他决定开办纱厂，利用家乡的原料，生产棉织品，供应国人，免受外企的盘剥。光绪二十二年（1896 年）到光绪二十五年（1899 年），张謇历尽艰辛，开办大生纱厂，纱厂开机生产后，始见成效，积累了资金。

在创办大生纱厂的过程中，张謇认识到工、农业生产之间的关系，“厂纱畅销，然棉以输出多而亦贵，计各国未有纱织而自营植棉者，非上策，乃拟营垦牧公司”。大生纺织工业应当有自己的原料基地，从这种认识出发，开垦荒地，建立棉花产区，作为大生棉纺织工业的原料基地也就提到议事日程上来了。

早在光绪二十一年（1895 年）张謇奉命筹办通海团练期间，他在通州与海门厅交界处的海滩上看到有大片荒地，于是产生了利用荒地进行垦殖的想法。通州、海门东部沿海滩地盐碱严重，难以种植农作物，沿海一带的人民多以煎制海盐为生计。海边有大片草荡，这些荡地都属淮南盐场，为海边盐灶的燃料基地。此外，清军苏松、狼山两镇兵营还有不少土地，另有部分滩地分属各类散户所有。出于各自的利益，若要把草滩改造为农田，张謇面临种种人为障碍。“戊戌政变”以后，清末的维新运动失败，然而清廷为挽救岌岌可危的统治，仍然决定“劝农”，颁发鼓励垦荒的空头谕旨。两江总督刘坤一也奉旨要求在江浙等地垦荒兴农。在这种背景下，张謇利用有利时机，向刘坤一寻求支持。最终，刘坤一代为上奏朝廷，并于光绪二十七年（1901年）颁发关防照会，正式批准张謇开办通海垦牧公司改煎制海盐为兴办农垦。

出于充分利用地缘优势、降低原料成本、保障纱厂稳定发展的考虑，张謇开始尝试大农业生产方式，开荒植棉。稳定的原棉供应成为纱厂生产顺利经营的重要保障。

二、通海垦牧公司的建立及其发展过程

光绪二十六年（1900年）十二月，张謇与汤寿潜、李审之、郑孝胥、罗振玉等人，拟订章程，将创办通海垦牧公司的宗旨、开垦的界址、集股和处理地权纠纷等办法呈报两江总督刘坤一。次年正月，获准成立公司并取得了开垦权。

垦牧公司的宗旨是：“务使旷土生财，齐民扩业”“为国家增岁入之资，收本富之利”“储通海小学堂、农学堂经费”“务使公司获最优之利，庶他州县易于兴起。”这表明兴办垦牧公司主要是为了发展农牧业生产，增加财政收入。在办公司的同时，为兴办教育事业，开辟增加经费的渠道。张謇在通州、海门一带先行开办垦牧公司，以期取得经验，以便向其他州县推广。垦牧公司大面积种植棉花，进一步说明兴办垦牧公司是为大生纱厂建立实力雄厚的供棉基地。

创办通海垦牧公司有一个过程，公司的创立、建设可分为酝酿期、实施期、经营期与公司的终结几个阶段。

1.酝酿期

从光绪二十三年（1897年）五月，张謇递交《请兴农会奏》，建议开垦沿海荒地起，进入建立公司的酝酿期。在《请兴农会奏》奏折中，张謇阐述自己的观点。他认为“凡有国家者，立国之本不在兵也，立本之本不在商也，在乎工与农，而农为尤要”。他指出，江苏沿海盐场，濒江州县有大量闲置荒地，朝廷应当把这些荒地利用起来，进行农耕作业，仿效英国，设立务农会，实施农政以增国力。张謇奏请朝廷“明降谕旨，饬下两江总督、江苏巡抚，即饬通省各府厅州县及各盐场，认真查理”“如有山泽闲地、江海荒滩，一例拨归农会”“逐件经营，随时考究”，以期取得成效。

光绪二十四年（1898 年），张謇起草《开垦海门荒滩奏略》《农工商标本急策》，向刘坤一、翁同龢建议利用海门荒地建立公司，招佃开垦，用机器耕种。他建议为振兴农业，长期无人种植的荒地，让民众报买开垦；对所开垦的荒地在一定时期内免除捐税；经开垦之田，上报升科征税，必须明确规定征税数目。为顺利开办公司，张謇还奏准将狼山、苏松两镇的营田，以参股形式，纳入公司范围。

光绪二十六年（1900 年），张謇向两江总督刘坤一借调南京陆师学堂毕业生江知源、章静轩、洪隽卿，至吕四测量通州、海门沿海荒滩，为建立垦牧公司做前期准备。

2. 实施期

通海垦牧公司是筹集股份进行大规模土地投资开发的公司，公司建立并开始征集股份便进入实施期。公司的原始资本，有三个来源：第一，股东投资。从光绪二十七年（1901 年）公司开始集股，到光绪三十年（1904 年），实收股金 209 180 两。第二，佃农顶首。光绪三十三年（1907 年）在筑堤工程基本竣工后，公司将初步围起来的土地“顶”给佃农耕种而收取押金，各佃户交了“顶首”之后，获得农田使用权，土地所有权仍属公司；到 1927 年为止，根据严学熙《张謇与中国农业近代化》一文中的数据，顶首收入共达 394 000 余两。第三，佃农的劳动投资。佃农承租后，必须在所租农田进行小型农田水利基本建设及土壤改良，使土地逐步成熟以种植作物。这种劳动的投入，实际上是佃户的劳力投资。据严学熙的估计，该公司佃农劳力投资额达 16.2 万元。由此，农民获得了永佃权后不仅有安全感，还愿向土地追加投入，精耕细作，这有利于公司的经营。

光绪二十七年（1901）五月，公司制订的《垦牧公司集股章程》七易其稿，最终定了下来。公司正式成立，设总理 1 人由张謇自兼，另设常驻经理 1 人、工程经理 1 人、垦务经理 1 人、牧务经理 1 人、农学堂经理 1 人，分头负责各方面事务。此外，设总账1人，帮司1人管理公司财务。公司采用西方近代大农业企业经营方式，实行股东会领导下的总经理负责制。随着公司股本额的增多，企业管理发展为董事会领导下的总经理负责制，有关全局大事开会议决。八月，以江导岷任垦牧公司经理。十月二十二日，公司基建工程正式开工。

公司建设之初，一边围垦，一边进行基本建设。道路、桥梁、仓房，街市等建设同时进行。肖正德在《张謇所创企事业概览》中把公司围垦工程分为筑堤、开渠、蓄淡洗盐、种青几个步骤。

筑堤。垦牧公司先依照原有出海河港划分为八大片，称为堤。其中有垦殖堤七个，牧场堤一个。光绪二十七年（1901年），第二堤、第三堤率先开工，历时3个月，各堤筑成。次年二月，第一堤、第四堤两堤开工。这年大潮，冲毁堤岸，公司组织7000余民工抢修海堤。筑堤工程十分讲究，外海一道为外堤，依次向内有里堤、次里堤，堤中有分格的格堤，各堤发挥着防御海潮的功能。

开渠。各堤内分区（圩），区内分埱（音kuàng，通海地区方言，一种地块单位），埱内分排，排内分塀（音tǐao，通海地区方言，一种地块单位）。各田块之间挖有水沟、横河，通过地下涵洞与出海河港相通。田间积水由沟、河排入大海，出海港口建有大闸。这套农田水利设施对阻挡海潮、清洗土壤盐碱、降低地下水位起到了良好作用。

蓄淡洗盐。公司在田块周围筑小土埂，在里堤、次里堤上放置水车，把淡水引入田中，冲洗土地中的盐分，含盐分的咸水从河道排入大海。

种青。蓄淡洗盐过一定时期后，即在田里种植苜蓿等，用作绿肥，改良土质。几年后即可种植农作物。春熟以豆类为主，秋熟种植棉花。

经过十多年的建设，公司共建成大小桥梁426座，大闸3座，涵洞75个，主要道路边种上树木。干渠、大堤纵横有序，河流、道路四通八达。一个新型的农业小镇出现在黄海边的荒滩上。

3. 经营期

公司的经营是和基本建设同时进行的。公司第一堤，建设较早，光绪二十九年（1903年）开始分西圩部分垦田招佃耕种，且于自垦田内试种棉麦。

光绪三十年（1904年），第一堤的招佃垦地种植的棉花，第一堤、第二堤自垦地种植的棉麦均有收成，垦殖获得初步成功。光绪三十一年（1905年），公司陆续修成各海堤，与部分河渠。到光绪三十二年（1906年），经过五年的努力，建桥梁、造水闸、添筑道路，堤渠工程、营造房屋以及垦牧诸多事务已经基本完备。其他除第六堤外，试种也取得较好的效果。海堤加高加厚更为牢固，河渠加宽加深更为通畅；第一堤、第二堤垦田基本成熟，作物长势良好；牧场堤试办经营，牛羊生长兴旺。虽然年有风潮，但经努力，抗御灾害的能力已经比公司成立之初有较大增强。经过十年的努力，宣统二年（1910年），“堤成者十之九五，地垦者十之三有奇”。光绪三十三年（1907年），已围土地9.87万亩，可耕地达2万多亩；民国建立，到1923年，公司实际可耕地达10.5万亩。公司土地垦熟后，棉花产量不断增加，从1918年起到1925年平均年产量在1.2万担左右。1923年棉粮收入总数达32万元，大量棉花成为大生纱厂的原料。

1915年和1925年，根据股东会的决议，公司先后两次分田，分田以后的土地由股东自行管理，也有小股东委托公司代管。公司出租土地给佃农，佃农交了一定量的“顶首”后，取得土地耕种权，公司年收两次地租。

垦牧公司在中心市镇海复镇上建有行政管理机关，即垦牧乡自治公所、垦牧乡公安局，还成立实业警察队。

4. 公司的终结

1940年，在中国共产党的领导下，南通、如皋、海门、启东建立民主政权，农民在政治上翻了身，进行减租斗争。1946年实行土地改革，公司的土地分给了农民，通海垦牧公司不再存在。

三、通海垦牧公司是我国第一家农业股份制公司

我国的盐垦事业起源于江苏滨海地带。盐即制盐，垦为垦殖，盐垦实则指废灶兴垦，由草煎盐向晒盐转变，荒滩供垦殖（由制盐向垦殖转变）。从长江口到废黄河口的广大滨海地区，自古以来即为淮南盐场与淮北盐场的海盐产地，在封建专制时代这里是灶地禁区，不容垦殖存在。清末民初，海岸线外移，滨海地带出现了大片荒地，这里成为公开放垦的主要地带。张謇创

办的通海垦牧公司是盐垦区建立的全国第一家农业股份制公司。

从开办时间来讲，通海垦牧公司是第一家农业股份制企业。虽然在光绪二十六年（1900 年），伍佑、新兴两场曾有删光典放垦荒地，但未见成立股份公司。光绪二十七年（1901 年），张謇在通州、海门黄海海边围滩兴垦，成立股份公司，这是前无古人的事业。据《苏北盐垦史初稿》初步统计，通海垦牧公司为垦区第一家公司，除建立于清末的通海垦牧公司和同仁泰盐业公司外，其后有 70 多家公司均为民国期间建立的。

从公司的性质来讲，通海垦牧公司是资本主义性质的现代农业公司。虽然垦牧公司最早的股东主要是官僚、地主和封建性的富商，但是垦牧公司的开办资金、佃农押租和垦熟地历年地租收入的很大部分，用于农田水利等大规模围垦工程，这些投资是一种扩大再生产的支用，与一般封建地主把地租收入归为已有是有本质区别的。垦牧公司用于农田水利基本建设的资金，属于土地资本，系固定资本的范畴。

通海垦牧公司首创“公司加农户”组织形式经营，集聚了民间的巨大资本。公司经营，可以更为科学、合理地进行水利工程和农田基本建设；推广应用现代农学技术去改良土壤、推广良种、改进田间管理，以提高棉花产量和品质；公司还派专门管理人员督促农户改进生产技术，加强田间管理；公司还在各区建立学堂，以提高农民子弟的文化素质，把教育作为企业内的一项重要内容，这在当时是具有远见眼光的。

四、垦牧公司经营模式的探索，是对我国农业早期现代化的贡献

张謇创办通海垦牧公司，试图把我国传统农业与西方文明融为一体，对我国农业生产的改革做了有益的探索，对我国实现农业现代化作出了贡献。

1. 建立农业公司，是“实业救国”方略中的一个重要环节

19 世纪末的中国，虽然经历了洋务运动、戊戌变法，但仍然没能改变中国落后的面貌。张謇走实业救国的道路没有历史经验可供借鉴，他在建立近代工业体系的同时，兴办农垦，对实业救国的道路做了有益的探索。

通海垦牧公司以垦殖、种棉为宗旨，其生产活动一开始是资本主义的商业性农业。通海垦牧公司的出现，打破了中国数千年来农业生产的个体经营

方式，从事大规模商业性农业生产。我国传统农业是小农经济，一个农户就是一个生产单位；通海垦牧公司经营的是大农业经济，公司的创建则是我国农业经济从个体生产向大农生产转型的标志，是农业生产关系从封建主义到资本主义变革的初步尝试。

中国是一个农业大国，不改变农业生产的落后状态难以使国力强盛。通海垦牧公司的成立为发展农业生产力建立了平台，公司在较大的范围内进行农田基本建设，兴修水利，用科学方法改良品种等，完成了个体农户做不了的事。农业公司生产的产品，供纺织厂生产棉纱、棉布，再由商家经销。大生资本集团建立了一条农工商完整的产业链，是我国早期现代化过程中的创举，而通海垦牧公司的建立，则成为张謇在中国农业早期现代化发展史上的一座丰碑。

2. 通海垦牧公司创造了推进农业早期现代化的模式

通海垦牧公司首创农业集约化生产模式，为推进早期现代化创造了范例。集约化生产把生产资金集中使用，进行规模经营提高生产效益，运用科技手段提高产品质量，选用优秀人才加强公司管理。

公司初建，面临的是一片盐碱荒滩，为了尽快把荒地变成良田，公司采取多种措施：大量投资进行规模经营，统一规划，统一管理；注重农田基本建设，建造大规模的水利工程，包括排灌系统，清洗土壤盐碱，降低地下水位；推广轮作技术，种植豆科作物，并以此作为绿肥，改良土壤；引进优良树种，营造护堤、防风林带，有效地保护了大田生产。公司重视质量经营，为了提高棉花的品质，设有棉花试验场进行中棉、美棉试种，以改良棉种、推广植棉为中心课题进行研究，使棉花产量和质量不断提高。宣统二年（1910 年），通海棉花首获南洋劝业会农产品展销的“优等奖牌”。公司的建立，产生农业现代化的生产模式，是中国近代大农业的先声。

农业从传统向现代转型的主要标志之一，是生产力从手工劳动到机器生产的转变。张謇在创办垦牧公司之前就认识到引进外国机器、科技，振兴中国农业的重要。光绪二十三年（1897 年）还在建立垦牧公司之前他就建议成立公司，用机器耕种。他在筹建通州资生铁冶公司时明确表示了“备置农工诸器，以便有志农工业者之求”的目的。宣统元年（1909 年）和宣统二年（1910

年），公司各支出1 477两多规元，购买美国农器，虽未投入使用，但也体现了他使用机器生产的设想。张謇虽然重视机器的功能，但在推广农业机器时却坚持因地制宜的方针，经过试验，机器耕作层较深，易造成土壤返碱，因而限制了垦牧公司使用大型农业机器,但他用机器生产的目标一直没有停止。

通海垦牧公司招股集资，或以土地作价投股，或以现金收买沿海草荡和滩涂荒地，统一规划，筑堤排水，然后留下一小部分土地雇工经营，将大部分土地招佃承种，议租分成，收取实物地租。雇工经营属于资本主义性质，招佃承种则是封建租佃关系，公司是“地主”，农民是“佃户”。不过有些佃户因租地较多，往往雇工代劳，成为租地农场主。张謇在通海垦牧公司设计的农业生产模式，是中国民族资产阶级所能提出的最为完整的农业改革方案，推动了农业早期现代化的进程。

3. 改变农村社会经济结构，实现地方自治的典范

张謇创办的通海垦牧公司是资本主义性质的农业股份制企业，它在一定范围内改变了生产关系，改变了农民的生活状态，促进了生产力的发展。张謇的民本主义思想在这里得到实现。通海垦牧公司经济发展与教育事业并举，体现了张謇在发展农村经济中的创造精神，改造自然与改造社会同行，农副、工商、交通、政权建设一体化，对改变江苏乃至全国的农村社会经济结构起到示范作用，对社会风气的开通做出了历史性贡献。

张謇以通海垦牧公司为范围，建成地方自治的典型小区。垦牧公司是地方实业的一个组成部分。建设垦牧公司不仅要把荒地改变成良田，还要把公司内的农民培养成符合社会道德规范的人。在垦牧公司招佃的《佃约》中，对佃农提出要求，规定了“劝之事”“戒之事”，规定了农户劳作、治家的要求，告诫人们遵守社会公德以达到“各佃普受教育，开通智识，发达农业”的目的。在这种主导思想的指引下，垦牧公司建立集镇，发展商业，开辟交通运输线，兴建学校，提倡文化教育。在垦区，公司提倡先进的婚嫁习俗，改变陈旧的风俗习惯。垦牧公司还设有自治公所、公安局，等等。垦牧区新建的市镇成为垦区的政治经济中心，在这里“建设一新世界雏型”，以雪中国地方不能自治之耻，通海公司乃成为实现地方自治的典范。

中国第一个生态化产业循环系统

大生企业产业链

张謇在一个世纪前就自觉持企业的自然生态意识，积极探求资源节约、物尽其用、“万物一体”的发展模式。他创办的通海垦牧公司为大生纱厂提供棉花为生产原料，皮棉纺纱，纱厂生产中产生的飞花短绒，为大昌纸厂提供原料，棉籽供广生油厂榨油，广生油厂榨油产生的油渣，又成为大隆皂厂生产肥皂和蜡烛等的原料，形成了一个资源循环再利用的生态化的产业循环系统，为全国最早的一个生态化产业链。

中国第一个生态化产业循环系统

大生企业产业链

姜 平

20世纪初，当我国民族工业尚处于发轫期的一盘散沙的历史条件下，张謇大生企业率先以企业集团化发展模式崛起于清末民初的中国经济社会。大生集团的问世，与创始人张謇的战略眼光、宏伟抱负和对历史机遇的敏感把握紧密相关，而在成功的背后，更有着张謇对大生企业发展道路和运作模式的选择和追求。正是基于张謇对企业发展道路和模式的创新探索，促使大生企业在面对入侵资本与洋纱洋布的双重打击，在我国民族纺织工业处于整体溃败的恶劣形势之下，唯独张謇大生纱厂一枝独秀生存下来，而且朝向集团化发展迅速壮大。今天，当人们站在21世纪的新时代，重新审视和研究张謇大生资本集团成功崛起的内在动因，我们不能不对张謇在一个世纪前就自觉秉持企业的自然生态意识、规模经济产业结构意识，积极探求资源节约、物尽其用、“万物一体”的实业实践和发展模式的胆识与智慧，表示惊叹和钦佩。大生企业正是遵循张謇确立的发展模式，方能够铸就近代中国第一个生态化的产业循环系统：大生企业产业链。

为了准确论证张謇大生资本集团产业发展模式所处“中国第一”的历史地位，本文在辑选史料和记述时段上，主要围绕20世纪最初10年大生企业的发展经历进行取证论述。

一、张謇大生资本集团首创的大生企业产业链

我们初步归纳张謇大生资本集团首创的大生企业产业链，主要涵盖以下四种类型。

1. 资源关联型生态产业链

张謇在利用通海优质棉花为资源创办大生纱厂的同时，进一步利用再生资源开办相应的配套企业。例如，棉花加工后的皮棉用作纺纱原料投入纱厂生产。棉籽是一种油料资源，张謇“为大生轧花厂所出棉籽至多，每年出售操纵于沪客之手，故建设油厂制油自用，以期大生利不外溢”。光绪二十八年（1902 年），他发起招股在大生纱厂近旁辟地创建油厂。次年，广生榨油股份有限公司（广生油厂）开车生产，专以大生纱厂轧出的棉花籽用机器剥去浮棉及外壳，纯取净仁制造棉油、棉饼。广生油厂当年日榨棉籽 8 万斤，生产的棉油大部分运往上海立德油厂加工，售南洋及欧美；还有一部分用石灰中和法炼制清油进行销售；棉籽饼售给上海日商三井洋行，它们再转售到台湾和东南亚作甘蔗肥料返回农田；棉籽壳则销本地作燃料和牛饲料。如此循环生产加工，使棉花的资源得以充分利用。即便油厂加工后的油料下脚，还可再利用作为制造肥皂的原料。光绪二十八年（1902 年），张謇集股 2 万元，在唐家闸办起了以下脚油脂为原料的大隆皂厂，生产皂烛，供应百姓生活所需。大生纱厂生产车间的下脚飞花原为废弃物，收集起来可用作造纸原料。光绪三十四年（1908 年），张謇兄弟等人又发起创设大昌纸厂，为纱厂生产棉纱打包用包装纸。以上附属企业的相继创立，初步实现了大生企业资源综合利用，经济效益、社会效益与生态环境效益共赢的目的。

张謇在大生纱厂开工第三年（1901 年），提出一个“事地”规划，着手兴垦殖棉，为大生开辟棉花生产基地。张謇认为“农业乃立国之本”，在中国这样一个古老的农业大国，发展近代工业必须走与改造农业相结合的道路。大生企业的早期成功和业绩，正得力于大生奉行“寓工于农”的战略方针。张謇倡兴盐垦公司的更直接动因，来自对我国棉花资源的匮缺已然成为发展民族纺织工业的心腹之患的高度警觉。张謇深切感受到牢牢掌握原棉市场对于大生今后生存竞争之重要。在纱厂站稳脚跟后，他率先创办通海垦牧公司，采用公司加农户的生产经营体制，“兴垦植棉，以厚纱厂自助之力”。至宣统二年（1910 年），垦牧公司辟田 9 万余亩，岁增棉产 45 万担，成为大生纱厂的重要原料基地，稳定和保障了纱厂的原棉所需，也为张謇大生企业的集团化发展奠定了稳固基础。

以上围绕通海地区自然资源棉花的利用、深加工及综合利用的举措，形成大生骨干企业与众多附属加工企业之间的农工一体化循环经济发展模式，构筑起早期大生企业的第一个资源关联型生态化产业链。

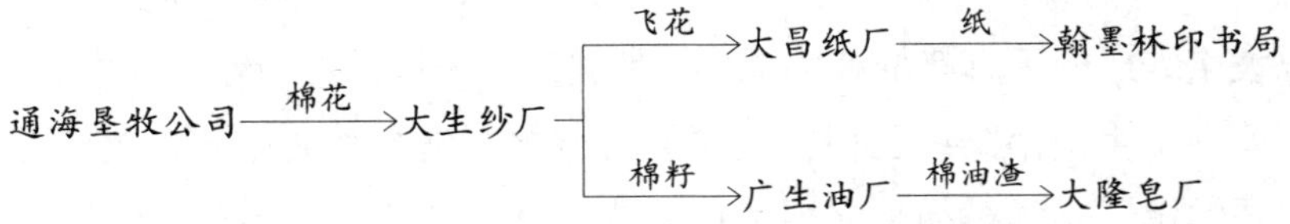

2. 市场关联型循环产业链

大生纱厂投产后，为了不夺通海织户生机，协调企业与乡村经济的关系，张謇为纱厂设立了一条“弃布就纱”的土产土销经营战略方针：充分利用通海地区的优质棉花资源和当地土布业的传统优势，大生从棉农手中购进棉花供纱厂纺纱，再把生产的机纱卖给农家手工织布，形成工厂小车间，农村大工厂的局面——大生厂一开车，通海整个地区都运转。这一供求自助相剂的经营策略，使大生企业把当地市场牢牢地掌握在手里，形成以大生纱厂为中心，进货出货两头在农村的花纱布生产一体化产业链，阻止了南通早期纺织市场外国商业体系的入侵，推动了通海地区土布业的空前繁荣，每年行销东北的“关庄大布”均突破800万匹，土布年总产2 000万匹，并在东北市场连续保持28年长盛不衰的独霸地位。土布业兴旺带来的巨大纱市渴求，促使大生企业自身也不断扩充壮大。自光绪二十九年（1903年）始，大生纱厂迅速扩张。次年在崇明外沙购地165亩，筹建大生分厂（大生二厂）。同时设立大生纺织公司，统一管理一、二两厂。1914年在海门筹建大生三厂。1920年又筹设八厂建于南通城南江家桥，1924年投产，1928年更名大生第一纺织公司副厂。截至1924年，大生已由1家纱厂发展为4家；纺锭由2.04万余枚增加到15.5万枚，成为以大生纱厂为龙头企业的国内最大的纺织企业系统。大生纺织系统的支撑骨干，就是张謇大生企业首创的以通海地区花纱布生产一体化、以关庄布销售为主导的市场关联型循环产业链。

3. 配套服务一体化产业链

大生纱厂建立后，张謇在唐家闸以大生纱厂为核心，创建了一系列辅助及相关配套产业。光绪二十七年（1901 年），创设大兴面粉厂，利用大生纱厂的剩余动力生产面粉。宣统元年（1909 年）大兴更名成立复新面粉公司。光绪二十七年（1901 年）广生油厂开始筹建，光绪三十一年（1905 年）建成。油厂以大生纱厂的下脚料棉籽为原料，制成棉油和棉饼。光绪二十九年（1903 年），筹办阜生蚕桑染织公司，主要经营缫丝、染织两项业务。次年设蚕桑学校“蚕学馆”，学员初步掌握了种桑育蚕烘茧等技术后，于光绪三十一年（1905 年）开工以自缫之丝试织花色绸、绉，命名“通绸”“通绉”。同年，为发展工业以及满足大生企业机械维修等方面的需要，张謇筹集资本 2.1 万两，先开办了资生冶厂，翌年继又开办资生铁厂。此外，还在唐家闸建立了大隆皂厂、大昌造纸厂、颐生罐诘公司等附属配套企业，形成了以“纱、铁、油、面、茧”为骨干企业的新兴工业园区。

到光绪三十三年（1907 年），张謇以大生纱厂为轴心，围绕着发展纺织工业的各方面需要，先后总共正式创办了 19 家企业单位，即：通海垦牧公司、同仁泰盐业公司、广生油厂、大兴面厂、阜生蚕桑公司、翰墨林印书局、资生铁厂、资生冶厂、颐生罐诘（头）公司、颐生酿造公司、大达内河小轮公司、通州（天生港）大达轮步公司、外江三轮公司、泽生水利公司、大隆皂厂、懋生房地产公司、染织考工所、大中通运公行、泽生船闸公司。这些企业大都是直接或间接为大生纱厂服务，或者凭借服务大生纱厂以获取利润，组成大生企业一体化产业链。

这一系列相关企业，或者以资源关联为特征向产品销售的下游拓展相成产业链：如大生纱厂轧花下来的棉籽提供给广生油厂炼油出售；广生油厂的下脚油脂提供给大隆皂厂生产皂烛出售；大生纱厂的下脚飞花提供大昌纸厂造纸出售。它们都是以前一个产业的废弃物，作为下一个企业的产品资源，进行延续生产和回收再生产。或者向产业环节的上游拓展行成产业链：如通海垦牧公司培植优质棉产提供给大生纱厂纺纱织布；阜生茧厂出品各色丝绸提供给女工传习所学员绘制绣品。它们都是由前一个基础产业环节向后一个深加工产业环节研发拓展，形成以价值增值为导向的产业衔接关系的企业联盟。或者以综合利用和配套服务为目标形成网络化产业链：如办大兴面厂是利用大生富余动力为纺织车间提供浆纱织布的面粉；办轮船公司是为了满足唐闸工厂的对外运输需要；办懋生房地产公司是因为唐闸工商业繁荣与外来人口涌进带动了商住房的需求；办铁厂是为大生各厂修配和仿造机器设备，为垦牧公司制造农机具、轧花车等。

光绪三十三年（1907 年）夏，大生纱厂召开第一届股东会。会议决定把上述 19 家企业单位合并，组成通海实业总公司，张謇担任总公司的经理，大生纱厂的股东和董事也就是该公司的股东和董事。这样就形成了一个以大生纱厂为中心的具有相当规模的纺织产业配套系统。到辛亥革命以前，张謇已组建了一个以南通为主要基地，以棉纺为核心，包括棉纺、榨油、面粉、铁冶、发电、交通运输、金融贸易、垦牧、盐业、造纸、皂烛、玻璃、酿造、堆栈等众多企事业在内的行业众多、门类齐全的配套服务一体化产业链。

4. 产学研一体化产业链

张謇当年广兴实业的同时大力倡办各类职业学校，乃是基于科学技术对南通实业的引领、提升和保障作用的深刻领会。张謇以大生企业集团为平台，通过大生企业自身资金、工场、技术力量和生产环境，开辟和发展适合南通实业界急需的各种科技人才和职业技能人才培养的职业教育，从而形成企业、学校和科技一体化的产学研产业链。光绪二十八年（1902 年）创立中国第一所私立师范学校——通州师范学校。大生纱厂和通海垦牧公司等企业都提供一定比例的股份，以资助师范学校解决办学经费问题。有了起码的普及教育，又在师范学校内附设农科、测绘、土木、蚕桑等职业教育学科，在大生企业内设立各类职业技术传习所和培训班。如在资生铁厂内附设纺织染传习所、镀镍传习所，在阜生茧厂内附设“蚕桑馆”等。循此惯例，光绪三十一年（1905 年）创设唐闸实业公立艺徒预教学校、翌年创立通州女子师范学校、光绪三十三年（1907 年）创立私立农业学校、宣统三年（1911 年）创设初等商业学校、1912 年创办南通纺织专门学校等，都以实业所得挹注教育，为大生企业和南通地方培养从初等、中等到高等的各类实业适用技术人才。

到20世纪20年代初，南通已拥有农业、医疗、纺织等高等学校，师范、甲等商业学校等中等学校，多种传习所、讲习班等短期职业培训机构，形成初具规模的南通近代职业教育体系。教育同时回报实业界，以人才和技术优势为实业可持续发展奠定坚实基础，实现产学研一体化产业链。譬如，纺织工业是张謇在南通所创的核心企业，纺织工业又以棉花为原料。为此，张謇先后创办农校和纺织学校，培养棉花改良栽培的专业人才和纺织工程技术人才。农业学校设有自己的农场和畜牧所，又亲自主持参加垦牧公司的农田水利策划施工。纺织学校毗邻大生纱厂，学校得益“工厂机械之富”，学员随时可到车间实习观摩。这种产学研结合模式对提升大生企业科技力量和助推企业发展的典型案如：南通纺织专门学校学生在通、沪两地纱厂独立安装纺织设备，结束了中国纺织厂完全依赖洋工程师的历史。农校师生则研究从事驯育美棉与改良国棉工作，创办露天棉作展览会，推广优质鸡脚棉和岱字棉新品种，改良和提升了南通棉花种植品种，以使大生纱厂适应纺纱细支化的时代潮流。这种产学研早期结合的丰硕成果，无疑为大生企业提高生产效益、增强市场竞争力提供了有力的科技支撑。

二、大生资源循环利用的产业链是我国近代第一个生态化产业链

中国的民族工业起源于19世纪60年代的洋务运动，在“自强”“求富”的口号下创办了一批近代民族工业。这些中国第一批的近代企业主要是军事工业，如曾国藩的安庆军械所，李鸿章的江南制造局，左宗棠的福建船政局，张之洞的汉阳铁工厂等，所以他们谈不上产生生态化的产业链。洋务运动的后期，也有民用工业的产生，如李鸿章创办的上海轮船招商局、上海机器织布局，左宗棠的兰州织呢局，张之洞的湖北织布官局等，这些企业均未出现产业链，也就更谈不上生态化的产业链了。洋务运动失败后的清末民族工业有了较快的发展，具有代表性的民族工业资本家，与张謇齐名的周学熙，有“南张北周”之说。周学熙，在北方创办了开滦矿务局、启新洋灰公司、华新纺织公司、耀华玻璃公司、直隶工艺总局等一系列企业，但是未构成相关的产业链，所以也没有资源循环利用的生态化产业链。

大生企业生态化产业链的形成和确立，是大生企业规模化和纺织资本集团化发展的产物。大生企业集团的确立以光绪三十三年（1907 年）大生 19 家企业组成通海实业总公司，同时设立大生纺织公司为起始并迅速全面发展。依据权威纺织史专家严仲平 20 世纪 40 年代统计调查，截至第一次欧战爆发，国内 19 家华商纱厂中“张謇创办的大生纱厂是唯一成功的厂”，“其余十八家莫不曾经失败易主”。纵观中国百年民族工业，纺织工业是近代中国率先兴起，也是最终成为唯一较有成效的民族工业。由此推断，创兴于我国棉纺织业初兴时期的大生企业产业链，它是近代中国第一个生态化的产业循环系统，这应该是没有任何异议的。

三、大生企业产业链的历史评价与当代意义

张謇大生资本集团从最初的资源关联型生态化产业链，延伸到以纺织为龙头的市场关联型循环产业链，再发展为配套服务一体化产业链，乃至探索更高层次的产学研一体化产业链，它的不断拓展、延伸和升级，最终构成具有区域规模和社会功能的庞大的大生企业系统，即以大生企业群为中心、包括一系列配套服务、市镇设施、商业营运和市民社会在内的新兴工业化产业园区——唐家闸工业城镇。在所有众多企事业中，大生纱厂是起点，是轴心，是母体，也是资本的源泉。其他企事业犹如群星拱月，紧紧围绕大生企业运转，形成一个共荣共生、休戚相关、百业仰赖、民生所安的循环经济共同体，以致南通的一切事业、文化、公益、教养以及城市繁荣无一不仰助大生企业资本支撑。大生企业产业链创造的经济规模和社会效应，在整个近代中国是殊为鲜见的。让人惊叹的是，如此规模庞大的大生企业系统的崛起，一不靠国家投资，二不依赖政府扶持，纯为民间集资和自主经营，可谓是中国人依靠自己的力量在 20 世纪初创造的具有全国影响和国际声望的一个民营经济奇迹。难怪当年英国人控制的海关（镇江口）在光绪三十一年（1905 年）的报告中如此评价：“推张殿撰之意，凡由外洋运来各种货物，均应由中国自行创办。”很多年后，范旭东仍感慨不已：“南方的张季直先生，在科举施毒那种环境之下，他举办的工业，居然顾虑到原料与制造的调和，运输、推销，兼筹并重，确是特色。”就连当年刚游学考察欧美六国纺织业归来接任大生经理的上海银团代理人李升伯，在考察完苏北及南通张謇首创的事业后，也当面向张謇倾吐钦佩之情："我看到你的南通，也是一个人尽其才、物尽其用，没有浪费的（地方），我就想到瑞士。""中国不是一个落后的国家！"（李升伯回忆手稿《追忆张四先生的足迹》）

一个世纪之前，张謇开创的大生资本集团为我们树立起一个历史的标杆。这就是基于资源节约和反复利用的理念，把生态与经济联系起来，把资源节约和资源的再加工利用结合起来，达到产业规模升级和资源利用最大化，从而走出一条正确的可持续的经济发展道路；基于"万物一体"的天人和谐理念，把资源优势（棉花）与乡村自然经济优势（土布业）结合起来，从原料、生产、销售到市场紧紧聚合的一体化产业链，实现生态化的循环经济产业链；基于"实业教育迭相为用"的科学理念，注重发展职业教育和推进科技进步来突破传统经济模式的制约，探寻产学研一体化的企业发展之路。张謇在企业生产、资源利用、民生诉求、产业结构和产业发展模式方面所作出的一系列大胆实践与探索，与当代生态化循环经济的理论不谋而合。这种实践和探索的超前意识和成功示范，确实令人敬佩和感叹！

大生企业产业链结构的形成和发展并非偶然的产物，归根结底源自大生资本集团创始人的道德思想的规范和人文智慧的启迪。例如，张謇本人所持的生态意识，对大生的产业投资方向和决策取舍起到关键作用。企业投资方向与决策又关系到产业结构模式的形成。因此，影响大生企业生态化产业结构的决定性因素，乃是张謇生态意识的产物。张謇是传统文化培育出来的民族精英。他的生态意识源于中华民族的传统文化观念。张謇继承了我国古代"天人关系"理论的思想传统，吸纳了"天人合一""万物一体""和谐用中""生生不息"的基本精神，并将其核心"万物一体"论作为指导思想在实业实践中加以运用。张謇农家出身，自幼养成尊重自然、爱惜资源、"取之有度，用之有节"的农耕文化道德观，以及亲近自然、热爱自然的自然生态主体意识。这种传统道德和思想观念，无疑对此后大生集团的生态化产业链的形成产生重要影响。张謇大生资本集团发展后期，为改善民生，实现社会转型，他所经营的近代南通，无论从城市化布局、工业区的功能排布，基本保持了整个生态环境的平衡发展，既有经济效益、社会效益，又有生态效益。这是张謇为我们后代留下的又一份宝贵的精神财富，值得我们认真汲取和借鉴。

当今世界各国都在积极探索走新型工业化道路，尤为注重企业群的规模效应和循环经济的产业链接，探索并致力于走出一条生态化、可持续的循环经济发展之路。这是世界工业化发展在经历百余年传统经济模式导致生态恶化、资源枯竭、环境破坏的严酷现实面前的警醒和行动。我们同时也看到，张謇大生资本集团是适应 20 世纪 20 年代初的成功企业集团。大生企业产业链也只是特定历史条件下的时代产物，带有明显的自身局限性。例如，大生以资源和市场垄断形成的封闭式的循环经济产业链，并未能拯救东北土布市场丧失给大生企业带来的灾难性打击。大生配套服务一体化产业链，建立在十分脆弱的核心企业资金扶持上，大生纱厂运营一旦失利，即可引发可怕的多米诺骨牌效应。张謇当年所探索的早期产学研经济模式，尚处于产学研结合的雏形阶段，许多领域的研究还得依靠他所聘的外国专家来完成。这与当今我国高等教育倡导的产学研道路有着很大的差别。尽管如此，张謇仍无愧是我国早期民族工业的开拓者、积极探索企业规模效应和循环经济产业链的开创者和时代楷模。大生资本集团所遵循的企业发展模式的许多理念和举措，构建的循环经济产业链的类型和体系，甚至在今天仍不失其闪光点和现实参考价值。

中国第一家现代化渔业公司

江浙渔业公司

光绪三十年（1904 年），张謇从定渔界伸海权、兴渔利助商战认识出发，创办了我国第一家现代化的渔业公司——江浙渔业公司，购买了我国第一艘机械拖网渔轮——“福海号”，开启了中国渔业早期现代化的进程。江浙渔业公司成立后在渔业事业“体系化”、渔业管理“制度化”、渔业经营“公司化”、渔业生产“机械化”、渔业教育“专业化”方面做出了积极贡献。

中国第一家现代化渔业公司

江浙渔业公司

都 樾

在中国近代渔业发展历史上，张謇是渔业现代化的最早倡导者和推动者。在世界范围内，渔业的现代化是工业革命成果应用于渔业生产的进程，即机轮拖网、灯光围网应用于渔业捕捞，生物科技应用于渔业养殖，工业加工工艺应用于渔产品加工，以及机械化设备应用于渔业港口等，其标志是1882年英国发明轮船拖网技术。中国渔业的现代化则肇端于光绪三十年（1904年）三月清政府批准实施张謇上奏《条陈渔业公司办法》，以及同年九月张謇创设江浙渔业公司并购进中国第一艘拖网渔轮——“福海号”。

一、江浙渔业公司的创立背景

江浙渔业公司的创办有两个基本动因：一是定渔界以伸海权。在甲午战争、日俄战争之后，以张謇为代表的新知士绅开始倡导“自行我领海主权”的海权思想，他们主张在沿海各省由民间联合创办渔业公司，推进渔业的现代化生产，明确中国的渔界、渔权，从而向列强标明中国的领海界，并逐步挽回失去的制海权。二是兴渔利而助商战。光绪二十九年（1903年）清政府成立商部后，作为头等顾问官，张謇通过商部积极践行“以商界保国界，以商权张国权”的实业救国思想。在渔业生产上，主张“趁外人未得销路之时，为全局之布置，自固藩篱”，振兴中国渔业；主张筹集资本，将机器生产应用到渔业捕捞和水产品加工；主张创设渔会，把分散的渔民组织起来，改变穷海荒岛之民生活艰辛的社会现实。

江浙渔业公司的创办有两个直接原因：一是缘于光绪二十九年（1903年）张謇作为中国实业界的代表赴日考察其第五次国内劝业会。考察期间，在渔业方面，张謇先后参观了神户楠公社水族馆、大阪博览会水产馆、北海道水产试验场等，并认真研究了回国后可以参酌仿行的方方面面。同时，在参观博览会“通运馆”时，张謇发现日本在制作被其占领的台湾岛模型时，把属于中国领海的福建各海口绘制成与台湾周边海域同一颜色，这种侵占中国制海权的意图引起了张謇的警惕，也让张謇“感觉到一国渔业和航政的重要”。于是，一回国，他就筹划在家乡吕四创办一个试验性的渔业公司，其“宗旨是把当地渔人和渔商团结起来，改良他们的用具及方法”。二是对日、德侵渔事件的积极回应。是年冬，青岛德国商人在上海招集“中国渔业公司”，计划集股150万两，拟造新式拖网渔轮和运船14艘，同时拖网渔轮“万格罗”由德国驶抵中国胶州湾洋面先行试捕；光绪三十年（1904年）六月，又有日本渔船60艘在渤海捕鱼，船中带有罐诘机器，制成食品，随时分饷海陆军。对此，张謇认为：“侵我国之海权，夺我国之渔利，上下受损，名实俱亏”，他向朝野疾呼：中国欲护渔权、张海权，“除中国在渔业界中自求张力，无可相抵，除各省多造新船，互相联络，亦无所为张”。光绪三十年（1904年）正月，他上书两江总督、署南洋大臣魏光焘，主张南、北洋大臣联手，先从江浙起步建立省公司，然后推广到直隶、山东，进而发展到沿海七省，最后建立全国性的中国渔业公司。二月，张謇又请商部向清廷代呈《条陈渔业公司办法》，三月初一日，上谕：“著商部咨行沿海各督抚妥筹办理”。由此，张謇筹办公司、振兴渔业的方案得到了最高统治当局的认可和支持。

二、江浙渔业公司的发展情况

光绪三十年（1904年）三月十四日，商部批准张謇在江北一带招集商股，试办渔业公司，并咨行南洋大臣、江苏巡抚实力保护，要求其他沿海各省督抚劝谕绅商分别筹议。此后，经过张謇与魏光焘、苏松太道袁树勋、商部左参议王清穆以及浙江镇海富商樊棻、宁波秀才陈巨纲等人反复磋商，计划由江浙两省集股45万两，成立“南洋渔业总公司”。六月，通过上海荣华洋行、捷成洋行以拨垫官款银45 000两购买了德籍渔轮“万格罗号”，并改名为“福海号”，九月初一日，江浙渔业公司正式开办。聘请樊棻拒任总董，下设董事二人、经理一人；在上海吴淞炮台湾设立总部，在江浙两省设立分局各5处。

十月，樊棻通过袁树勋批准，成立“江浙渔业公司渔会”，组织渔民、渔船加入，扩大了渔业公司的基础。

江浙渔业公司成立后在渔业事业“体系化”、渔业管理“制度化”、渔业经营“公司化”、渔业生产“机械化”等方面积极推进中国渔业的早期现代化进程。

在推进渔业事业体系化方面，江浙渔业公司创办之时，曾明确“以内外界定新旧法为宗旨，以南北洋总公司为纲，以省局县会为目，以官经商纬为组织”的创办原则。为此，公司成立后，张謇积极地把组织渔业公司由江浙试点向沿海七省乃至全国推广。计划沿海七省独自或两三省联合创设渔业公司，并各自购置渔轮，出入洋面，标识渔界；各自分立渔会，结成团体，稽查保护。然后，在上海吴淞口设立七省渔业总公司。在张謇积极推动下，以江浙渔业公司为样板，光绪三十一年（1905年）山东、直隶分别在烟台、天津，光绪三十二年（1906年）广东、福建分别在广州、福州，黑龙江将军、盛京将军分别在齐齐哈尔、营口，先后创办渔业公司。光绪三十一年（1905年）十一月，商部奏派已升任江苏按察使的袁树勋为头等顾问官兼充渔业总公司监督，张謇为总理，成立中国渔业总公司。由此，初步形成渔业总公司、各省渔业公司、地方渔会三层结构的全国性渔业联合。其中，总公司是行业联络、协调机关，各省渔业公司是经济实体，地方渔会是社会组织基础。

中国渔业总公司成立后，依托江浙渔业公司，禀请两江总督划拨吴淞炮台湾旧海军衙门官房及附近兴利恒源公司360亩官荒地作为督办渔业的渔业公所、渔业总公司办公用地和建设水产学会、驾驶练习所、水产学校和商船学校用地。后来，在这块基地上建成了渔业初等小学堂，并成为筹建复旦公学、交通部吴淞商船学校、江苏省水产学校、私立同济医工专门学校、中国公学的基址。同时，为“正领海主权之名，践合兴渔业之实”，以中国渔业公司之名，以江浙渔业公司为主具体组织，先后参加了1906年意大利米兰博览会渔业分会和1908年美国华盛顿第四次万国渔业博览会。为参加两次博览会，渔业公司进行了精心的组织筹备：在上海吴淞设立渔业赛会会集出品公所，博览会筹集展品分海（渔）界、渔船、捕法、制造、养殖、渔具、学校、杂件等类，专门编写了《中国渔业历史》，绘制了中国海渔界总图、沿海七省渔界分图。为参加米兰博览会，沿海七省合筹经费白银 2.5 万两，筹集江苏、浙江、山东三省渔业展品；以清政府驻意大利公使黄皓为赛会监督，委任通晓英语、意大利语的湖南衡州人罗诚为赛会会长，江浙渔业公司代表朱礼璇、福州渔业公司代表王沅、山东渔业公司代表孙锡纯及自费会员郭凤鸣一同赴会；在参展区域租地 400 平方米布置各类展品，规模稍具，布置井然。为参加华盛顿渔业博览会，商部与沿海各省分别筹拨白银 3 000 两作为参赛经费；渔业总公司委托驻美使馆参赞颜惠庆就近代表入会，安排参赛事宜；江浙渔业公司选派郭凤鸣、张文廷以及浙江籍复旦公学学生林亮公、圣约翰大学毕业生蒋柯庭，直隶渔业公司选派天津第一中学堂监督张寿春、天津学务公所李金藻先后赴美参加。渔业公司两次参展均获中外一致好评，不仅参展品多获奖凭、奖牌，而且两次均由中国官方和民间联合组织参会，初步摆脱了海关洋员把持赛会的旧格局，使中国筹办赛会朝制度化方向发展。

在推进渔业管理制度化、经营公司化、生产机械化方面，江浙渔业公司创办时，拟定集股洋银 60 万元（每股 10 元，共 6 万股，年息 8 厘），主要用于仿造新法捕鱼船四艘并灯光围网设备。但江浙渔业公司“与他公司不同”，它并不以竞争性经营为方式，不以追逐高额利润为目的，而是以“保护旧有之渔业，保全中国之海权”为宗旨。为此，公司组织渔会，以原有冰鲜渔船渔帮为单位，开列船户，编号清册，颁发旗帜。入会渔船统一悬挂清政府定制的合众公司双龙旗号和公司编号旗，公司收取会费。渔业公司为渔户代理渔船进口报关事务及一切征费，又将配备武器的“福海号”渔轮附入渔会，作为保护官轮，巡护江浙洋面各渔船，引导渔船赴远洋采捕，为渔行解送银洋。同时，为不与渔民争利，公司规定福海轮在春、秋两季远洋捕捞，不得在滨海 50 里内捕鱼，也不得闯入抛钉大捕张网船和溜网船捕鱼之处。在之后近 20 年时间里，“福海号”不仅巡海护渔颇见成效，而且它通过不断探捕、试捕，发现了小黄鱼自嵊山一带按季节成群大批地自南向北洄游的规律，以及大黄鱼和墨鱼、带鱼在嵊山渔场的资源状况和洄游规律，为民国以后大规模开发嵊泗渔场奠定了基础。现代化的渔业生产不仅体现在捕捞效率上，还带动起其他方面的发展，江浙渔业公司在吴淞建成了与拖网渔轮相配套的晒网场、晒鱼场和蓄鱼池，后来还专门在浦东高桥乡设立冰厂两处。但由于江浙渔业公司是为收回海权，保护渔商而设，寓有公益性质，与专办营业的渔业公司不同，不以追逐利润为目的，导致公司创办后连年亏损，至 20 世纪 20 年代初公司账内亏损银 2.7 万多两，一直由创办人张謇和公司董事盛炳纪借垫。同时，公司成立后招股三年，仅集商股 2 万余元，后来汤寿潜负责浙路公司招股，在保路风潮中，投资渔业公司的浙商激于爱国热情，纷纷退渔股投路股，股份制公司实际未能发展健全起来。因此，渔业公司主要依靠渔会收入维持。民国以后渔会收入因江浙渔业发展逐年增加，截至 1921 年公司不仅还清了购买福海轮时江浙两省的 5 万元官费垫款，还从美国购买了一艘比福海号更大些的旧舰，改名为“富海”号。然而，至 1923 年 3 月，北洋政府农商部以江浙渔业公司有官股、官款关系，且传言历年积余达银 70 多万两，认为余利应归公家所有，饬令江浙两省扣押福海、富海渔轮，查封公司在宁波、吴淞、浦东 150 亩基地和房产。后经协调，两渔轮交由江浙渔业公司渔会改组的江浙渔商保安联合会，继续作为护洋渔轮。1926 年 8 月，江浙两省实业厅共同成立江浙渔业事务局，为统一渔税，先后取缔江浙各渔会，没收福海、富海两轮。至此，江浙渔业公司被彻底解散。1933 年 5 月 19 日，执行护洋任务的福海号在定海荷叶湾搁浅后斜覆沉没。

纵观中国近代渔业发展的历史，张謇是倡导和推动渔业现代化的“第一人”。江浙渔业公司是中国第一家现代化的渔业公司，它存在了 23 年的时间，它的创办正如李士豪、屈若搴所著《中国渔业史》的评论，“为我国新式渔业之嚆矢，而吾国渔业，乃走入一新的阶段”。“福海号”在 1919 年浙海渔业公司投入使用两艘拖网渔轮之前的 15 年里，是中国海域唯一一艘自有的现代渔轮，它更是中国渔业现代化的指路灯塔。

中国第一所本科制民办女子师范学校

通州公立女子师范学校

创办于光绪三十一年（1905年）的通州公立女子师范学校（以下简称通州女师）是我国第一所民办的、本科学制的、也是清末第一所采用“学校”名称的女子师范。张謇与张謇等为初创时期的通州女师解决了经费、校舍、师资、课程等办学难题。通州女师历经晚清民国等不同历史阶段的发展，于20世纪30年代初成省内名校，于1958年与南通师范合并。通州女师的创办，不仅为南通女子基础教育的发展做出了贡献，还为我国女子基础教育完整体系的建立，为我国女子教育与生产劳动相结合开创了先河。

位于段家坝的通州公立女子师范学校新校校门

位于珠媚园的学校校门

位于段家坝的学校新校址教室

一年级学生洗濯实习

二年级学生烹饪实习

男教员合影

女教员合影

游艺会

第一届毕业生合影

中国第一所本科制民办女子师范学校

通州公立女子师范学校

曹炳生

通州公立女子师范学校为张詧、张謇所创办，是我国第一所本科学制的女子师范学校。创办以来，历经晚清、民国、新中国三个完全不同的历史阶段，虽遭战火焚毁、辗转迁徙而不忘初心，为南通女子教育和基础教育做出了重要贡献。

一、学校创办的缘起

19世纪末近代维新思想家郑观应、陈炽、康有为等人开始提倡女子教育。光绪二十三年（1897年）后，经元善、吴怀疚、蔡元培等先后在上海、南京、常州等地创办了中国最早的一批女子学校。当时女子教育受旧礼教思想的影响，在清末兴办新式教育的大潮中仍较少受人关注，光绪二十九年（1903年）清廷颁布的“壬寅学制”也未将其纳入国民教育体系之中。直至光绪三十年（1904年）的“癸卯学制”才第一次提到女子教育，但当时是将女子教育限定在家庭教育的范畴之中。光绪三十三年（1907年）一月，清廷才通过《学部奏定女子小学堂章程》和《学部奏定女子师范学堂章程》，正式允许在各地创办女子学堂和女子师范学堂。由此可见，光绪三十一年（1905年）、光绪三十二年（1906年）通州公立女子学校和通州公立女子师范（以下简称通州女师）的创办可谓开风气之先。

当然，就张謇而言，他很早就有创办女子学校和女子师范学校的想法。在通州师范还刚刚筹办的时候，光绪二十八年（1902年）五月四日，张謇便“与罗叔韫议女师范学校。”光绪二十九年（1903年），张謇赴日本考察，参观的第一所学校便是长崎私立鹤鸣女子学校。后来在参观大阪桃山女子师范学校时，他详细记录了学校的建筑营造、教学设备和教学活动等情况，并在观摩附属幼稚园儿童游戏教学及女师范生体操、裁缝等课程教学时，发出了“美哉！美哉！”的感叹。同时，他又向日本人详细询问了幼稚园保姆事宜。日本之行使张謇进一步加深了对“女子教育不可无师”的认识。

二、通州女子师范学校的创办

光绪三十一年（1905年），由张謇的三兄张詧私人捐资购买州城西柳家巷陈氏老宅，张謇及地方乡绅陈启谦、冯熙宇、徐联蓁等集资捐助，共同创办公立女子学校。光绪三十二年（1906年）二月，刊布校章，正式招生开校。开校时，张詧自任总理，聘请清代桐城派文学家姚鼐的后人、近代著名女诗人范姚蕴素为校长，保吴为监理，并聘日籍教师森田政为教员。十一月，张詧、张謇到学校考察学生成绩后，决定改学校为“通州公立女子师范学校”，并设初、高两等附属小学。光绪三十三年（1907年）二月，由于学校学生人数增加，总理张詧又筹款购买城东北顾氏珠媚园旧址，建筑新校舍。宣统二年（1910年）六月，新校落成，八月，学生迁入并举行新校落成仪式。由此，学校获得了进一步发展。

光绪三十二年（1906年），范姚夫人不顾新丧，毅然应聘出任校长。创业之初，百废待兴，她不辞辛劳，与同仁群策群力，苦心经营七八年，使学校发展成以女子师范为主干，附设附属小学、女工传习所、幼稚园和职工传习所的综合规模，初步形成师范本科、预科、实习教授批语会以及高小、初小的教学体系。

通州女师的创办，首先遭遇的办学难题就是经费、校舍、课程、师资四大拦路虎。

1. 经费。创办时期学校经费的来源渠道主要有三条。

第一，私人捐助。光绪三十一年（1905年）学校开办及以后迁校的建筑费用主要靠张詧、张謇的私人捐资和地方乡绅陈启谦、冯熙宇、徐联蓁、范成、顾淑基等集资捐助。其中最大的两笔费用，一是光绪三十一年（1905年）学校开办及常费计银13 400元，二是光绪三十三年（1907年）至宣统二年（1910年）学校筹划迁校珠媚园，先后购地、建筑、迁移费用计银33 020元。值得一提的是，光绪三十三年（1907年）三月，因学校学生增加，购地建筑又急需大量资金，张謇、张詧的夫人徐氏、邵氏耻于“举一方女界所希望之光明，尽委心听命于男子，以为迟速，而世界自立立人之美德，绝无与于女子”的现实状况，为赞助范姚夫人办学，毅然组织通州、海门、如皋等地上层社会的妇女，在张詧的城南别业，召开捐募大会，通过宣传鼓动，到会诸女士“撤环脱珥、极形踊跃”，当天，除捐募最多的徐、邵两夫人外，其他女士捐款达银1 640元。这次募捐会将妇女组织起来，为创办新式女子教育集资、谋划，是当时南通地方、甚至全国范围内前所未见的新鲜事，也可以说是近代妇女思想解放、开始走出家庭、关心社会进步的一个例子。之后，通州女师历年都有妇女捐款资助。至宣统元年（1909年），学校接受私人捐款总数为银40 621.11元。

第二，学费、膳宿费。学校规定收取学生膳宿费每年40元，学费小学高等每年12元，初等6元。师范本科生膳宿费同小学，学费每年20元。宣统二年（1910年），新校基本建成，招生规模进一步扩大，为吸收更多的学生来校学习，学校降低了小学的收费标准，高等小学学费每年6元，初等小学每年4元。

第三，校产收入。宣统三年（1911年），受辛亥革命的影响，学校办学经费奇缺，召集新生时报名者亦寥寥无几。1912年为解决学校经费不足的问题，协理张謇私人捐助垦牧区田十万步（约合416.7亩），吕四彭培根堂捐助垦牧区田六万步（约250亩），这666亩垦田便成为学校的永久基产，其每年的田租收入约银1 600元以上。

2. 校舍。光绪三十一年（1905年）通州女师创校时，张詧捐资购柳家巷陈氏老宅修葺为校舍，分东西三部，南北三进，其建筑为本地民居样式。光绪三十三年（1907年）后，总理张詧又筹款购买城东北珠媚园及附近民舍建筑校舍。宣统二年（1910年）六月新校落成，建筑“计楼房36幢，平屋73间，廊庑74间，平台一座，表门及后门三座，荷池一方”，总计用银33 020元。珠媚园是晚明南通最富传奇色彩的人物——曾任明蓟辽总督的顾养谦退居林下后惨淡经营的一座私家园林，明清时期曾号称“山楼水榭，胜甲一城”，后来，此园几经转易，归于王氏，至晚清时已是荒烟蔓草、圮颓不堪的一座废址，时人称王氏花园。张詧、张謇筹资买下珠媚园以后，鉴于历史的教训并未加以修缮，而是在其基础上建造通州女师的校舍。因此，学校虽为新建，却也是近代闻名的园林学校之一。当时学校地理位置“面临市河，东倚北城，地尚静爽，交通亦便”。学校中心建筑为校西北的口字楼，南排楼房有校长室、监理室和初等教室；东排为教室和办事室；西排为成绩展览室、教员室和初等教室；北排为教员室、雨操场和教室；楼中央为操场，四周植垂杨，间种玉兰、莘荑等花树。口字楼东紧附食堂，南本为空地，拟建女工传习所，再南为礼堂，礼堂南有两处大型的花坛，种植各式花木，花坛南边为门房、庶务室、会计室，最南面为表门，学校寝室在门房东南。口字楼东南有方塘回廊，池中种荷养鱼，方塘东侧原为土丘，顶建一亭，丘上丘下布植松竹，一片青翠深绿，与亭交相辉映。土丘北拟建幼稚园，再北拟扩地建附属两等小学。

3. 课程。通州女师的学制分师范四年本科、一年预科。附属小学初等、高等学制皆四年。通州女师的课程设置最初是参照了日本《师范学校学科及程度》的有关课程、学时规定和学科要求。同时，在办师范之前，光绪三十二年（1906年）六月，校长范姚夫人还专程去上海参观了学校教育，借鉴了上海学校的成功经验。当时学校规定修身、国文、历史、地理、算术、体操、唱歌、图画、手工、缝纫、英文等11门课程，其课程科目设置除英文外，师范与初、高等小学基本统一，只在课程内容上有难易之别，而且学校开办之初，师范并无教育和理科课程设置。光绪三十三年（1907年），清廷颁布了《奏定女学堂章程》，才制定了女子师范学校的课程设置与要求，规定了修身、教育、国文、历史、地理、算学、格致、图画、家事、缝纫、手艺、音乐、体操等13门课程。至此，通州女师已经具备了较完整的近代师范教育课程体系。

4. 师资。光绪三十二年（1906年）通州女师开办后，即聘请日籍教师森田政为专职教员。森田政在日本曾受过幼稚园教育工作的专门训练，学校聘请其教授算术、歌唱、体育、图画、手工。时任校长范姚夫人则兼修身、国文、历史、地理、家事等课程。缝纫课由监理保吴兼任。

三、学校的曲折发展

1912年民国政府改通州为南通县，通州女师改名为“南通县立女子师范学校”（以下简称南通女师）。

1919年范姚蕴素以年事已高、体弱多病辞职。此后校长更换比较频繁，先后有方还、彭云裳、谢雪等。其后张謇及其子孝若一度任校长。应该说，范姚夫人离任之后，张謇将很多精力用到女师的事业发展和办学决策上，他实际上是女师校务最重要的决策人，并常年以自己的收入补贴学校，用于补足办学经费、支付学校迁校及历年校舍建设的建筑费。在张詧、张謇、范姚夫人的努力下，女师的规模日渐扩大，教学设施日臻完善，教学质量显著提高。1928年以后，南通女师校长由南通县教育局委任，周明瑼、许牟衡、罗玉衡等先后担任校长。

1920年，附属小学招收七级，房舍不敷，复购城南段家坝地基33亩许建筑校舍。1921年，新校舍落成，建筑费用共计银72 952元，随即师范部全部迁入。原珠媚园校舍改归附属小学使用。1914年在校东边由张杨夫人捐资建幼稚园，名“女师附属幼稚班”。为使毕业生能适应乡村小学教育工作，1924年经县教育局同意，将北土山小学划为女师附小分校，为师范毕业班学生农村小学实习之所。

1925年，南通女师因校誉日隆，学生来者日众，除本省大江南北外，远迄皖、晋、粤诸省，校舍不敷应用。仍由张氏筹款于校后增设宿舍楼一幢，与原宿舍连成三进。校后辟竹园，于校西边建新教室，在教室西又建体育馆，馆内设讲台，同时为大礼堂之用。后又于馆的西北建练琴室，于校东边设音乐教室，辟校园，累土为阜，置假山，植松竹，中建茅亭，遥望五山，近接陇亩，题名“亦秀野亭”。女师毕业生为纪念创校二十周年，捐资在校前马路对面建纪念小学一所，赠送母校。校舍仿美国乡村小学式，重点研究小学单级教学，俾师范生毕业后能适应农村单级小学之需要。首任校长范姚蕴素，亦资助常年经费基金，共襄此举。

1930年南通女师由学监罗玉衡为代理校长，1933年任校长，同时由范北强主持教务。罗、范两位在30年代中后期齐心合力把南通女师的事业办得蒸蒸日上，并取得了优良的办学成绩。在当时江苏省最早组织的两次毕业会考中，南通女师毕业生在全省十三所中等师范参加会考的毕业生中成绩名列前茅，使南通女师声名鹊起，一跃成为省内名校。

1938 年 3 月，日寇侵占南通。南通城内原有校舍、校具、图书等被日伪毁劫一空，校舍仅存残架。南通女师师生坚持敌后教育，辗转各地办学。先后迁至四安、金沙、上海、丰利等地办学。1943 年 4 月因日伪“清乡”，学校停办。

1945 年抗日战争胜利后，南通师范校长于忱赴沪与南通教育界在沪人士及有关方面接洽筹款，恢复南通两所师范。县府任命李也三任南通女师校长，重新聘任原有教职员，聘姜龙章任教务主任、施致纯任训育主任、蔡汉杰任事务主任。“张季直手创教养事业复兴委员会”拨款 2 亿元兴修段家坝校舍。11 月，县府委派罗玉衡任校长，1946 年 2 月，省立南通实验小学（育婴堂巷原通中实小）改为南通女师附属小学二部。8 月，“张季直手创教养事业复兴委员会”拨款女师修建费 2 亿元，用于修理珠媚园校舍，段家坝校区添置图书、仪器和床架等。1947 年 8 月，在段家坝女师南院重建纪念小学。1948 年 7 月，修葺珠媚园女师北院校舍，着手重建幼稚园。8 月教育局委任缪镜心为南通女师附小校长，罗玉衡为纪念小学校长。

1949 年 2 月，南通解放，校名易为“南通市立女子师范学校”。1958 年 5 月 3 日南通师范、南通女师实行合并，南通女师师生搬入南通师范办学。至此，南通女师这所全国知名的女子师范，完成了她作为一所独立的师范学校的历史使命。1905 年至 1958 年，女师共培养了 2 053 名师范毕业生，为南通、为全国的女子教育、基础教育做出了重要贡献。

四、通州女师在中国近代教育史上创造的四个第一

1. 通州女师是清末第一所采用“学校”名称的女子师范。顾怡生尝言:“惟清季学校皆称学堂，除南通无有以校称者，我校（通州民立师范学校）既始称校，而南通后乎师范而起之学堂，当然皆称校而不称堂，民国元年教育部通令全国学堂改称学校，独南通一县，学校数百所，行乎无事，未尝一感麻烦，则本校实开其先。”通州女师始创时即称“通州公立女子学校”，改为女子师范后，也称“通州公立女子师范学校”。而其时全国各地兴办的女子师范，如“太仓县公立毓娄女子师范学堂”“北洋女子师范学堂”“京师女子师范

学堂”等，均沿旧俗通称“学堂”。

2. 通州女师是中国第一所民办女子师范学校。长期以来，对通州女师的学校性质一直有个误解，以为“公立”即“公办”，其实不然。张謇在《变法平议》中论述了“官立”“公立”“私立”等三种学校性质，“若绅富私立或公立者听便。建设之始，报明视学官转报文部给予准据。学堂教育章程及课本书与官学同，考试给凭出身亦同。”“凡各府州县公立、私立之学堂，初设及设后费用不足，由官补助。”张謇所谓的“公立”“私立”学校，其实都是我们今天所谓的民办学校。是“国家教育机构以外的社会组织或者个人，利用非国家财政性经费，面向社会举办学校及其他教育机构的活动。”纵观通州女师的创办历程、经费来源，通州女师主要是依靠张謇兄弟及“绅商”等社会力量集资建校、办校。尽管 1912 年 7 月，“县议会成立，议改本校为县立，除原有经常费外，皆由县支给”，但基本上是一句空话。1926 年，张謇在《南通女师范廿周纪念演说》中着重指出：“总计二十年来，建筑、经常各费，共银三十五万圆有零。愚兄弟及先嫂邵、先室徐设法输助者居多。延范姚夫人长校务，实力经营，俱征孤诣，历十余年始辞去。其后两经易人，现由鄙人承乏，不过筹措经费，总持大纲而已。”又发闳愿要为学校置备恒产：“学校必有基础，庶几可臻永久。鄙人曾为本校计及此，拟竭一人之心力，置备巨额不动产。苟有人予以臂助，固所乐许。惟生平经营南通种种事业，皆未尝向人求助。本校迄今尚无基产，则鄙人所念念不忘者也。”因此，张兰馨认为，南通女子师范学校是我国最早的私立女子师范学校。更准确地说，通州公立女子师范学校是我国第一所民办女子师范学校。

3. 通州女师是我国第一所举办本科学制的女子师范学校。通州女师是我国近代第一批女子学校之一。在中国近代第一批女子学校中，最早举办女子师范教育的是上海务本女塾，时间在光绪二十九年（1903 年）。但第一届师范科毕业生实际仅修业一年左右。迄宣统三年（1911 年）总计毕业师范生 164 名。但 1912 年之后，务本女塾即改为上海县立第一女子高等小学校及上海县立务本女子中学校，不再招收师范科学生，女子师范教育仅进行了 8 年。

光绪三十二年（1906 年）闰四月二十二日，北洋女子师范学堂开校。北洋女子师范学堂初设时仅有简易科，直至光绪三十四年（1908年）才设本科。创立于光绪三十四年(1908年)的京师女子师范学堂,也于宣统二年(1910年)才设本科。

通州公立女子学校创办于光绪三十一年（1905年），光绪三十二年（1906年）十一月改为女子师范学校，以初、高两等为附属小学，同月召集新生，包括四年制的本科生。宣统二年十二月（1911年1月），第一次本科生毕业。据此可知，通州女师是我国近代第一所举办本科学制的女子师范学校。

4. 通州女师是我国近代第一所基本聘用男教师的女子师范学校。清末，清政府在女学问题上严格执行男女有别的方针。光绪三十三年（1907年）《学部奏定女子小学堂章程》明确规定：“女子小学堂与男子小学堂分别设立，不得混合。”“女子初等、高等学堂堂长、教习均须以女子年岁较长、素有学识、在学堂有经验者充之。”“经理、书记、庶务员均以笃行端品、留心学务、年在五十以上之男子充之，且须于学堂旁近别建公务室，办理事务，不得与学堂混合。”《女子师范学堂章程》明确规定：“女子师范学堂，应置各种教习、管理员如下：监督、教习、副教习、监学、附属小学堂堂长、蒙养院院长。”“以上各员，均以品端学优，于教育确有经验之妇人充之。”“学堂仆役亦须用端正守礼之妇女，若其平日于名节有损者不许充当。”“总理、书记、庶务员，均以笃行端品，究心学务，年在五十以上之男子充之，且须于学堂旁近别建公务室，办理一切事务，不得与学堂混合。”光绪三十二年（1906年）还发生了江苏学务处批示常州粹化女学不得聘用男教员的事件，一时舆论哗然。

在此禁令下，通州女师却于光绪三十三年（1907年）七月即“延男教员保思毓、尤金镛、揭向寅授算术、图画、理科、地理等课。”男教员教学效果显著，“学生成绩较前倍进，乃决自本学年始（光绪三十四年），除体操、唱歌、手工、裁缝外，皆聘用男教员。”而北洋女子师范学堂创办初期，聘用的三位中外教习都是女性：黄守渊、吕碧城、佐口美都子。宣统元年（1909年）才聘请了白毓昆等少数男教习。

五、通州女师的社会影响

张謇曾说：“謇以国民教育之不可无师，乃设师范学校；以女子教育之不可无师，与国民教育之尤须有母，更设女子师范学校。”通州女师的创办，极大地促进了南通的女子教育。查尔斯 ·T. 保罗在《中国的召唤》一书中总结张謇的改革成就，就把“男孩女孩都能就读的现代小学”列为第一条，并给予高度评价：“这一系统涵盖城镇及农村的三百多个单位，其分布之广泛、实施之高效是当时除了英属印度之外任何亚洲地区都无法匹及的。”

1. 通州女师的创办，为我国创建了女子基础教育的完整体系。在光绪二十九年（1903 年）以前，我国学制上还没有女子教育的规定。晚至光绪三十三年（1907 年），学部才公布了女子小学堂及女子师范学堂章程，女子教育才获得合法地位。而通州女师的创办则在学部公布女子小学堂及女子师范学堂章程以前。通州女师创办之初，即设初、高两等附属小学；1914 年开办附属幼稚园 ;1919 年附设义务夜校，招收贫困儿童就学，由师范本科高年级学生担任教员；1921 年本科学生自治会教育股附设义务校，实验教育方法，推广平民教育；1923 年南通女师遵循新学制，改前期为初中，后期为师范，各三年；1924 年为研究乡村教育，南通女师于南通城北钟秀山设附属小学分校，由南通市第二十国民小学改隶。至此，南通女师已经构建起了包括幼儿园、小学、初中和师范在内的较为完整的基础教育体系，为南通女子教育、基础教育做出了重大贡献。

2. 通州女师为我国开创了女子教育与生产相结合的先河，产品走向国际市场。张謇鉴于“吾南通之女子，乡居者大抵能以耕织佐生计，城市则习于逸而逾贫”的现状，为发展地方教育，解决城市女子的生计问题，主张推行女子职业教育，并于光绪三十四年（1908 年）正月，在通州女师校内附设女子手工传习所，分编物、造花两科，教授刺绣、手工编织（杞柳、麦秸）、织发网、育蚕、裁缝等课程，并经常举行学员手工成绩展览会。1913 年张謇为南通女师题写校训“勤俭温和，服习家政”，也体现了他对女师学生品德和女工技能培养的高度重视。1913 年南通女师开始在珠媚园校舍西偏建筑女工传习所，1914 年落成。“学科定刺绣、图画、编物、手织、裁缝、育蚕六科，聘请主任 1 人，监视 1 人，教员每科 1 人或 2 人。十月先开绣、编两科。

绣科学生22人，编科学生18人。……他四科当次第续举。经常费由謇担任。”聘请近代刺绣大师沈寿为主任。

沈寿在所董张詧、张謇和校长范姚蕴素的大力支持下，在女工传习所建立了一套实用高效的教学体系。女工传习所的学制设计和课程设置既较为规范又结合实际，尤其注重在教学实践中逐渐完善刺绣工艺的教学体系，突破了传统刺绣手艺仅在家族内部代代相传的授受方式，采用多层次的教学方法，开创了职业教育中教学与生产相结合的先例。

1915年，女工传习所师生作品参加巴拿马太平洋万国博览会展览。经评比，《耶稣像》获金奖，《牧马图》获银奖，《齐老太太像》获青铜奖。女工传习所的成品，如绣品、柳编品等在市场上一直供不应求。1920年，张謇建立了南通绣织局，又将女工传习所的绣品推向了国际市场。

截至1920年女工传习所迁至南通绣织局附近、与南通女师脱离隶属关系时止，女工传习所共招收学员五届，培养了“绣工本科完全毕业者九人，其甲班乙班普通毕业生百四五十人”。这些学员来自江、浙、皖、湘、粤、沪等地，毕业后将绣艺传播到了各地，形成了“沈绣”刺绣流派，达到了苏绣的最高水平。女工传习所学员薪火相传，为中国刺绣工艺的发展和走向世界做出了重要贡献，也为贫穷妇女开辟了一条新的就业途径。女工传习所和南通女师甚至引起了上海英文报刊《密勒氏评论报》主编J.B.鲍威尔的关注，1920年5月22日，他在《密勒氏评论报》上发表了《不受日本影响的南通天堂》一文，对此作了高度评价。

3. 通州女师因为拥有一支以张謇、范姚蕴素、方还、徐昂、沈寿、陈邦怀等为代表的优秀教师队伍，严格精细的学校管理，在存续期间培养出了大批国家的栋梁之材和普通建设者，如以陈学昭、李兆萱、孙鸿良、黄允等为代表的专家学者，以罗玉衡、范北强、施志纯、凌海霞、邢德文等为代表的教育名家，以朱文英、张聪武、顾毅、任若云等为代表的志士仁人，更有数百名师范毕业生一直默默无闻地坚守在乡村教育的岗位上，为南通教育和近代文明做出了重大的贡献。

中国第一所盲哑师范教育机构

南通盲哑师范传习所

南通盲哑师范传习所由张謇创办于 1915 年 10 月，其地点位于今南通博物苑中馆。张謇亲自挑选培训教师，第一期招师范生王秉衡等 9 人，学制一年。1916 年 11 月，南通盲哑学校在狼山建成开学，盲哑师范传习所的师生转隶该校。学校毕业生活跃于我国近代的盲哑教育战线，成为盲哑教育领域的中坚力量。张謇在我国近代特教史书写了浓墨重彩的一笔，开我国近代盲哑师范教育之先河。具有百年历史的南通盲哑学校传教至今，人才辈出。

中国第一所盲哑师范教育机构

南通盲哑师范传习所

金　艳

盲哑教育，又称“盲聋哑教育”或“盲聋教育”，是特殊教育的一个分科。近代意义上的盲哑教育源自西方，特殊教育也由此发轫。我国近代盲哑教育起源于西方传教士的示范，国人自办的盲哑教育开启于20世纪初。1915年秋，张謇在南通博物苑中馆创办的南通盲哑师范传习所是国人自办的第一个盲哑师范教育机构，在近代特殊教育史上有重要价值。

一、南通盲哑师范传习所创办背景

14世纪至18世纪，经历过文艺复兴和启蒙运动洗礼后的欧洲，人们开始关注盲哑人的生存状况和教育问题。乾隆二十五年（1760年），世界上第一所聋人学校由列斯贝在巴黎创办；同治十三年（1874年），世界上第一所盲校由霍维在巴黎创办。由此，法国成为近代盲哑教育的摇篮。之后，盲哑教育由法国逐步传到英国、北美等地区，在近代由传教士带到中国。张謇对此也有过考证。

法兰西人于18世纪始创凸字以教盲人，其后传衍于巴黎盲学校乃浸广。西班牙人又创记号法，至德意志人创发语法，始详于教哑，乃有聋哑学校。我国北京、上海、烟台等处，虽亦有盲哑学校，然皆由基督教会所设立。

传教士在我国创办的盲哑学校，影响较大的有两处。一是清同治十三年（1874年），英国传教士威廉·穆瑞在北京创办的瞽叟通文馆，招收社会盲童学习，这在中国视障教育史上具有里程碑意义，其创制的“康熙盲字”标志着中国盲文体系的初建。二是光绪十三年（1887年）米尔斯（又译为梅里士）夫妇在山东登州创办的登州启瘖学馆，这是我国近代第一所专门教育和训练盲哑儿童的学校。米尔斯去世后，其夫人梅耐德继承并光大了聋哑教育事业，光绪二十四年（1898 年）在烟台创办烟台启瘖学校（现烟台市聋哑学校），自任校长。光绪三十四年（1908 年），梅耐德又率团走访了 16 个城市、宣讲了 50 多场次、在 3 万多名中国人面前示范表演了盲哑教育，对促进盲哑教育事业在全国推广起了积极作用。据统计，到 1914 年，外来传教士在中国创办的盲哑教育机构有 20 多所。

随着盲哑学校的建立，盲哑师资教育也得以萌生。宣统三年（1911 年），英国圣公会传教士傅兰雅在上海筹建上海盲童学堂，提出：为使更多的中国盲童得到应有的教育，希望学堂能成为培养盲童教育师资的师范学堂。学校从诞生之日起，就立志要将学校办成一所模范的盲人学校，一所师范学校，为将来更多的盲人教育机构提供适当的盲人师资。次年，傅兰雅之子傅步兰到上海开始正式主持校务。当时，学校教师培养的师资主要以明眼人为主体。1915 年，德国喜迪堪会在香港创办九龙盲校，也开设了盲师范班。西方盲哑教育方法、盲哑教育理念等植入中国。

虽然由传教士办的盲哑学校在发展，但限于时局的艰难，我国近代盲哑教育事业的发展却十分缓慢。光绪三十一年（1905 年）底清廷宣布成立学部，学部作为中国最早的具近代意义的中央教育行政机构，于次年的奏折中第一次提出“盲哑学堂”由普通司师范教育科执掌，这表明中国从设置近代教育机构起始，便将特殊教育纳入了管理范围。但时局的动荡，政府根本无力实施宏大的基础教育事业。光绪三十四年（1908 年）一月二十八日，光绪皇帝《发覆使日大臣音乐外国语盲哑各校学生不必该给官费，私立各校学生亦难给发津贴函》就表露了政府苦于资金而无力顾及盲哑教育的实况。

在民间，就在梅耐德巡回演讲宣传之时，光绪皇帝和慈禧太后相继去世，王位更迭的多事之秋，受梅耐德影响而有志于创办盲哑教育的先知者最终也未能实现目标。

自 20 世纪初年开始，收回教育主权的呼声日益高涨。在盲哑人士的呼吁下，特殊教育逐渐被纳入国民教育的体系。北洋政府成立之初，《教育部公布小学校令》最早对建立特殊教育学校的条件作出了法律性的规定，即盲聋哑学校的建立要按普通小学相应的条文规定办理审批手续。在1914年出台的《教育部官制》中，规定普通教育司掌管盲哑学校相关事务，并承担相应的管理职责。1915年7月，教育部公布了《国民学校令》，为了推行“国民学校”制度，又于次年1月制定了《国民学校令施行细则》，细则对盲哑学校的校长、教员等方面均作了具体规定。从此，盲哑教育在制度上有了规范，中国人自主创办的盲哑教育始破冰而出。南通的盲哑教育事业，正是在这样一个时代背景中发展起来。直到1929年，南京市立盲哑学校创办，才标志着政府力量的介入，我国盲哑教育事业的发展又进入到一个新的阶段。

二、南通盲哑师范传习所的创办历程、发展经过

张謇兴办的盲哑教育事业，经历了一个漫长的过程。张謇文字中最早涉及盲哑学校，有史可据者是光绪二十七年（1901年）著《变法平议》，其时，他主张国家急需兴办新式教育，在列出的急缓次序中，他将盲哑学校与高等师范、音乐学堂并列于退次，认为属于“其可稍缓者”列。

光绪二十九年（1903年），张謇考察日本第五次国内劝业博览会时，在京都参观了盲哑院，并做了详细记载。此次参观，张謇感叹：“彼无用之民，犹养且教之使有用乎。”这对日后他在南通建设盲哑学校有重要影响。

张謇论述盲哑教育的文献，最早的当属光绪三十三年（1907年）三月致江苏按察使朱之榛一函。朱之榛眼睛高度近视又聪明过人，为官精明且勤劳。张謇劝其办盲哑学校，起因于朱之公子私造裕苏钞票被告发一案，时人将教子失察委之于天生的视力弱进行调侃，张謇以盲校之必要而极力辩解，他认为“教育家之能以人事补天憾者，其功实巨。”

宣统三年（1911年），张謇日记记录了至烟台时，“德润与劭直登岸观盲哑学校”，虽然单凭此记述难以断定张謇是否亲自参观了烟台的盲哑学校，但烟台的盲哑教育对张謇创办盲哑学校时已产生影响。

1912年，张謇与李提摩太的会晤，对日后规划建设南通产生了重要影响。李提摩太说：“中国非真能实行普及教育、公共卫生、大兴实业、推广慈善，必不能共和，必不能发达。行此四事，一二十年后，必跻一等国；能行二三事，亦不至落三等国。”张謇由此从四大方面规划设计了南通的发展。在推广慈

善一项设计“盲哑学校须一万五千圆”。同月，张謇著《筹设盲哑师范传习所之意旨》，论述了开办盲哑师范的重要性和必要性，此为我国关于盲哑师资最早的专门论述。同年 6 月，张謇规建盲哑学校，7 月将盲哑学校选址于狼山观音岩之前。

虽然规划、选址工作进展顺利，但真正的实施建设却是一再后延。1915 年 5 月，张謇致函时任江苏巡按使(江苏巡按使于 1916 年 6 月更名为江苏省长)的齐耀琳，希望南京拆除的城砖能支援南通地方自治建设，其中即提及待建的盲哑学校等“需用砖甚多”。齐耀琳，字震岩，吉林伊通人，与张謇为同年进士，在他的支持下，于是有了南京的城砖运往南通。与基础建设同时推进的是教师的聘任工作，张謇分别致信上海和烟台询问代培教师一事，同时在地方招募师资待培人员。他的本意是希望派人外出培训后回通来任教，这种设想着眼于他对盲哑师资特殊性的思考。

1915 年 6 月 16 日，由张謇署名的招生启事《招愿习盲哑教员者启事》在南通《通海新报》刊出，这份启事非常重要，可视为近代盲哑教育里程碑式的文献。启事中“兹拟招愿习盲教员者二人，愿习哑教员者二人，分遣就学于烟台、上海。所有学膳各费，先由校中垫付”。与此启事可对应的有同月张謇致孔明道的一封信。孔明道，字鲁光，西文名 Joseph de Lapparent，法籍耶稣会士，曾任土山湾孤儿院院长、震旦大学校长，著有《徐家汇天文台》一书。从信的内容可知张謇与孔明道并非陌生人，二人前期已有交集和沟通，此番通信基本上就是介绍信：“兹有刘生述禹（绩平），愿习哑教员，史生维城愿习盲教员，均年廿四五岁。不识何时可以入校，所有学膳等费，年需若干，祈赐示复为荷。”据说刘述禹（绩平）、史维城均是南通中学毕业的高材生，刘和史是否就是通过《通海新报》启事招来的学生不得而知。但此计划并未付诸行动，二人后也未见参与盲哑教育。

1915 年 10 月，南通迎来了两位外地教师，一位是烟台启瘖馆哑科毕业的毕庶沅，一位是北京瞽叟通文馆盲科教师崔文祥。毕庶元，字芝舫，山东文登县东关人，生卒年不详，出身于士绅官僚家庭，兄弟三人，长弟即曾任奉军旅长兼海军司令的毕庶澄，字莘舫。崔文祥，山东人，毕业于济南齐鲁大学，基督教徒，高诚身曾聘其在基督堂担任琴师。二位老师是如何来到南通的目前尚无史料解读，但他们的到来开启了中国近代盲哑教育的一个新篇章。当时盲哑学校的校舍尚未建成，张謇借南通博物苑中馆开办了“盲哑师范传习所”，第一期招师范生王秉衡、顾宏引、王振音等 9 人，学制一年，由毕、崔二人担任专业教师。“盲哑师范传习所”，开我国近代盲哑师范教育之先河。

由于基础建设项目的过于庞杂，建设资金捉襟见肘，1916 年 1 月，张謇分别在《申报》和《通海新报》上刊登“鬻字启事”，为待建的盲哑学校、残废院筹集经费。盲哑学校于 1916 年 2 月开始施工，同年 11 月始建成开学。南通盲哑学校开学之时，刚好是盲哑师范传习所 9 位师范生毕业之际，师范传习所培养的人才即成为盲哑学校得力的教师。张謇同时将毕、崔留用，转至盲哑学校发挥教学管理起传帮带的作用。

三、南通盲哑师范传习所是中国最早的盲哑师范教育机构

近代由国人自主创办的盲哑教育机构，随着近些年研究的深入、新史料的发现，不断有更新的认识。目前关于盲哑教育的领先机构主要有如下几种说法：

一是张謇说。瞿立鹤著《张謇的教育思想》（1976 年）认为：“国人倡设盲哑学校，则以啬翁为嚆矢。”此论可能依据 1915 年编印的《南通地方自治十九年之成绩》：“民国二年春，张詧、张謇规划于狼山东北麓残废院之西，设盲哑学校。面积六十方丈，现筹划建筑事。预计集男女生徒各三十人，先设普通科。盲生分音乐、针案、按摩等科，哑生分图画、雕刻木、裁缝等科。经费拨瞿姓捐助之三千元，余由詧、謇补助。”事实上，张謇规划盲哑学校虽早，而真正建成开学已是 1916 年。

二是杭州说。《杭州教育志》（1994 年）认为，1914 年周耀先在杭州创办的聋哑学校是“在国内由国人开设并任教的第一所聋哑学校”。宋来祥硕士论文《民国时期国人盲哑教育与实践和理论探索》（2013 年）认为：1914 年 2 月，由周耀先创办的杭州聋校是中国私人创办最早的盲哑教育机构，是近代国人创立的第一所盲哑教育机构，标志着国人自办盲哑教育的开始。

1929年南京市立盲哑学校的创办，标志着政府力量的介入，我国盲哑教育事业的发展进入了一个新的阶段。

三是济南说。《济南历史文化读本》载，光绪三十一年（1905年）冬春间时樾生在济南创办盲哑学堂，采用新字母教学，此为济南特殊教育之始。

近代国人开办的盲、哑学校教育一览表

时间	名称	创办者	说明	资料来源
光绪二十八年（1902）	沈阳盲人女子习艺所	奉天联合委员会	学生44人，教员3人；学制3年	李拉《对新中国特殊师范教育制度建设的考察》，2015.5，南京师范大学博士学位论文
光绪三十一年（1905）	济南盲哑学堂	时樾生（济南师范学校教习）	以官话字母教授，限3个月毕业，给与文凭，准其于乡村市镇专相教授	李栋《山东清末新政研究》2013.5山东师范大学硕士论文。其中引《山东盲哑学校开学》载《教育杂志(天津)》，1905年第5期，第61页
光绪三十四年（1908）	保定盲哑学堂（1912年改为:盲哑学校）	黄国瑄（清苑县知县）；一说创办人为烟台启瘖毕业生孙世仲	开办之初，先招助教一班学习6个月。后招盲、哑学生各30名。分班教授。一说县立师范毕业生薛成华是本校教师	张彦军等编《保定市教育志》，1994.3中国社会出版社出版
1914年2月	杭州聋校（又称：杭州石瑞亭哑童学校）	周耀先（杭州之江大学教授）	1914年派自己的儿子周天孚（聋人）、周天锡分别赴烟台启瘖学校及师范科学习。办学时间只有2年	《杭州教育志》，浙江教育出版社1994年，第559页
1915年10月	南通盲哑师范传习所	张謇（1895年状元）	第一期招生王秉衡、顾宪引等9人，学制一年，聘烟台、北京盲哑校的毕庶元(哑科)、崔文祥(盲科)为师。1916年12月第一期9名学生毕业	顾定倩等编《中国特殊教育资料选》，北京师范大学出版社，2010年，第1353页

时间	名称	创办者	说明	资料来源
1916年1月	湖南导盲学校	刘先骥（汉口训盲书院毕业）	刘先骥为盲人，创办初自任校长，当年招收盲生一班，共25人，四年毕业	李拉《对新中国特殊师范教育制度建设的考察》，2015.5，南京师范大学博士学位论文
1916年11月	南通盲哑学校	张謇（1895年状元）	章程计划分盲哑师范科及盲科、哑科招生。师范科三年制，招收高级小学毕业或具有同等程度，年龄在15～20岁。盲哑科7年制，分别招10岁、15岁以下者（注）	顾定倩等编《中国特殊教育资料选》，北京师范大学出版社，2010年，第1355页
1919年	华北聋哑学校	杜文昌（1914年毕业于山东大学文科，后入烟台启瘖学校师范科研习5年）	办学宗旨：专门教育聋哑儿童说话读书，使其有普通学识及生产技能，成为有用之人	《华北聋哑学校三十周年纪念特刊》第2页。1946年更名为华北聋哑学校
1927年	南京市立盲聋学校			中国第一所公立特殊教育学校的出现

注：此章程与实际办学有出入。目前尚无资料显示，南通盲哑学校有招收盲哑师范科的记录，盲科、哑科的七年学制亦无文献佐证。

与传教士兴办的盲哑教育事业发展轨迹略同，早期国人兴办的盲哑教育重点着眼于对盲哑人的基础知识、基本技能和身心健康的关注，对盲哑师资的培训略迟于普通的盲哑教育。清光绪三十四年（1908年），莲池书院院长黄彭年之子、清苑县知县黄国瑄在七圣庵、养病堂、兴善寺旧址筹建保定盲哑学堂时，以天津大学毕业生宋梓云为堂长，延燕台、孙证宗为教员，在开办之初，先招收学员进行为期6个月的助教学习，期满后从中择优挑选6人留堂为助教，此举虽有别于教员师资的培训，仍可视为早期盲哑师资培训的萌芽。保定盲哑学校在民国之初，因经费无着而停办。

1916年1月在湖南长沙紫荆街成立的湖南导盲学校，于1921年6月由周瑾铭出任校长，学校开设师范部，学制四年，开始招收第一班盲哑师范新生，1932年师范部停办。前后共招师范3个班24人。此可视为近代国人开办的盲哑师范之一。

综合看来，1915年10月，张謇为创办盲哑学校而开设的盲哑师范传习所，当之无愧的成为近代中国最早的盲哑师范教育机构。此举与兴办新学时，张謇秉持的先办师范的理念同宗。但盲哑师范又不同于普通师范，在中国近代师范教育史中，普师教育产生后，特教师范并没有成为普教师范中的一环，得到应有的重视，甚至没有被纳入官办的师范教育体系中。特殊师范教育几乎在独自经历着一个艰难、孤独又特殊的探索历程。

四、南通盲哑师范传习所的意义和贡献

张謇是近代国人中较早关注盲哑教育事业的人士，他关于盲哑教育的一系列论述是近代特教事业的重要文献。为什么要在筹办盲哑学校之前先行开办盲哑师范，张謇在《筹设盲哑师范传习所之意旨》中进行了专门的阐述：

盲哑累累，教育无人，将欲延聘西师乎？资重而不可以时得，权且不操于我。欲求校中之可为师，恐亦难应我盲哑学校之分配。且各省语言不同，教授尤多阻碍。而盲哑教师与不盲哑教师，又有不同者。盖盲哑教师，苟无慈爱心与忍耐心者，皆不可任。固不纯恃学业之优，为已足尽教育之责也。计有师范传习以供合格之选，更以实地练习，以试其慈爱忍耐心之有无与厚薄，甄陶焉，推勘焉，或不至误我至可悯之盲哑。

创办南通盲哑师范传习所，是张謇对中国近代盲哑教育事业的重要贡献。概括地讲其意义主要有以下几个方面：

1. 南通盲哑师范传习所的设立开创了近代中国专门培养特殊教育教师的先河，打破了传统的由特殊学校附设师范班培养教师的设置方式，具备了近代意义上的师范学校之雏形。

2. 盲哑师范传习所的成功举办，从理论到实践证明了盲哑师资本土化的重要。张謇认为“盲哑之人，平时既有所缺憾，与社会交接不多，视听之能，囿于方隅。扪字繁简，别乎中外。故教育之师，非得本县或邻县之人，不能便捷而收效”。我国从清末、民国一直延伸到中华人民共和国成立后至改革开放之前，特殊师范教育多表现为自发性，直到 20 世纪 80 年代后这一现状才得到改变，形成了特殊师范教育制度。盲哑师范传习所为特殊师范教育制度化研究奠定了基础。

3. 张謇对盲哑教育，从师资养成到教学目标，构建了一套代表时代先进性的认知体系。张謇率先提出了盲哑施教中方言的重要性，心理引导的重要性，为盲哑师资的养成构建了基本标准。

4. 张謇主张盲哑教育，要在知识与技能双方面收功效，后者甚至比前者更为重要。他认为“盲哑之儿童，贫则乞食，富则逸居”，均不利于社会。因此从事盲哑教育的人，既有“慈祥恺恻，热心教育”，而盲哑学校“期以心思手足之有用，弥补目与口之无用，其始待人而教，其归能不待人而自养”。这些论述为盲哑教育职业化构建了基本条件。

5. 盲哑师范传习所不仅为之后建成的南通盲哑学校培养了人才，也在我国近代盲哑教育史上书写了重要的开篇。1930 年 4 月 6 日，我国首个盲哑社团组织——中华聋哑教育社在南通狼山盲哑学校成立，该社以“研究盲哑教育并促进其发展为宗旨”，标志着张謇对我国近代盲哑教育的重要影响，其理论与实践将持久发力。

中国第一个测候所

南通博物苑测候所

南通博物苑测候所于光绪三十二年（1906 年）由张謇创建于南通博物苑中馆。测候所每日所测数据在南通本地报纸公开发布，并与当时沿海垦区进行气象数据交流，其气象服务的对象从为大众生活到为生产服务，担负了一个地区气象网的功能，这是殖民者、侵略者所办的气象站不可为之事，大长中国人志气，开国人自办气象事业之先河。测候所也为我国早期的气象科学培训了人才，是中国近代气象事业发展史上的一座里程碑。

中国第一个测候所

南通博物苑测候所

金　艳

气象观测属于大气科学的一个分支，是研究测量和观察地球大气的物理和化学特性以及大气现象的一门学科。其观测的主要项目有：大气气体成分浓度、温度、湿度、压力、风、蒸发、云、降水等。通过气象观测可进行天气分析、预报，开展气象科学研究。一个较完整的现代气象观测系统由观测平台、观测仪器和资料处理等部分组成。我国近代最早的气象观测站是建于光绪三十二年（1906 年）的南通博物苑测候所，由晚清状元、著名爱国实业家、教育家张謇创办，其地址就位于今江苏省南通市南通博物苑中馆。

一、南通博物苑测候所创办缘起

南通博物苑测候所的建设，缘起于内外多方面因素。

我国气象观测历史悠久，远古即有观天（象）、测候的行为，观测的结果通常作为祭祀、兵戎的卜算。夏商以后直至明清，历朝均设有进行天象、物候研究的观测机构，保留至今的北京古观象台、南京鸡鸣山古天文台是代表性的遗址，受制于当时的科学技术，古时的天象观测有两大特点，一是不分学科，天文历法、气象物候、地震地磁等观测统为一体；二是观测手段多依据目测，观测结果多为定性的文字记录，少定量的观测数据。

随着工业和科学革命时代的到来，17 世纪，欧洲发明了使用科学仪器（如气压表）来测量天气状态，利用科学设备进行气象科学研究，并将各类仪器所测出的数据进行综合分析，演算、预测天气变化趋势，进行天气预报，由此诞生了近代气象学，近代气象观测机构也相继建立。气象观测的“器测化”，是古代气象观测与近代气象观测的分水岭。明清之际，这些先进的观测仪器随着西学东渐进入中国，并促进了中国近代气象观测站的诞生。晚清时期，社会急剧动荡，一些烙着帝国主义侵略者印痕的新生事物相继兴起。鸦片战争后，面临国破家亡的命运，许多有识之士开始更积极地、全面地向西方学习，并由言论转向行动，不仅呼吁夺回主权，而且积极抢占市场，创办属于国人自己的事业。我国近代气象观测事业、博物馆事业的诞生均大体如此。

据目前面世的史料可知，最早将西方气象仪器带入中国的是传教士，如顺治十七年（1660年）比利时人南怀仁将“寒暖计”“湿度计”传入中国。而早期观测站的建立主要有三种力量：传教士、“海关”、侵略国。此处海关之所以加引号，是因为昔时海关与今天海关有所不同。鸦片战争后，西方列强为争夺在华权益，利用坚船利炮强迫清政府签订了一系列不平等条约，中国海关名为清政府总理各国事务，实际上是由外籍人员进行管理的畸形行政机构，外国殖民者执行中国海关的行政权力，使中国政府完全丧失了海关管理权，海关气象观测站也不例外。早期列强在华建立的观测站主要有：

早期列强在华建立的观测站概览

传教士	“海关”	侵略国
清乾隆八年（1743年），法国宋君荣在北京进行气象观测	清同治八年(1869年)一月前，汉口海关开始气象观测	清咸丰十年（1860年），英国工部局气象观测站在天津开始气象观测
清道光二十一年（1841年），俄国东正教会在北京进行气象观测，并于清道光二十九年（1849年）建地磁气象台	清光绪五年（1879年）年十二月，台湾淡水开始气象观测	清同治十三年（1874年），“香港皇家天文台”在香港开始气象观测
清同治四年（1865年），法国耶稣会在上海进行气象观测，并于清同治十一年（1872年）建立徐家汇观象台	清光绪十七年（1891年），重庆海关测候所成立	清光绪二十四年（1898年），沙俄“中东铁路建设局”在东北建立气象台站
主要分布于文化发达城区。为西方教会组织及列强在华进行气象科学交流和气象情报活动服务	主要分布于沿海口岸、岛屿及长江沿岸、边关商埠城镇。主要为西方列强船舶航运服务	主要分布在列强强占的领地、租界和势力范围。收集气象情报为军事、航运及商贸服务

传教士是传播外来文化的主力军。如法国天主教耶稣会在上海创办一系列文化事业，同治七年（1868年）建震旦博物院，初期收藏动植物标本，后增加古物部，收藏包括铜器、兵器、货币、玉器、陶器等，并有研究室、试验室、图书室、摄影室、植物园等设施。同时期，传教士利用科学研究为名，用所携带的仪器进行气压、气温、湿度、降水、风及有关天气现象的观测，在此基础上，同治十一年（1872年）建徐家汇观象台，光绪五年（1879年），时任台长的能恩斯通过分析沿海各灯塔站及周边各站的气象数据，撰写了论文《1879年7月31日的台风》，准确作出了台风预报，这是由中国境内发出的第一个台风警报。19世纪末，徐家汇观象台的联络网络北及西伯利亚，南至马尼拉，东到日本，西至印度半岛，被誉为远东气象第一台。

传教士与“海关”的气象观测活动有紧密的关联。同治八年（1869年）十一月，时任中国海关总税务司的英国人罗伯特·赫德（1835—1911年）以“28号通札”详述观测气象的重要性，通知各地海关建立气象观测站，之后各地海关相继建立了气象观测站。光绪八年（1882年）十月，赫德又通令各海关将气象观测记录传送上海徐家汇观象台，为徐家汇观象台进行天气预报提供了数据依据，徐家汇观象台自该年起利用观测的数据在中、西文报纸上发布天气预报。光绪二十三年（1897年），徐家汇观象台致信赫德，提出沿海各港口城市统一采用徐家汇观象台的气象代码，这一提议很快得到落实，代码于次年1月1日起正式采用。统一的代码方便了交流，如重庆海关测候所自该年每日二次通过电报将观测记录发送徐家汇观象台。海关气象观测记录按月编制成报表，除寄上海徐家汇观象台外，同时送海关总署及香港等地区，形成了一个初具规模的气象观测网。海关众多的观测站其观测时间之长、保存资料之完整，难能可贵。但这些毕竟是为侵略者服务，中华人民共和国成立后，陈霈（泽渔）先生回忆“此上海徐家汇气象台是法国人在我国越俎代庖的，致使有关国家机密的事业落在外人手中达77年之久”，可见其痛惜之深。

随着救亡图存成为时代主旋律，要求收回气象预测自主权的呼声日益强烈。光绪二十九年（1903年）九月，在“农工商业为富强之根本”的呼吁中，清廷降旨在中央设立了专门性的产业行政机构——商部，当时的商部，其地位仅次于外务部而冠列其他各部之首。商部分设保惠、平均、通艺、会计四司，分别负责农、工、矿、交通、财政等事宜。其中“平均司”专门负责与农业相关的如：开垦、农务、蚕桑、山林、水利、树艺、畜牧等一切事务，自此国家开始有了以筹划农业发展为主旨的“农政机关”。光绪三十二年（1906年），随着新政的深入，工部并入商部，改称为农工商部，同时将原来的“平均司”改为“农务司”“专司农政”，使农务的职权更明晰，为农业改良提供了基础，促进农业近代化的农业科技知识和技术受到欢迎，为农业服务气象观测也被重视起来。

张謇是维新派推行新学的排头兵，在救亡图强的道路上始终走在时代的前列。他主张“实业救国”“教育救国”，并在南通躬身实践。光绪二十一年（1895年），张謇创办了大生纱厂，光绪二十七年（1901年），着手沿海滩涂的开发，发展现代农业。光绪二十八年（1902年），张謇利用创办大生纱厂的盈利开始筹办通州师范学校，他认为“欲雪耻救亡惟有普及国民教育，而普及教育的根本则在师范。”除师范各科外，张謇先后在通师附设：测绘科、农科、土木工科和蚕科等教学，以实现其“实业、教育迭相为用”的思路。为了通师的教学有实物参证，光绪三十一年（1905年），张謇创办了南通博物苑，收藏展示自然、历史、美术、教育四部文物标本等用以传播科学知识，同时服务于通师学生。光绪三十二年（1906年），建立南通博物苑测候所，由通师学生参与测量与记录，并服务于农业生产与人们的生活。由此，国人创办的最早的气象观测所成立。

二、测候所的创办历程

南通博物苑测候所存在的时间不长，可分两个时段来叙述：

1. 前期：博物苑期（1906—1913年）

测候所建于光绪三十二年（1906年），从建成投入使用至搬迁前后历时7年，位于南通博物苑中馆，与博物苑的博物楼相向而建，负责管理的主要人员是博物苑苑主任孙钺。

张謇对测候所的直观认识来自日本。光绪二十九年（1903年），张謇应邀参观日本第五次国内劝业博览会，在历时70天的考察中，重点考察了可资借鉴经验的实业和教育。张謇在考察日本的制盐所、盐业调查所时，特别注意到了设于盐场的测候所，并在日记中做了记录。

张謇建设测候所的推力，来自一次切身的体验。光绪三十一年（1905年）八月三日，上海地区遭遇了一次百年不遇的特大风暴潮，据《宝山县续志》载："清光绪三十一年八月初三日申刻，天色昏暗，入夜大风雨。潮暴涨。""是夜高至十八英尺六寸，为近百年来所未有。"而"寻常潮量为五英尺至六英尺，即七、八月大汛，亦无有逾十英尺者。"就是说，这次风暴潮的潮高比大汛期超过了2.6米。又《上海县续志》记："初三夜，海溢，风浪怒激，船多覆溺。近浦各城门及租界马路平地水深数尺，沿滩各栈房积有货物漂没殆尽。"而当晚张謇正在上海，日记中对这次特大灾害做了完整的记录：

三日，飓风大作，夜尤厉，潮大上。中夜，卧室墙角倒。徐汇测候言不虚。

四日，知大马、四马路水深二三尺，毁失各栈物殆逾千万，崇明、宝山大灾。

五日，专足北渡，探沿海潮灾。知垦牧、盐业灾状大略。

七日，得垦牧六、七堤大伤，四堤次之，一堤又次之，二、三堤所伤无几。

本次灾害造成的人员死伤，《江苏省通志稿 · 灾害志》称："清光绪三十一年八月初三、四日，风潮为灾。崇明淹死沙民一万七千余人，川沙淹死五千四五百人，宝山淹死二千五百人。"张謇一面感叹徐家汇气象台的预测真实可靠，一面乘"大生"号江轮回通勘察灾情，途中仍不忘继续关注徐家汇气象台的天气预测：

九日，乘"大生"至川洪港。沿江桥路皆失。

十日，栈壁水痕二尺五六寸。

十二日，察视灾状，并检查各堤所报。

十三日，徐汇测候十四至十八微风，潮加二尺。

正是这年年底，张謇在家乡南通"规画博物苑"，"复与孙子鈇（钺）、宋跃门规度博物苑之建筑，拟测候室三间，动、矿物陈列室楼三间。"张謇为博物苑题写的石额特别记录了这一段经过：

光绪三十一年乙巳，购并地二十九家，凡三十五亩有奇。越岁丙午，苑馆、测候室成，搜集中外动、植、矿工之物，乡里金石，先辈文笔，资我学子察识物理。愿来观者，各发大心，保存公益若私家物，无损无缺。

从这些记录可知，测候所在博物苑之中是一处相对独立的所在。南通翰墨林印书局于1915年夏出版的《南通地方自治十九年之成绩》，记录了测候所建设的大致历程：

光绪三十一年（1905年），校长张謇，“因授博物课仅恃动植矿之图画，不足以引起兴味，国文、历史课仅恃书籍讲解，不足以徵事物图，地方人民知识之增进，亦必先有实观之处所，乃度地于校河之西，购并民房二十九家，迁移荒塚三千余座”。建设博物苑。

光绪三十二年（1906年），“为观测地方气候之状况，验南通农业与气候之关系，复附设测候所”。

光绪三十四年（1908年），八月，“就测候所安置测候器，并设寒暑亭于所侧”。

宣统元年（1909年），“正月一日，从事观测气候按日记载，揭所前而报告之，并登载通报以供地方人民佥知当日气候之状况。是为苑测候所记载之始，亦各县地方有测候所之肇始也”。

宣统二年（1910年），“造己酉测候年表”。

从以上记录可知，南通博物苑测候所建于光绪三十二年（1906年），于清宣统元年（1909年）正式投入使用。就这样，一个初具规模的气象观测机构基本建成。测候所测得的数据，通过当地地方报纸公开发布，以供人们生活、生产之需。当时用于此测候所建设的主要费用有：三间房屋，共花银2 487.908元。根据陈澐（泽渔）回忆，测候所所用仪器，为“购备日本制之测候仪器多种”。

关于测候所所测数据刊布于地方报纸一事，博物苑首任苑主任孙钺之子孙渠在《南通博物苑回忆录》中记：

当时的中馆是三间平房，中间为会客室，西房为职员寝室，东房为测候所。屋顶上有一晒台，约四平方米，名为观象台，设有测风力、风向、雨量等仪器。我父亲兼管天气预报，从宣统元年（1909年）元旦开始，在南通地方报纸上逐日登载天气预报。这是南通市气象史上的第一页。

测候所的天气预报不仅刊布于地方报纸，而且与南通沿海垦区有业务数据交流。《垦牧手牒》中有一函张謇致江知源的手札，江知源时负责垦区事务，综合判断此信应是写于宣统三年（1911年）：

……要求垦区自治公所须安设风力、雨量、寒温、燥湿计于台上，或即设于公司候台，每星期与博物苑测候处通讯。（冒朔桢可在自治公所或公司专司测候，详记风雨、风力、寒暖、燥湿、潮汛，兼管小学校旁垦种各事。）

此札提供了两种信息：一是当时的垦区也已建设测候所，二是垦区测候所与博物苑测候所交换观测数据。这说明已兼具一个地区的气象测候网雏形。可惜，当时的记录早已散失无存，无从了解更多的信息。

2. 后期：农校期（1913—1937年）

1913年，为加强测候所的工作力量，同时也是为培养测候人员的需要，南通博物苑测候所整体搬移至位于博物苑南边的南通甲种农业学校，博物苑中馆另行他用。时在农校就读、后又参与测候所事务的陈濡（泽渔）有详细记录：

1913年，南通甲种农业学校建筑测候台屋，将博物苑测候室之仪器移设其中，成立测候所，以作为农校学生实习气象观测之场所，其记录供农事试验作参考。但亦早已散失。

测候所建成后，方便了农校学生的实习，当时乙种农业学校三年级学生徐维廷作有《测候所落成志喜》，颇有价值：

原夫农校之设，专为研究关于农业之学也。而气象一门，尤为农家所不可缓之学。然空讲气象学，而无测候所以实验之，不但干燥无味，犹之纸上谈兵也，有何益欤！故气象学与测候所二者，乃相附而成，不可偏废者也。且测候所之功用甚大，非仅为建筑壮观瞻也。如春夏之间，往往有严霜巨雹，为害作物，而普通农人不知先事预防，祸患之来，束手无策，甚至已成熟之禾稼，俄倾消灭，相与叹息咨嗟，归诸浩劫而已！而一般迷信之徒，谓有掠福神经过，委诸运气之低，甚可悯也！有测候所，可知空气中温度之高低及湿度之大小，可以预测汛云之变态，气压之高低，霜雹之有无，雨量之大小。即可预告农界，早为预备，以免损豁作物，其功不（期）大哉？如今春夏之间，通海境内，屡有雨雹之事，虽未成灾，而经过之处所伤作物甚多，故农产收量大减。使早知预防，何至（遭）此痛苦耶？此无气象台与测候所之关系也。小子肄业农校，已三年矣，虽教师以气象授我，而无测候所以试验颇觉困难，如堕五里雾中，不释其疑。今年春季，校长不惜巨资，饬匠建筑。五月初旬，鸠工庀材，兼旬而成。位置在本校之中，教室之西，寝楼之东，为同学往来之孔道。落成之日，各班同学，雀跃忭舞，喜形于色，群相庆贺，共幸试验之得所矣。至于装配仪器，稍需时日，因髹漆未干也。吾班今爰毕业，而始见测候所之成立，从此可增长经验，实吾辈之大幸也，故书数语以志喜！

1913 年 7 月南通乙种农业学校三年级学生徐维廷作。

此文刊载于《南通农校课余杂志》第四期杂俎一栏，从文中所述，可见农校对气象测候所的欢迎。《南通地方自治十九年之成绩》记录了测候所的大致情况，可帮助我们对此有一全面了解：（测候所）设农学校，计面积三方七角。其建筑：计台高一丈五尺，上安风力风向计，下造记载室；后建平屋三间，备记载生休息。均系砖造洋式平房，上布水泥平台，屋内铺设地板。记载室中亦设晴雨计。约共需银八百元，由张詧、张謇捐助。

据《二十年来之南通》记载，“到了农校，测候所设备极周，空中设备固无论也，即地温、草温、蒸发量、雨量、地下水之深浅等，均设器以测之”。从此可见，当时的测候所仪器设备已是十分先进。

鉴于气象工作的重要性，三年后，张謇着手建设更全面的气象观测机构，1917 年建成南通军山气象台，军山气象台成立后，农校测候所即告停测。至 1937 年抗日战争爆发后，学校它迁，测候所也随之自然消失。

三、南通博物苑测候所是中国最早的一座气象观测站

从 17 世纪外国传教士开始在我国境内运用现代气象仪器观测天气，至鸦片战争后，西方各国纷纷在我国沿海、沿江设立气象测候所，均有强烈的侵略特征。我国收回气象主权，由国人自己设立、管理气象的观测机构，最

早的应属设于南通博物苑的测候所。

在以往的论述中，通常将最早的气象观测机构认定为中央观象台。中央观象台成立于1912年，下设四科，气象是其中一科，但由于时局维艰，直至1913年7月始由留学回国的蒋丙然正式组建，当时的气象仪器也十分简陋，只有空盒气压表、干湿球温度表、雨量计、百叶箱等，于1914年1月开始气象观测，1916年开始向社会发布天气预报。此时，南通博物苑测候所已易址再建，气象预测工作业已是农校学生的试验之所了。当然，中央观象台当之无愧为我国近代官办的第一个综合性国家观象台，它的建成标志着我国近代气象事业有了新的起点。

关于南通博物苑测候所的称谓，有史料称之为“测候室”，有必要作一厘清：

一是“测候室”之称，多见于规划、建筑中馆期间即光绪三十二年（1906年）至宣统元年（1909年），多指建筑本体，中馆建成、测候工作开始进行之后，“测候室”的称谓随之消失。

二是早期史料中也有“测候室”与“测候所”混称的情况，但作为机构的名称均作“测候所”，如《南通博物苑规划图》《南通地方自治十九年之成绩》《南通县图志》等。光绪三十三年（1907年）张謇致端方函谈及地方建设时亦明确称：“丁未，增测绘及农工豫科，增植物苑、博物馆、测候所。”

综上可见，测候室指的是建筑，是用于测候的处所即今之中馆；测候所才是作为测候机构的名称。产生名称歧义，大略因其规模小、加之要与日后迁至农校的测候所有所区别而致。

四、南通博物苑测候所的意义和贡献

南通博物苑测候所的建成饶有意义。我国近代科学落后，张謇先生以一己之力，率先创办了南通博物苑测候所，开我国气象观测之先河，使我国气象事业从无到有，从低级到高级，在当时起到了实际的示范作用，促进了气象科学的发展。难能可贵的是，测候所的起步虽然规模不大，但发挥的实际效能却极具现代意义，如与垦区进行气象数据交流，如所测数据在本地报纸公开发布，这些工作实际担负了一个地区气象网的功能构建，其气象服务的对象从生产扩展为大众生活，这是殖民者、侵略者所办的气象站不可能为之事，尤具历史意义。

1913 年，张謇出任北洋政府的农商总长时，大力推动我国农业气象台的建设和研究，在他的倡导下，农商部通令全国各地农林学校及农林试验场设立气象观测所，不仅建设了网状的观测点、配置了专门的观测设备，而且建立了周密的观测数据交换机制，开创我国近代农业气象工作新纪元，对我国气象观测为农业生产服务做出了卓越的贡献。这些贡献与早期南通博物苑测候所的实践也是息息相关的。

南通博物苑测候所也为我国早期的气象科学培育了人才，从博物苑至农校，再发展为南通军山气象台，早期的工作者均成为我国气象工作的先行者。

测候所培养的人才推动了我国气象事业的发展。至抗日战争爆发前，江苏省境内国人私立及顽政府所属水利、交通、农林、蚕丝、水产等机关、学校、试验场等所设之各级测候所 74 处，雨量站及蒸发量站 37 处，远远领先于国内其他省份。至竺可桢提出《全国设立气象测候所计划书》，计划用 10 年的时间，全国建立气台 10 处，测候处 150 处，雨量测候所 1 000 处，努力发展我国气象事业和气象研究，我国近代气象科学事业又进入一个新的发展时代。追根溯源，南通博物苑测候所是中国近代气象事业发展史上的一座不可忽略的里程碑。

中国第一部狩猎法

民国《狩猎法》

中国第一部《狩猎法》由张謇在担任北洋政府农林、工商两部总长期间主持制订并由《政府公报》颁布实行的。具有生态意识的张謇，面对我国在野生动物保护方面，既无规定和限制，更无法律条文，长期处于滥杀乱捕的无序状态，他于1914年主持起草《狩猎法》，对狩猎的器具、方法、区域、时间和人员等进行了规范。是年9月1日，《狩猎法》正式颁布实行。《狩猎法》共14条，虽然条文不多，但它的法律意义具有开创性的价值。

中国第一部狩猎法

民国《狩猎法》

张廷栖

狩猎是人类最早的生存手段，我们的祖先，以狩猎获取生活来源，到了农耕社会才逐步转移，但是，狩猎仍是人类获取生活资源的重要手段之一。为规范人们狩猎行为，有效保护野生动物的生存，维护自然生态环境，有必要制订法律条文。

一、《狩猎法》的制订背景

森林是野生动物赖以生存的乐园，保护森林就是保护野生动物的生存环境。保护野生动物不仅要保护森林，还需规范狩猎行为，限制滥捕滥杀。在人类历史上，人们为了获得更多的食物和毛皮，甚至有意放火烧林，驱赶并猎取野兽。随着时代的进步，生产的发展，开始有了种植业和饲养业，增加了食物的来源，减少了对野生动物的依赖，然而人口的不断增长，城邑的出现并不断增多，对木材的需求不断扩大，于是进行了更大规模的森林开发，以致对森林的乱砍滥伐日益严重，野生动物的栖息地也越来越小，加上山区乡规民俗有狩猎的习惯，野生动物的种群和数量日益减少。到了清代，对森林的保护，也仅有长白山及承德等地森林的保护诏令，而对于野生动物，既无相关的规定和限制，更无相关的法律条文，长期处于滥杀乱捕无加管理的状态。作为农商总长、又具有生态意识的张謇，岂能容忍如此状况延续？

二、《狩猎法》的内容

张謇在农商总长任上不到一年时间，即1914年9月1日，在林区实地调查研究的基础上主持制订，并由《政府公报》颁布了中国历史上第一部《狩猎法》。

《狩猎法》共计14条。首先对各地狩猎的器具种类进行限制，由地方警察局制订，并通过地方最高行政长官转至呈农商部。对狩猎者，无论何人，一律经警察官署核准，领取狩猎证，持证狩猎，每年交费一元。该法第三条、第四条两条规定了禁止使用的狩猎方法和区域。如禁止以炸药、毒药、剧药、陷阱等方法捕获鸟兽；禁止在禁山、历代陵寝、公园、公道、寺观庙宇境内、群众集聚之地进行狩猎。狩猎的手段和区域受到限制。该法第五条、第六条两条分别规定鸟兽窜入私家庭院，非得到主人同意不得任意追捕；受保护的动物，一律禁止狩猎。这些规定使珍稀动物受到保护。该法第七条关于狩猎证书，不得转借、冒用；狩猎时随身携带，随时准备接受官署检查。该法第八条关于狩猎期，定于每年的十月一日至翌年的三月末止，其他时间严禁狩猎，如遇有特别情事经警察官署核准延长，但也不得超过1个月，即四月末止，保证繁殖期间野生动物的生殖繁衍。狩猎时间受到限制。该法第九条、第十条、第十一条，这三条分别规定违反各项条款而给予不同的处罚，不同的罚金等。对执法管理有了标准。该法第十二条规定执法机关为当地的警察机构，无警察机关者由县知事处理，未设县知事地方者，由该管地方长官处理。明确了执法机构。该法第十三条、第十四条两条规定法律生效时间和不适用本法的特别事的特定区域。《狩猎法》尽管是初创，条款也比较简要，但它的法律意义是十分重大，是具有开创性的意义。

三、《狩猎法》是中国关于保护野生动物的第一部法律

张謇于1914年9月1日主持制订并通过《政府公报》颁布的《狩猎法》，之所以称为中国历史上第一部《狩猎法》，是因为前所未有。从历史上来看，最早认识到要保护野生动物的战国时期《吕氏春秋》中指出“竭泽而渔，岂不获得？而明年无鱼；焚薮而田，岂不获得？而明年无兽；……非长术也。”并认识到“树木盛则飞鸟归之，庶草茂则禽兽归之”。后来在一些法律关系到保护森林的条文中涉及保护野生动物。秦始皇嬴政二十六年(公元前221年)制订的《秦律》，在“田律”这部分内容中规定，自春二月起不准伐木，不到夏季不得烧草为肥料，不得折初生植物，不准猎取幼兽、幼鸟及鸟卵，不准毒杀鱼鳖，不准设置捕捉鸟兽的陷阱和网罟，至七月解除禁令。北宋因林

木破坏加剧，故保护山林、禁止山火、禁止滥伐和保护野生动物资源等方面也有一些诏令。以上种种保护野生动物资源的认识和所产生的法规和条例，为后人对保护动物和森林实行永续利用奠定了思想基础，为制订法律法规创造了条件。然而，查阅历朝历代，仅有一些正确的认识和个别的保护条款而已，既无完整的法律，更不要讲有独立的单行《狩猎法》了。这一历史的任务落在张謇的肩上，由他担任农商总长期间负责完成，主持制订了《狩猎法》，开创了为狩猎立法的先河，写下了保护野生动物史新的一页。

四、《狩猎法》制订的历史价值与意义

1. 张謇制订并颁布的《狩猎法》，是中国首创的以保护野生动物，维护生态平衡的第一部法律，成为保护野生动物的立法之源，为以后的历届政府所继承。如 1932 年，民国政府公布新的《狩猎法》就是在此首部《狩猎法》的基础上，根据情况的变化，时代的发展进行修订、补充，增添有关的内容。张謇在保护野生动物的立法史上起了开创性的作用。

2. 首部《狩猎法》的制订与颁布，使执法部门和有关行政机关有法可依，有责可问，有刑可量。尽管当年的北洋政府处于相当混乱状态，张謇又于第二年为反对袁世凯复辟帝制而辞职，法律的贯彻实施效果也相当有限，后来更是长期处于军阀混战时期，但这部《守猎法》还是具有一定的威慑力、约束力，对长期以来存在的对野生动物滥捕乱杀、对狩猎放任自流的现象有所制约，无法律约束制裁的现象有所改变，为以后的执法、施法打下基础，为濒临灭绝的许多珍稀动物等自然资源得到有效保护创造了条件。

3. 张謇制订的《狩猎法》，为后人保护野生动物进行立法提供了历史经验。1932 年的《狩猎法》就是在这第一部《狩猎法》的基础上制订的，法律的内容条款由原来的 14 条增加到 19 条。中华人民共和国成立后，于 1988 年在过去《狩猎法》的基础上，为了保护和拯救珍贵、濒危野生动物，维护生物多样性和生态平衡，推进生态文明建设，制订了《中华人民共和国野生动物保护法》，经过了两次修订，现行法律条文总共有 5 章 58 条，对野生动物及其栖息地的保护、管理和法律责任等都做了详尽的规范，是一部十分完善的单行法律，并且还有与此配套的法规和条例。如《中华人民共和国陆生野生动物保护实施条例》，共 7 章 46 条，珍贵、濒危的水生野生动物另有《中华人民共和国渔业法》等有关法律的规定。实施内容更为详尽，贯彻执行更为切实可行，有效地保护了濒临灭绝的珍稀动物和自然生态环境。从中也可以看到，张謇为野生动物立法的思想，在新的时代得到了进一步发展；保护的范围，不仅是陆生野生动物，还包括水生野生动物的保护，还有明确的国家对野生动物实行保护优先、规范利用、严格监管的原则，鼓励开展野生动物科学研究，培育公民保护野生动物的意识，促进人与自然和谐发展等。这些内容虽然在第一部《狩猎法》中是没有的，但都是在张謇第一部《狩猎法》基础上的传承和发展。由此可见，为保护野生动物所制订的第一部《狩猎法》功不可没！

大生纱厂

并非中国第一家发行股票的股份制企业

大生纱厂是我国早期具有代表性的股份制企业之一，但并非第一家股份制企业。“中国创建大机器纺织工厂之始”是上海机器织布局。它采取股份制公司形式，按照轮船招商局的办法集股，他们发行的股票是中国纺织企业最早的股票。由此可见大生纱厂 1897 年发行的股票更不是全国纺织企业的第一张股票。大生纱厂虽非最早的股份制企业，但它是及时召开股东大会的具有代表性的股份制企业。它不仅对南通地区有重大的历史性贡献，而且在中国近代工业史上占有重要地位。

大生纱厂厂房

清花车间

梳棉车间

粗纱车间

并条车间

摇纱车间

细纱车间

成筒车间

轮机房

并非中国第一家发行股票的股份制企业

大生纱厂

张廷栖　姜　平

有人说"大生纱厂是中国首家发行股票的股份制企业"，并将它在光绪二十三年（1897年）发行的股票称为"中国最早的股票"。还有的退而认为光绪二十一年（1895年）张謇创办的大生纱厂是"中国首家棉纺织股份制企业"等。它们是不是全国最早的股票或者是中国第一家棉纺织股份制企业呢？这些都必须以事实为依据。我们首先应从了解大生纱厂的历史开始。

一、张謇创办大生纱厂的历史背景

从18世纪末到19世纪初，英国、美国、日本各国纷纷靠纺织工业发达致富，并将资本输出和原料掠夺的矛头对准清王朝统治下的中华大地。面对两次鸦片战争后外国"洋纱""洋布"的大量涌入，清朝政府中的洋务派代表人物迟至19世纪90年代，方始重视从欧洲大批引进动力纺织机器和技术人才，创办了中国第一批使用动力机器的棉纺织企业。这批由洋务派官员创办的近代纺织工厂，从诞生到夭亡维持了仅三四年，却为随后登场的我国民族资本纺织工业拉开了序幕。

在大生创建之前，以上海为中心的我国民族棉纺织业兴办已经初具规模。其中上海7家，苏州、无锡、宁波、杭州各1家，武昌2家。这批早期兴造的以官督商办为主要形式的民族资本棉纺织企业，官府既为主要发起者，官府在扶植的同时又力图去控制它。在这种体制下，企业无法抵制官府的征调、挪用，也无法遏制来自官场的营私舞弊和贪污腐败现象。上海早期官办、民办企业的生存境况为张謇筹创大生纱厂提供了成败借镜。

事实上，甲午战争后清政府允许民间集资办厂，无论官督商办、官商合办等股份制形式都已日益显露弊端。民间资本迫切要求独立发展，希望有一种社会力量可以出来充当他们与官方之间的桥梁，帮助他们向官府争取必要的保护与支持，同时避免官吏的苛派和骚扰。张謇以其翰林、新科状元与总理通海商务的特殊身份投身工商活动，“介官商之邮”，顺应了民间力量发展诉求与近代民族工商业登上历史舞台的时代需要。

南通是我国著名的棉产区。植棉业的发展，促进了农村家庭纺织业的兴盛，成为苏北地区最早的土布之乡。大生纱厂创办前，通海布业大宗的关庄布，已由原来的全土纱尺套，改为洋经本纬的大尺布，北销营业日趋旺盛。大生纱厂设厂时，通海关庄布的北销量年约 10 万件，计 400 万匹，日需机纱 80 大包 [相当大生纱厂开工头几年（2.04 万纱锭）日产量的 2 倍]。尽管通海两境每日销售洋纱数量已达到 20 大包，仍有 3 倍于此的市场需求要靠当地农民以手摇土纱聊以充补，亟待外埠洋纱的大举涌入。在此情势下，清季的苏北江海平原上呈现别一番局面：当地通花大量外输，国外洋纱纷纷涌进，素以棉产称著的广大通海棉乡，已然跃居“近代中国最大的手织区”，同时亦沦为国外洋纱竞相倾销的“阑尾”。张謇目睹国外洋纱源源不断地输入，而中国本地优质棉花则源源外流，他痛感此状“无异于沥血肥虎，而袒肉以继之”。为抵塞漏卮，设厂自救，光绪二十一年（1895 年）张謇在家乡通州创设大生纱厂。

二、大生纱厂的成功创办

张謇筹办大生纱厂之初，为避免企业实权落入官方手中，仿行西法以股份制形式吸引民间资本筹设纱厂。张謇与“通、沪六董”商定办一个 2 万锭的纱厂，“沪董”筹集 40 万两，“通董”筹集 20 万两。光绪二十二年（1896 年），张謇以大生纱厂公开向社会集股 60 万两，分 6 000 股，每股规银 100 两，以“长年官利八厘，余利照章按股分派”的优惠条件吸引社会游资。股票发行以两个月为期，分别在上海、南通、海门三处认购，结果应者寥寥。时值上海纱市疲软，加上通州僻处江海一隅，风气未开，集资遭遇极大困难。张謇奔走于通沪之间，忍辱蒙讥，屡经挫折。由民间商人集股不成，张謇只得向官府寻求援助。光绪二十二年（1896 年）十月，张謇通过曾任两江总督兼南洋商务大臣的刘坤一，将光绪十九年（1893 年）张之洞搞“洋务”时用官款向美国买来办湖北织造局搁置在上海的一批已经锈蚀的官机 40 800 锭，作价 50 万两入股大生，作为官股投资，另由张謇组织绅商再筹 50 万两合作经营。光绪二十三年（1897 年），大生重订集股章程，向社会招股 50 万两。可是动议不久，50 万两商股筹集尚且举步维艰，作为发起的股东们，畏于官股介入，反悔的反悔，请退的请退，集股根本难以为继。张謇独力支撑于进退维谷之境，不得不又改用“绅领商办”形式。此际，以官督商办及官商合办形式垄断洋务企业的盛宣怀也正要增购纱机。光绪二十三年（1897 年）七月十四日，在刘坤一的过问下，张謇和官商盛宣怀达成《通沪纱厂合办约款》，4.08 万锭官机由张謇与盛宣怀对分，各领一半办厂。大生领得 20 400 锭，作价 25 万两官股入股大生。大生商股的 25 万两也以白纸黑字的合同条款明确由盛氏帮助筹集。这一年，大生纱厂的筹办才进入实质性阶段。当年九月初一，“大生机器纺纱厂股票”开始发行。九月二十二日，张謇承领的 2.04 万纱锭官机由清廷“威靖”兵轮经由芦泾港运抵唐家闸。“运通安设之时，剔出腐败者堆积如阜。”连随机洋工程师汤姆斯看了也叹息摇头。光绪二十四年（1898 年）正月，厂房正式动工。一方面，用款日繁月紧；另一方面，各路许入之股不至。张謇昼夜奔波，四处求援，但收效甚微。大生纱厂再次面临生死关头。张謇不得已再次求助于刘坤一、张之洞、桂嵩庆及凡相识之人。但是，当初曾答应筹集五六万两的桂嵩庆“屡催不应”，承诺共筹新股 15 万两的盛宣怀则“寂然如桂”，张謇写了无数告急书，几乎字字有泪。从光绪二十一年（1895 年）底开始筹办到光绪二十五年（1899 年）春投入生产，大生纱厂招股集资历经艰难，几濒夭折。光绪二十五年（1899 年）三月二十九日，经历重重挫折的纱厂终于在南通唐家闸建成开机。四月十四日，大生纱厂正式投产出纱。大生开机后，沪上纱滞如山，而通地恰逢纱价看涨，销路独畅。从开车初次出纱到次年二月的收支结算，已有 26 850 两的净利盈余。在支付了官股、商股的 4 万多两官利后，1900 年就盈利 7.8 万多两。其后，张謇利用大生纱厂获得的利润，滚动发展，获得了空前的成功。

1. 大生纱厂的兴旺发达

从光绪二十九年（1903 年）起，张謇凭借大生纱厂的连续赢利迅速扩张。次年在崇明外沙购地 165 亩，筹建大生分厂，即大生二厂。光绪三十三年（1907 年）正月十五日大生二厂建成，2.6 万锭纱机全部开动。同时设立大生纺织公司，统一管理一、二两厂。至宣统三年（1911 年），大生一、大生二两厂纯利累积共达 370 余万两，资金总额也增加到将近 200 万两。1914 年开始在海门筹建大生三厂，有纺机 3.03 万锭，布机 200 台，1921 年 10 月 10 日开车。1920 年又筹设八厂于南通城南江家桥，1924 年投产，有纱锭 14 965 枚，后添置布机 400 台，1928 年更名大生第一纺织公司副厂。4 个纱厂的纱锭总数增加到 160 360 枚，比大生投产开车时增加近 7 倍；资本额 708.4 万两，比投产开车时增加近 15 倍；固定资产增加到 919.1 万两，比投产开车时增加近 17 倍。翻开大生纱厂历年的账略，从 1899 年开机出纱，工厂创下连获厚利 21 年的经济奇迹。尤其自 1914 年至 1921 年，大生一、二两厂获利高达 1 000 万两以上。正是在这短短的 20 年里，张謇把一个资本不足 45 万两、纱锭仅 2 万余枚的棉织厂，发展为 16 万纱锭、1 300 余台布机，拥有 40 多个企事业单位的总资本达 3 000 万元的中国第一家民族资本企业集团——大生资本集团。

2. 大生纱厂的曲折历程

第一次世界大战结束后，外国列强卷土重来，民族资本纺织业的短暂繁荣一去不返。1922 年后大生企业经营持续恶化，连年亏损，企业迅即陷入周转不灵的厄境。1925 年，由中国、交通、金城、上海四家银行和永丰、永聚钱庄债权人组成的银行团对大生各纱厂进行清算和接办。上海银团接管理经营大生纱厂的 13 年，银团代理人李升伯为实现大生的复兴，先后投入 800 多万元资金用于大生纱厂的基本建设和生产的发展。同时厉行改革，实施救活大生的“工务改革”计划，对大生企业进行了卓有成效的整顿，同时收回被抵押出去的大生八厂更名大生副厂，使大生纱厂成功地摆脱了破产厄运。在金融资本控制下的大生一厂、大生副厂，除个别年份外，即使在棉纺织工业处于危机的萧条期间也还能保持有所盈利。各厂所负银行债款至抗日战争爆发，在通货膨胀、法币贬值的特殊条件下，最终得以陆续还清。

1938年3月17日，日军侵占南通。大生纺织公司借“以德御日”策略，为大生纱厂赢得2年不到非常时期的生产经营，获利丰厚。1939年3月，日军对大生各厂实行军管，将一厂改名“江北兴业公司钟渊纺织厂江北二厂”。沦陷期间，日军武装队伍进驻大生各厂，对通海地区棉花与纺织品物资进行掠夺，对大生各工厂机器设备和钢材任意拆毁以充军需，给工厂造成重创。抗日战争胜利后，大生企业又遭内战摧残，直至全国解放才重获新生。

中华人民共和国成立后，大生纱厂成为苏北最早实行公私合营的企业之一。1966年，大生纱厂更名为国营南通第一棉纺织厂。自1978年开始，企业加快了老厂改造步伐，相继实施了多项重大技改工程，创造了当时国内棉纺行业先进水平，受到全国科学大会的表彰。随着改革的深化，1996年改制为江苏大生集团有限公司。2004年又成功受让南通二棉集团有限公司100%股权，成为拥有全资、控股、参股公司及生产实体29个，资产总额28亿元的大型企业集团。江苏大生集团有限公司经历了百年风雨，成为我国纺织工业硕果仅存的横跨了3个世纪的长寿与常青企业。

三、大生纱厂并非中国首家发行股票的股份制企业

有人说大生纱厂是中国首家发行股票的股份制企业。大生纱厂是我国早期的具有代表性的股份制企业之一，但并非第一家股份制企业。我国第一家股份制企业早有其名。根据《旧中国的股份制》一书的开卷说明：“1872年，由李鸿章奏请清廷募股建立的轮船招商局，就是国内第一家股份制企业。”十分明确，轮船招商局才是我国第一家股份制企业。而且在大生纱厂之前的股份制企业，除了轮船招商局，还有汉冶萍公司、中国通商银行等，均是股份制企业。既然在大生纱厂之前这些均是股份制企业，都应该发行股票，所有的股东都应该持有股票为凭证，尽管股票的形式可能多种多样，但都是投资凭证。所以最早的股票应该是第一家股份制企业发行的股票，那就是轮船招商局的股票，所以大生纱厂1897年正式发行的股票并非中国首家发行的股票。说大生纱厂发行的股票是全国第一张股票，这不是历史事实。

大生纱厂也并非“中国首家棉纺织股份制企业”。有人认为大生纱厂不是全国第一家股份制公司，却认为是全国纺织企业中的第一家股份公司。确

认大生纱厂是全国纺织企业中第一家实行股份制企业，就要论证在它创办之前的中国有没有纺织企业？这些企业有没有实行股份制？凭历史事实说话。根据严中平的《中国棉纺织史稿》一书提供的有关史实，在大生纱厂创办之前，华商棉纺织企业就有上海机器织布局、华新纺织新局、湖北织布局、华盛纺织总厂、裕源纱厂、裕晋纱厂、大纯纱厂等 7 家之多，可见大生纱厂不是中国第一家纺织厂。中国最早创办的纺织企业是上海机器织布局，“为中国创建大机器纺织工厂之始”。以上 7 家纺织企业大多是股份制企业。就上海机器织布局而言，该厂创始人谓“资本的筹集方面，彭某说这个厂将采取股份制公司形式，按照轮船招商局的办法集股”。显然，上海机器织布局才是中国纺织企业的第一家股份制企业，他们发行的股票才是中国纺织企业最早的股票。由此证明，大生纱厂 1897 年发行的股票并非全国纺织企业的第一张股票，应该正本清源，纠正以往错误的提法。然而，大生纱厂的创办另有其历史价值。

四、大生纱厂的历史价值和现代意义

大生纱厂虽然并非最早的股份制企业，但它是及时召开股东大会的具有代表性的股份制企业，它不仅对南通地区有重大的历史性贡献，而且在中国近代工业史上占有重要地位。

1. 开创了南通工业化的道路。大生纱厂是张謇首创的大型企业，它的成功创办和连续赢利，带动了一系列企业的创办，使南通这座江海一隅的偏僻落后州县，由农业文明转变为工业文明，由农耕社会走上工业化道路，成为全国模范县，实现了早期现代化，被历史学家们称为中国早期现代化的“南通模式”。

2. 中国民营企业的榜样。大生纱厂是中国早期大型民营企业之一。它的成功首创，衍生了一系列的企业。自从光绪二十七年（1901 年）创办了通海垦牧公司以后，张謇对大生纱厂实现了跨行业的发展，标志着大生资本走向集团化。作为中国第一个民营资本集团，它的示范作用成为引领中国民营企业做大做强的标杆。大生纱厂就是这个资本集团的核心，也是这个资本集团的前提和基础。

3. 大生纱厂是当今的长寿企业。大生纱厂至今已有122年的历史。其间，大生虽然经历了民营、公私合营、地方国营、企业改制直至今天的国有控股大型企业集团：江苏大生集团，但它的生产始终没有停止过，具有连续生产的悠久历史，是全国罕见的长寿企业。它的历史就是全国纺织工业史的一个缩影，具有重要的历史和学术研究价值。

4. 大生纱厂给我们留下了宝贵的工业文化遗产。当年张謇在唐家闸的一个乡村渡口，创办了这座大型纱厂，并不断地建设与之相配套的设施，形成了一个百年工业城镇。至今，唐闸老镇不仅仍完整地保存着当年的车间、仓库、工房、交通等工业设施，而且还保存着百年民居、市井、学校等完备的街道机理。就工业文化遗产的概念而言，这里不仅有保留了工业遗产的内涵，也包括了工业遗产的全部外延，是不可多得的完整的工业文化遗产，受到文物界人士的赞叹和重视，被列入全国重点文物保护单位。

女工传习所

并非中国第一所刺绣学校

南通女工传习所是张謇在通州女子师范学校附设手工传习所的基础上，聘请刺绣艺术家沈寿任所长兼教习，由张謇亲自出任所董，于1914年创立的我国早期的一所刺绣学校。在这之前，且不说上海、苏州、无锡等地民间早已有多所刺绣学校，沈寿在清廷就办有绣工科和在天津办有女工传习所，所以南通女工传习所并非第一所刺绣学校，但它在我国近代工艺美术教育史上有着特殊的地位和贡献，尤其是诞生了刺绣艺术史上新的艺术分支：“沈绣。”

女工传习所外景

女工传习所所长沈寿与学员合影

学员上课

张謇、沈寿与第一届研究生毕业生合影，前排左起：施宗淑、沈立、张謇、沈寿、金静芬

并非中国第一所刺绣学校

女工传习所

张廷栖

自从《张謇所创企事业概览》一书中有女工传习所“是我国最早的一所培养女子刺绣工艺人才的专门学校”，以及2000年8月《中华工商时报》上刊有“女工传习所（1914年）我国第一所刺绣技术学校”以后，这个提法，在领导讲话、学者著作以及报刊杂志中广为流传。如2014年9月2日《南通日报》“今年9月，是中国第一所刺绣学校女工传习所一百周年”，9月28日又有标题为“中国近代第一所工艺美术职业学校——南通女工传习所暨仿真绣百年成果展示活动举行”的报道。南通女工传习所是我国第一所刺绣学校吗？

首先，它是我国近代的一所刺绣学校。

南通女工传习所是张謇所创办的我国近代的一所刺绣学校，在我国近代工艺美术教育史上有它特殊的地位和贡献，尤其是诞生了刺绣艺术史上新的艺术分支：“沈绣。”

南通女工传习所的前身是附设在南通女子师范学校的手工传习所。手工传习所创设于光绪三十四年（1908年）正月。据南通师范学校校史记载：“通州女子师范学校附设手工传习所，分编物、造花两科。”“造花”即刺绣。1914年编辑、1915年出版的《南通自治十九年之成绩》一书中，改称为“女工传习所”。即1914年，张謇聘请沈寿前来南通任教后，成为县立女工传习所。

张謇早在宣统二年（1910年）在南京举办南洋劝业会期间就认识了沈寿，对她的艺术造诣深为赞赏。“謇恐其艺之不果传也”，特诚聘她来南通，继续发展她的刺绣艺术；同时，也为南通妇女有一份职业而自食其力，努力创办女工传习所。当时的张謇尽管忙于农工商部的国家大事，但对女工传习所的办学十分重视，由张謇亲自出任所董，聘请刺绣艺术家沈寿任所长兼教习，于1914年9月28日正式开学。开始在通州女子师范学校所在的珠媚园办学。

传习所实行循序渐进的多层次办学。入学首先是预备班，要求学员掌握刺绣的基础针法和基本技能，然后进入两年制的普通班，开始学习文化知识，语文、书法、体育等的公共课，再是国画、花卉、动物、翎毛等专业基础课；到了本科班除了音乐、古文、算术、家政等公共课和专业基础课水粉绘画，其余均为刺绣，要求能画能绣。为了普通妇女也能享受到良好的教育。所以学员大多具有文化知识和良好的艺术素养，她们的作品与社会上的一般绣工的刺绣有明显的区别，具有文化和艺术气息。进入高级班，也称特修班，专攻油画风景绣和肖像绣，由沈寿亲自教授，要求学员不仅理解西方油画知识，而且刺绣作品具有仿真的艺术效果，即仿真绣的水准。学完高级班需要5年的时间。

随着女工传习所的发展，校舍不能适应，所董张謇、张詧弟兄，选择城南药王庙西侧濠河畔的地块，于1916年建筑独立的新舍。又于1920年，为了学生的刺绣作品的销售成立南通绣品总局，经销绣品，对外还在美国纽约的第五大街设立分局，负责销售。后因商品在美国海关滞留，为关税纠纷而损失严重，至1922年因资金周转发生严重困难而停办。

沈寿以病弱之躯在南通执教8年，于1921年6月去世。沈寿逝世后由其姐沈立接任所长。南通女工传习所曲折多变，抗日战争期间，日本侵略军成立江北兴业公司作为在华经济掠夺的机构，侵占校舍成为江北兴业公司南通本部，南通女工传习所因时局动荡，于1939年宣告撤销。女工传习所办学25年，各种班次的毕业生共15届，培养学员300余人。他们不仅具有一定的文化知识和刺绣技能，而且还有相当的艺术素养，特别是其中高级班，也称特修班的学员，掌握了仿真绣的艺术，这是“沈绣”艺术流派成为刺绣艺术的一个重要分支。所以女工传习所为中国刺绣艺术的发扬光大做出了不朽的贡献。

女工传习所旧址为南通市文物保护单位。1992年，在女工传习所的原址上建立沈寿艺术馆，成为南通市对外开放、开展文化艺术交流的一个窗口，传承的“沈绣”艺术也成为南通市一张靓丽的城市名片。

其次，它并非是中国第一所刺绣学校。

清末民初，上海、苏州、无锡等地民间早已有多所刺绣学校，如光绪十六年（1890 年），即在苏州创办有同立绣校。即使沈寿本人在南通女工传习所任所长之前，也担任过两所刺绣性质的学校的教习。

第一所是清廷农工商部绣工科。沈寿原名沈云芝，其夫余觉又名兆熊、冰臣，清代举人。光绪三十年（1904 年），余觉得悉慈禧 70 寿辰，以其夫人沈云芝刺绣的“八仙上寿图”为寿礼，深得喜好刺绣的慈禧欢心，亲笔手书“福”“寿”两字相赐，沈云芝由此更名沈寿。余觉又趁机上书建议创办女子刺绣学校，获准在农工商部设立绣工科。绣工科即为官办的刺绣学校。慈禧并下谕余觉、沈寿夫妇前往日本考察工艺教育。光绪三十二年（1906 年），余觉、沈寿夫妇回国后，即在四月前往北京农工商部报到，五月在磨盘园地方办学，招收学生 80 名。也就是说，绣工科是参考日本刺绣工艺美术教学而创办的，虽然名为绣工科而其性质是一所正规的工艺美术学校。该绣工科直至辛亥革命，清王朝退位后解散，办学 5 年多。

第二所是天津女工传习所。绣工科的解散，清王朝的灭亡，余觉、沈寿夫妇流落天津，为生活所需借住植物园，与绣工科的教员办起女工传习所。生徒不多，收入有限，直至应张謇之邀来南通办学，历时两三年。虽然它存在时间短、规模小，但其性质还是一所民办的刺绣学校。

由此可以断定，官办的绣工科与民办的天津女工传习所都是诞生在南通女工传习所之前，在近代史上，无论是官办还是民办，南通女工传习所均不是第一所刺绣学校，也不是第一所工艺美术职业学校。

最后，南通女工传习所的历史价值。

南通女工传习所的历史价值并不在于它是否是历史上第一所刺绣学校，而在于如下几方面：

一是创立了多层次工艺美术的办学模式。张謇与沈寿根据我国的实际情况，为了适应社会对刺绣人才不同层次的需要，创立了速成班（又称预备班）、普通班、本科班、高级班（又称特修班）的办学模式。而且设置了各个不同层次的课程，既有文化公共课，又有专业基础课和专业课，为我国的工艺美术教育探索出一条办学的新途径。

二是为我国培养了一批刺绣艺术人才。南通女工传习所处于落后的旧中国，20多年艰难曲折的办学历史，仅15届，毕业生300多人，但培养了一批优秀的学员，如巫玉、周禹武、金静芬、施宗淑、袁佩秋、李巽仪、张元芳、张淑德、李群秀、陈锦、庄锦云、王坚、葛秀芹、宋燕玉等，是这些学员为“沈绣”非物质文化遗产做出了贡献。如今南通的刺绣艺术群体中荣获不少的荣誉称号，如黄培中经国务院批准为“中国工艺美术大师”，庄锦云、金蕾蕾荣获“江苏省工艺美术大师”称号，金蕾蕾还成为“仿真绣艺术传承人”，还有仇美兰、周珏红等一批成为“江苏省刺绣工艺名人”如此等等，均得益于当年的女工传习所。

三是挽救了刺绣艺术新流派：“沈绣。”“沈绣”创始人工艺美术大师沈云芝，即沈寿。她自从绣工科解散以后，处于社会动荡，军阀混战的背景下，生活无着，流离失所，要不是张謇担心她的艺术失传而聘来南通，为她创造了良好的环境，她的技艺很可能在动乱的社会中被扼杀，“沈绣”艺术不可能发展、完善、传承，成为工艺美术百花园中鲜艳的花朵。因为有了南通的女工传习所，她生活安定，才得以充分发挥其艺术天赋，形成“沈绣”的仿真绣风格。

沈寿除了教学，还留下了“沈绣”的理论著作《雪宧绣谱》，并以两年时间辛勤创作“耶稣像”这一艺术珍品，成为“沈绣”的代表作。“耶稣像”于1915年走出国门，在巴拿马博览会上展出，引起国际震惊，荣获高奖，为中国赢得了荣誉，为中国刺绣工艺扩大了在国际上的影响和地位，让“沈绣”走向了世界。为此，我们也不得不敬佩张謇爱惜人才的伯乐精神。

《雪宧绣谱》

并非中国第一部绣谱

《雪宧绣谱》是中国近代刺绣大师沈寿在病中口述，由张謇在她病榻前亲自记录整理的一部旷世之作。1914 年，沈寿受张謇所聘，来南通任女工传习所所长兼教习，传授其创立的仿真绣，又名“沈绣”。沈绣是一种典型的中西方相结合的艺术表现形式，赢得“国宝中之瑰宝”的美誉。张謇为沈绣绝艺不至于“泯焉无传”，历经数月，编纂成书，1919 年由南通翰墨林印书局刊印。全书共分 8 个章节，以针法为重点。虽然《雪宧绣谱》不是我国第一部绣谱，但却是“沈绣”艺术流派的一部重要理论著作。

并非中国第一部绣谱

《雪宧绣谱》

张廷栖

沈慧瑛在《状元公张謇与刺绣大师沈寿的情缘》一文中说，1919年由翰墨林印书局出版的《雪宧绣谱》“是我国第一部系统总结苏绣的专著”。山东画报出版社出版的一书中说，1919年出版的《雪宧绣谱》是我国最早的一部刺绣理论专著。还有电子读书网上说，《雪宧绣谱》“是中国第一部系统总结刺绣艺术的专著”，是中国历史上第一本刺绣技法论著、是中国第一部详细介绍传统手工刺绣的理论专著，等等。该书是中国第一部刺绣著作吗？它究竟是一部什么样的著作？

一、旷世之作《雪宧绣谱》

它是一部“沈绣”即仿真绣的理论著作。该书于民国初年，由近代刺绣艺术大师沈寿口授，著名的爱国政治家、实业家、教育家、清末状元张謇整理撰成的一部刺绣专著。

作者沈寿(1874—1921年)原名云芝，字雪君，晚号雪宧，因绣斋号为“天香阁”，故别号为天香阁主人。她诞生于清同治十三年(1874年)八月十三日。母亲宋氏，出生于几乎家家养蚕，户户刺绣，堪为“苏绣之乡”的木渎。沈寿8岁那年，外婆见她喜欢玩绣，就送她一个小绣绷，从此跟随姐姐沈立学绣。沈立是一位刺绣能手，见到妹妹心灵手巧便热心施教，沈寿绣技长进很快，不久能与姐姐同一绣绷刺绣了。12岁时能绣制唐伯虎所绘的《秋雨月上图》，惟妙惟肖。15岁已与姐齐名，誉满苏州城。19岁与清末举人，擅美术、精书法的余觉结婚，婚后得到其夫帮助，夫妻俩一个以笔代针，一个以针代笔，画绣相辅，相得益彰。光绪三十年（1904年）慈禧太后七十大寿，余觉夫妇呈上刺绣寿礼，得到爱好刺绣的太后称赞，赐予“福”“寿”两字，沈云芝随即更名沈寿，获准创办农工商部绣工科并任总教习，被派前往日本考察工艺美术，受到日本美术绣的启发，回国后在油画的基础上经几年研习创立仿真绣。沈寿的第一个作品为“意大利皇后爱丽娜像”，宣统三年（1911 年）被作为国礼赠送意大利，得到意大利皇室的嘉奖，赠沈寿金表一块。同时将这一幅作品在意大利都灵万国制造工艺博览会上展出，荣获最高“卓绝奖”。辛亥革命，清王朝覆灭，绣工科解散，沈寿夫妇转辗天津，独立办学谋生。1914 年受张謇所聘，沈寿来南通任女工传习所所长兼教习，传授仿真绣。她花两年多时间精心绣制了沈绣的代表作“耶稣像”，在巴拿马博览会上又获高奖。沈寿的名字由此蜚声海外，“沈绣”赢得了中国刺绣的“绣中之绣”“国宝中之瑰宝”的美誉。

沈寿体弱多病，“謇益惧其艺之不传而事之无终也”，张謇为沈绣绝艺不至于“泯焉无传”而将沈寿的刺绣技法撰写成书，这是撰写《雪宧绣谱》的目的。1918 年由沈寿在病中口述，张謇亲自笔录整理，历经数月而诞生了这部“沈绣”工艺美术理论大作。

《雪宧绣谱》于 1919 年由南通翰墨林印书局刊印问世。书中从线与色的运用，刺绣的要点到艺人的品德修养等，完整地进行阐述。全书共分绣备、绣引、针法、绣要、绣品、绣德、绣节、透通 8 个章节，其中以针法为重点。沈寿将毕生的刺绣经验对针法系统地加以总结，分成 18 种之多，即齐针、抢针（正抢、反抢）、套针、扎针、铺针、刻鳞针、肉入针、羼针、接针、绕针、刺针、扯针、施针、旋针、散整针、打籽针、虚实针等，书中对每种针法的线条组织形式，针法运用中的注意事项等都做了明确的介绍和说明，以便学员的学习和领会。该书面世以后受到工艺美术界的重视和好评，曾有多种版本在社会上流行，是沈寿与张謇对工艺美术的一大贡献。

二、《雪宧绣谱》并非是我国第一部《绣谱》

中国刺绣至少有两三千年历史，明清两代成为我国历史上刺绣流行风气最盛的时期，除御用的宫廷绣外，地方绣主要有苏绣、湘绣、蜀绣和粤绣四大名绣，此外尚有顾绣、京绣、瓯绣、鲁绣、闽绣、汴绣、汉绣、麻绣和苗绣等，都各具风格，沿传迄今，历久不衰，特别是明清两代刺绣艺术发展到一个高峰，随之出现了刺绣的著作——“绣谱”。

在 1919 年《雪宧绣谱》之前，已有多部绣谱问世，所以它不可能是第一部的绣谱。早在明代就有《凝香绣谱》一书，作者是明代刺绣工艺家倪仁吉（1607—1685 年），字心蕙，自号凝香子，浙江浦江倪大村人（今属浙江兰溪）。其父倪尚忠，字世卿，明万历进士，为倪仁吉成才创造了良好的环境。倪仁吉是多才多艺的名媛，富有惊人的艺术才华，以绘画最为著名。年轻早寡，或以书抒怀，或以画抒情，或以诗言志，从事艺术创作神凝意专，技艺精进，达到很高水平，同时她又是中国历史上十大名绣女之一，著有《凝香绣谱》，是才女中的佼佼者，用“绝艺如君天下少”来形容当为恰如其分。要说中国第一部绣谱，根据现有的资料当为倪仁吉的《凝香绣谱》，可惜已经失传。

《雪宧绣谱》肯定不是中国第一部绣谱，那是不是我国第一部系统总结苏绣的专著呢？回答也不是的。

清道光元年（1821 年）就有丁佩所著有的《绣谱》，总结了江南刺绣艺术。丁佩，字步珊，云间（今上海松江）人，清代刺绣工艺家，绣艺高超。所撰《绣谱》把绘画、书法、诗词、建筑等艺术与刺绣艺术相比较，得出与之所不同的刺绣工艺规律。该书分为六章，即择地，讲述刺绣的环境必须闲、静、明、洁；选样，选定绣稿时要注意审理、度势、剪裁、点缀、崇雅、传神的要求；取材，讲述丝线、绫缎、纱罗、绣针、剪刀、绷架等材料、工具的重要性；辨色，讲述 18 种色彩的特点及用法；工程，讲述刺绣工艺技法；论品，讲述以文品之高下、画理之浅深来品评刺绣的能、巧、妙、神、逸等 5 个等级，以及精工、富丽、清秀之浅浑、高超等 4 个品格。书中提出了“能、巧、妙、神”的美学原则，总结了“齐、光、直、匀、顺、密”等苏绣的特点。丁佩的《绣谱》才是我国系统总结苏绣工艺的第一部专著，也是现有存世最早的一部《绣谱》。

从明代倪仁吉的《凝香绣谱》，清代丁佩的《绣谱》到民国沈寿的《雪宧绣谱》，反映中国刺绣工艺的发展途径，代表不同时代刺绣艺术的辉煌成就。《雪宧绣谱》如果要说是第一的话，只能说在我国的近代史上，是第一部绣谱，但是不能说是中国第一部绣谱，不能夸大其词。还要说第一的话，也只能是“沈绣”艺术流派的第一部理论著作。至于《雪宧绣谱》的价值并不在于是否是最早的绣谱，还是第一部绣谱，而是在于它特有的艺术价值。

三、《雪宧绣谱》的价值

《雪宧绣谱》的价值是否可以从以下几方面探讨：

一是“沈绣”的理论著作。沈绣，又名仿真绣、美术绣，是以沈寿命名的刺绣工艺流派，代表传统“苏绣”的最高水平。它是在苏绣基础上发展起来的刺绣艺术，用旋针来表现人物的肌理，运用丰富多彩的丝线调和色调，展示绣线的自然光泽，使作品色彩调柔和自然、透气，栩栩如生。《雪宧绣谱》就是作者沈寿集毕生的刺绣技艺经验，系统总结了苏绣艺术的精华，创立了“沈绣”工艺流派后，又提升到理论的高度，形成了“沈绣”的理论专著。

二是“沈绣”的传世之作。《雪宧绣谱》是“沈绣”的传世之作，出版后社会上有多种版本流传。有了它，作为刺绣艺术流派的“沈绣”可以代代相传，生生不息；可以得到后世的传承和光大。例如，《雪宧绣谱》为南通培养了一大批刺绣艺人，起到薪火相传作用，继续开拓创新，例如，南通市的工艺美术研究所的传承人，在仿真绣的基础上独创了彩锦绣，把南通刺绣艺术推向一个新的高峰，蜚声海内外，独创者成为今天的工艺美术大师。

三是中西艺术融合的典范。“沈绣”的画稿，以油画、照片和自然界的物体为对象，用中国传统的刺绣针法和绣线来表现西方艺术，是一种典型的中西方相结合的艺术表现形式。其色彩比传统的苏绣更加丰富，丝线的自然光泽与独特的针法、明暗关系所展示的刺绣作品变化莫测，立体感强，从不同的角度观看会显示出不同的艺术效果。“沈绣”的作品具有独特的仿真艺术的效果与特征。《雪宧绣谱》是中西文化的艺术结晶。

总之，张謇与沈寿在中国近代工艺美术史上的贡献，功不可没！

通州新育婴堂

并非中国第一所育婴堂

张謇、张詧弟兄于清光绪二十九年（1903年），鉴于旧育婴堂设备简陋，环境极差，对婴儿生长不利，遂另选唐家闸鱼池港口（又称裕稚港），占地24亩，投资23 400余元新建育婴堂。新育婴堂建有楼房112间，平房51间，流水清洁，空气疏通，由张詧和张謇担任正副院长。育婴堂古已有之，通州新育婴堂并非中国第一所育婴堂，在当时可能是全国设施先进，规模最宏大的一所育婴堂，是张謇在南通创建的第一个慈善机构，为近代南通构建比较完整的地方慈善体系奠定了基础。

通州新育婴堂儿童在第一幼稚园前合影

通州新育婴堂保姆照顾儿童用餐

并非中国第一所育婴堂

通州新育婴堂

张廷栖

《第一南通》一书中叙述了张謇“本着以人为本的儒商思想，于1906年着手在唐家闸创办了全国第一所育婴堂”。张謇所兴建的通州新育婴堂是座规模空前，设备先进和完善的育婴堂，但是并非是全国第一所育婴堂。

一、规模宏大的通州新育婴堂

张謇自从清光绪二十年（1899年）大生纱厂开工获利以后，随着事业的成功，经济实力的增强，思想观念的提升，大力创办慈善事业，并与政治理想的追求结合在一起，把慈善事业作为他地方自治的一个重要部分。他后半生近30年的岁月，创办的慈善事业，涉及广泛的领域，其中通州新育婴堂是众多慈善事业的第一个重要机构。

通州新育婴堂创办于光绪三十二年（1906年）秋天。张謇弟兄于光绪二十九年（1903年）受邀查看城内寺街育婴堂巷的旧育婴堂，见其年久失修，管理紊乱，“屋小如斗，地极低洼，其向东西，每逢阴雨，积潦沮洳，湿气蒸郁，冬夏晴霁，朝阳夕阳，又熏灼之，其气刺鼻而伤脑，何况婴孩”，加之“乳妇蠢懒，秽浊坌溢”，环境极差，对婴儿生长极为不利，遂决定择地另建。张謇将新建育婴堂地址选择在通州唐家闸鱼池港口（又称裕稚港），占地24亩。建成后的新育婴堂“基址高爽，屋宇轩豁”，建筑雄壮，都是新式洋房，楼房112间，平房51间，流水清洁，空气疏通，“颇适婴儿之卫生”。在当时可能是全国设施先进，规模最宏大的一所育婴堂了。

新育婴堂由张詧和张謇担任正副院长，以王鹿鸣为坐办，设有内堂长、内稽查、内庶务、幼稚院长，并配有保姆、乳母、教员、内外科医生等，收住一为弃婴二为赤贫无力扶养者。创办费用 23 400 余元。开办第一年有婴儿 305 名，支出费用 6 768.55 元，平均每个婴儿用费在 22.19 元。

除提倡前来领养婴儿外，在堂儿童 4 至 7 岁时，送幼稚院。无姓名者给予取名定姓，男童一律姓唐，因为育婴堂在唐家闸；女童一律姓汤，因为新育婴堂地处于姓汤之地也。到了入学年龄，其中智力正常者送女师附小读书，毕业后升入女师或通师；智力鲁钝者女童送入手工传习所或女子蚕桑讲习所，男童送入贫民工场，教习一技之能，他日有谋生之技也。

1906—1913 年婴儿收住情况统计表

年份	性别	旧管	新收	开除		实在
				抱领	死亡	
1906	男	3	124	47	6	74
	女	19	353	125	16	231
1907	男	74	435	227	23	259
	女	231	1 099	436	64	830
1908	男	259	354	257	30	326
	女	830	1 023	624	58	1 171
1909	男	326	207	255	30	248
	女	1 171	538	583	46	1 080
1910	男	248	90	155	45	138
	女	1 080	285	353	78	934
1911	男	138	106	116	22	106
	女	934	388	276	50	996
1912	男	106	118	71	15	138
	女	996	458	221	54	1 179
1913	男	138	200	131	27	180
	女	1 179	607	308	49	1 429

开办后婴儿逐年增加，至 1922 年、1923 年、1924 年、1925 年、1926 年，每年在 1 300 名左右，年需经费在 3 万元以上。经费来源，除了张謇弟兄私人出资外，还依靠地方公款和大生企业支持。有如下统计表：

1910—1922年大生一厂资助育婴堂表 单位：规元两

年份	金额	年份	金额
1910	950	1917※	1 872
1911	900	1918	1 010.8
1912	951.6	1919	1 172.8
1913	1 003.75	1920	1 032.48
1914	1 008	1921	1 017.8
1915	982.8	1922	1 099.5
1916	900		

※ 该年金额名下为“育婴堂、公园”。

1929年秋，新育婴堂呈请内政部备案，更名“南通私立育婴堂”。1938年3月，南通沦陷后，是年5月4日，日军使用燃烧弹，将育婴堂全部焚毁，仅剩一片瓦砾之场，育婴堂内的16名婴儿和两名生病的少女被活活烧死，张謇亲自创办而且规模巨大的新育婴堂彻底被日寇焚毁。1940年，大生集团负责人张敬礼将其恢复，迁至城南养老院南院继续抚养弃婴。中华人民共和国成立后，1952年由政府接管改为公办。后几经合并，于1963年更名为南通市社会福利院，为公益事业单位。2012年，由崇川区养老院巷5号迁至工农南路185号新址，设施和环境大为改善。张謇对生命的珍惜和以人为本的爱心精神得到传承，发扬光大。

二、南通育婴堂并非是中国第一所育婴堂

育婴堂古已有之，是旧社会一种慈善性收养孤儿的社会组织。清人的笔记《郎潜记闻》就有记述：“元明之世，育婴堂尚未通行。仰维孝庄皇后首颁禄米，满汉诸臣，以次输助，不数年，由京师以达郡县，育婴之堂，遍天下矣。”我们不说全国育婴堂之多，仅就南通而言，育婴堂在张謇之前就早已有之，光绪《通州直隶州志》就有记载。早在康熙三年（1664年），殷茂乾、刘昌祚等率先在州治西天妃宫兴建育婴堂。张謇鉴于该所育婴堂设备简陋，环境欠佳，而另择唐家闸鱼池港（又称裕稚港）新建。而且城内旧育婴堂所在的巷子至今仍有“育婴堂巷”之名。可见，张謇在唐家闸所办的育婴堂并非全国第一个。也有人将张謇办的育婴堂冠于“新式”“私立”，称全国第一个新式育婴堂。首先新与旧育婴堂区别在何处，未有标准；张謇将新建的育婴堂称为通州新育婴堂，那是为了区别于城内的育婴堂。况且，全国的新旧或公私育婴堂究竟有多少，亦尚未见有统计资料，凭什么说它是全国第一所新式的育婴堂或者私立育婴堂呢？称全国第一所新式育婴堂是没有依据的事。张謇创办通州新育婴堂的价值不在于是否是全国第一。

三、张謇创办通州新育婴堂的价值

1. 通州新育婴堂的兴建，反映张謇在南通地方自治实践中关爱弱势群体的人文关怀。张謇认为对弱势群体的关怀是士大夫应有的社会责任。当他见到城内老育婴堂恶劣的生存环境，激发了他强烈的社会责任意识，才建立了全国罕见的规模如此宏大的并具有现代化设备的育婴堂。当 1922 年以后，大生企业走下坡路，生存困难，自顾不暇，无法支付社会慈善事业费用时，张謇又一次以 70 高龄老人，每天花 2 小时卖字捐资，持续两个月之久，以维持育婴堂的正常开支。张謇对幼小生命的关爱之心，为人们树立了爱心精神和社会责任意识的风范，促成南通形成尊老爱幼、扶贫济困、助人为乐的社会风尚。当今南通出现的“莫文隋”和志愿者队伍等“南通现象”就是在新时代条件下的传承和弘扬。

2. 通州新育婴堂的兴建，为张謇在近代南通构建比较完整的地方慈善体系奠定了基础。通州新育婴堂是张謇在南通创建的第一个慈善机构，从此以后办了养老院、残废院、栖流所、贫民工场、义茔、济良所、医院、盲哑学校等一系列的慈善事业。1913 年，张徐夫人以私资在唐家闸裕稚港，与育婴堂相连建第一幼稚园。是年秋，设保姆传习所，培养以科学方法保育儿童的保姆。第二年保姆毕业，乃开始招生，入园年龄为 4 ～ 7 岁，以年龄相同者为一班，分为甲、乙、丙、丁四个班组，上课时间 25 分钟一堂，课程有唱歌、游戏、谈话、手技、识字、识数及图画 7 门。加上张謇先后创办一系列慈善机构，使南通拥有幼有所养、童有所教、老有所扶、贫有所济、残有所助的社会保障，南通由偏僻落后的州县城市，一跃成为先进的现代化城市。

中国影片制造公司

并非中国第一家电影股份有限公司

南通中国影片制造公司是1922年年初由张謇等人与扬州人卢寿联创办的。公司初设南通，并在东公园建有玻璃影棚，次年则改设于上海。该公司虽非中国最早的电影制片公司，但在中国早期影片制作方面却有着不可或缺的地位，这主要表现在公司有着明晰而高远的开办宗旨，即希望以自己拍摄的影片，对内来普及教育、提高国民程度，对外则展示国家健康的风尚民情，用以沟通国际感情之效。公司开办后，曾拍摄有《南通风光》等纪录片，还摄有一些戏曲和幽默影片。中国科学社年会在南通召开时，会员对公司所摄影片颇致好评。1923年3月因故关闭。

并非中国第一家电影股份有限公司

中国影片制造公司

赵　鹏

称张謇参与创办的中国影片制造公司是中国最早的电影制片公司，似乎始于陕西人民出版社2003年6月版《张謇的文化自觉》里所收丛允先生写的《中国电影事业的拓荒者——张謇与电影》。这篇文章在追溯中国电影制片业的历史时，把1917年设于上海商务印书馆的“活动影片部”视为“中国电影制片业由中国人自己投资经营的开端”，但却看到此影片部“属于兼营性质”，因而强调“中国影片制造股份有限公司自创建起就是以独立公司性质出现的”。这里虽没有直接讲中国第一家电影制片公司，但含义却明显，而照文章所排列的20年代兴办的几家“独立影片公司”，居于首的就是“1919年中国影片制造股份有限公司创建于南通”。

丛先生这篇文章似乎定了个调，此后南通写及本地电影历史，几乎都由此而发挥，如中国电影出版社2011年12月版《南通与中国电影》，其主体文章《南通人与中国电影百年》就明确说：“南通电影事业与中国电影艺术的发展历程基本上是同步的，早在1919年，上海汽车商卢寿联诚邀闻名遐迩的南通实业家张謇为主要股东，筹备成立了中国影片制造股份有限公司，并在南通搭建了摄影棚，这是由中国人自己创办的最早的电影制作公司。”

再如苏州大学出版社2012年8月版曹琳先生著《南通戏剧》，也有一段说：“1919年5月，上海有位推销美国福特汽车的商人卢寿联，他同时经营沪江影戏院，但片源全来自欧美。卢寿联很想在影戏院里展示中国电影事业的成就，于是诚邀张謇主持创办中国人自己的电影制作公司。这正好纳入了张謇运作更俗剧场、伶工学社等戏剧教育事业的总体思路。于是张謇作为主要股东，与朱庆澜、程龄荪、卢寿联集资10万元，筹建了中国影戏制造股份有限公司，这是中国由民间资本运作的第一家独立电影公司。”这个创办时间具体到了5月，看似另有所据，其实可能是误读了丛文里所引1919年5月张謇与欧阳予倩论戏剧作用的一段话。丛文以此牵连上电影，而曹文更由此坐实成创办影片公司了。

南通作者多就地取材，难免因袭，这才得出如上论断，然而把目光稍稍放开，其结果就不一样了。近年来，随着中国电影历史的深入研究，一些早期史实被发掘来，过去的认识因而被改写。如上海辞书出版社2007年12月版《上海大辞典》，其“影视、广播剧”类综述的一开头就说：“上海是中国电影事业的发祥地。电影发明后的第二年，即1896年8月11日，上海徐园‘又一村’首次放映了‘西洋影戏’。1898年，意大利侨民阿·劳罗在沪拍摄纪录片《上海第一辆电车行驶》，为上海制片的开端。此后，西方影人纷至沓来，电影放映以上海为中心，迅速向全国辐射。1913年，上海美化洋行职员张石川创办新民公司，承包了美商亚细亚影戏公司的制片业务，并摄制完成了中国第一部短故事片《难夫难妻》。1916年，中国第一家民族资本的上海幻仙影片公司拍摄《黑籍冤魂》，是中国故事片从短片向长片过渡的作品。”关于这家“幻仙影片公司”的词条为：“1916年由张石川、管海峰集资创办于徐家汇，租用意大利侨民阿·劳罗（A. E. Lauros）的器材和摄影场拍片，是中国首家在经济上摆脱外资的影片公司。摄制有故事片《黑籍冤魂》，是中国电影由创作短片到长片过渡性作品。后因资金短缺而歇业。”

2006年1月文汇出版社出版的《上海电影百年图史》里，对幻仙影片公司也有记述道：“1916年，张石川邀集新剧家管海峰等人合作，自筹资金，租用意大利人劳罗的摄影机和摄影场，在徐家汇租地创办幻仙影片公司。它是我国第一家独立的华资民营电影制片企业，标志着中国电影自主拍片的第一步。”本书还随刊有《黑籍冤魂》的放映广告和公映时的宣传画图片。

从上引幻仙影片公司看，南通的中国影片制造公司的创办时间显然后于它，所以肯定不能称为最早。撇开这个最早，就这个中国影片制造公司的创办时间，其实也有不同的说法，所以有必要厘清一下。

寻找丛文 1919 年创办说的来源，实出自 1963 年出版的由程季华等编著的《中国电影发展史（初稿）》第一卷。此书说道：“在商务印书馆兼营电影业务以后的 1919 年，张季直、朱庆澜、程龄荪、卢寿联等集资十万元，筹备成立中国影片制造股份有限公司。办事处设在上海仁记路百代公司内，并在南通筑有玻璃摄影棚。”甚至还说：“与此同时，1919 年 5 月，张季直还在南通创办了一所伶工学校，不久又建立了更俗剧场，并聘请了欧阳予倩等人来校任教。中国影片制造有限公司成立后的第一部出品，是由伶工学校演出的戏曲片《四杰村》。”既不交待这些话的依据，又把影片公司说得与伶工学社差不多同时创办，未免引人生疑。尤其是此书说：“1920 年，洪深由美国回来，后受聘于中国影片制造公司，并为该公司代拟了一个较有意义的‘征求影戏剧本’的启事。”然而照洪深 1935 年发表于《良友》第 108 期上的一文说，他的回国时间是在 1922 年春，而为张謇他们那个影片公司代拟征求影戏剧本的广告，却是于 1923 年 6 月 12 日开始在《申报》上刊载的。

除 1919 年创办说外，陈翰珍的《二十年来之南通》则记作 1922 年，其文云：“中国影戏制造有限公司组织于民国十一年，曾制有《张南通游南通新市场》《五山风景》及《陈团长阅兵》等影片。于开科学社时表演一次，颇得诸社员之赞许，故即于是年建一玻璃制造场于东公园内。后以南通天灾频仍，金融竭蹶，并以各种关系，延至于今日尚未完全成立。去年（十三年）正月，曾在该场表演中外影戏月余，生意颇佳。刻闻复将招股继续进行云。”陈翰珍原是南通农校的学生，1923 年转校至北京，两年后根据在通见闻及收集的资料写成此书。他的记述应是比较可靠的。然而此书 1933 年才在地方报纸上连载，1938 年才印成单行本，故流传不广，少被引用，尤其所提及的创办时间常被忽略。

还有一个说法，那是 20 世纪 60 年代初，南通政协发起地方人士撰写文史掌故时，徐海萍写的《张謇一度被摄入电影片》，其文为：“1920 年，张謇支持扬籍商人卢寿联所办的南通影片公司，特地在东公园里造了玻璃棚的摄影场五大间给应用。但南通影片公司资本太小，设备简单，最初只能拍新闻纪录片，为了讨张謇的欢喜，就拿张謇做题材，首先拍了一部《张啬公游狼山》。内容自张謇出濠阳小筑登汽车起，经过五松路，向南达倭子坟，登京观亭凭吊后，再南吊曹公祠，最后以达到狼山脚为止，狼山风景也摄进一部分。全片长不过四五百英尺，摄影机和技术都有问题，效果不佳。当时张謇为了丰富南通事业的项目，又有些好奇心，所以对卢以实力帮助，及至看到电影成绩如此，估计前途有限，也就不感兴趣。后来这公司勉强支持了一些时候，终于资金蚀光倒闭。公司虽然昙花一现，但张謇颇以为作出一度表演，能戏剧地出现在银幕之上，是非常荣耀的。”这里把创办时间又说成 1920 年。按徐海萍那个时段在南通伶工学社任事，熟于地方文事，所记内容大致可信，只是由于老年回忆，具体时间有偏差也在情理之中。

1992 年中国艺术研究院影视艺术研究所编印《影视文化》第五辑，选刊李少白等主编的《中国电影艺术史》，在“制片业在二十年代的发展”一节有云：“中国影片制造有限公司（China Film Production Co.）是由卢寿联出资兴办的。成立于 1921 年，原在南通，后迁至上海。”此文把创办时间说成 1921 年，但自身却难免矛盾。因为它讲到公司于 1923 年拍完《国民外交游行大会》后就歇业，其中有个原因则是美国摄影师格罗金一年合约期满将回国，而此前又谓 1921 年公司成立前，卢寿联还在美国时与格罗金订合约的。按国民外交游行大会的时间为 1923 年 3 月 26 日，前推一年，这合约的签订时间也应在 1922 年 3 月前后才是。而照上举几个不同的创办时间看，谓是 1922 年初创办最为合理，这也与《二十年来之南通》里所记时间相符合。

进入 20 世纪 20 年代，中国的电影制片业发展迅速，中国影片制造公司在那时虽算不上影响最大，持续时间也不长，但仍有着不可或缺的地位。这主要表现其有着明确而志向高远的开办宗旨，他们是希望以自己拍摄的影片，对内来普及教育、提高国民程度，对外则展示国家健康的风尚民情，用以奏沟通国际感情之效。这种对电影的认识，明显高于一般以提供娱乐为主的制片公司。而张謇之所以投资影片公司，也正是希望为牖导民众进而改良社会增一种途径也。试观洪深代拟的征求启事里对脚本的八条取舍标准，便可以知道他们希望电影来反映“正能量”的，这八条为：“（甲）诲淫的不录，（乙）诲盗的不录，（丙）专演人类劣性的不录，（丁）暴国风之短的不录，

（戊）演外国故事的不录，（己）表情迂腐的不录，（庚）不近人情的不录，（辛）专演神怪的不录。”

中国影片公司拍摄的电影，最早公映似是1922年8月22日晚为中国科学社在南通开年会安排的节目。据本年《科学》杂志第七卷第九期所刊《中国科学社第七次年会纪事》云：“下午八时五十五分，各社员赴更俗剧场听伶工学生音乐，共奏六谱，视昨夜在会场所奏者尤觉和美，其所用西式乐器皆精良之品。佥谓伶工学生教授年余，即有美满之成绩如此，虽上海之普通跳舞会亦恐未必能及。西乐奏毕，即开演电影。初为滑稽片、侦探片，最后为纽约风景片，均平常无奇，而中间所演之《南通杂志》则为本地风光，如陈团长阅兵、张啬公游倭子坟、通城马路之繁盛、更俗剧员之化装剧，布置配合，饶有兴趣，为本地之中国电影公司卢君出版，阅者无不欢迎。至十一时四十分，电影演完遂散。”这个称为《南通杂志》的纪录片，后来演化出各种片名，如《张季直先生的风采》《张謇游南通新市场》《张啬公游狼山》《倭子坟》《陈团长阅兵》《五山风景》等，其实都是由同一影片而来，因为当时没有什么剪辑技术，这些内容相对独立，这才出现各种名称的。

此外还有一个《新南京》的纪录片，此片本是由江苏全省警备处及南京省会警察厅委托拍摄的，内容主要是反映南京警政的方方面面，镜头也兼及南京的风景。后人望文生义，因而就出现《南京的警政》《南京风景》两部片名，平白地把《新南京》一分为二了。

关于这部《新南京》，有一个向国外推介的事值得一提，此事见于1923年4月10日《申报》的题为《中国影片运往欧美》的报道，其文为：“中国影片公司新出之《新南京》，摄制精美，关于警察行政诸设备，搜罗无微不至，足为研究警政者之参考。月来在沪上各大戏院开映，颇受观众之欢迎。兹闻南京全省警察厅，特向该公司订印片一套，趁警务处视察长王固磐出席万国警务会议之便，携该片往欧美各国传映，以表国光云。”把国家正面形象向外宣传，正是该公司创办的一个重要目的。

1923年3月，上海各界为抗议日本拒绝废除与袁世凯签订的二十一条密约、拒绝归还旅顺和大连而成立国民外交游行大会，并于26日举行声势浩大的示威游行。中国影片制造公司闻知后主动介入，于事先致函游行大会希望予以支持，其中有云："贵会发起国民对日外交游行大会，同谋救国，凡属国民，无不响应。敝公司觉此举关于国家存亡，有宣传之必要。拟于大会游行时，用最精摄法制成影片，俾传映全国，以激励国民之爱国心。"届时不仅拍摄了游行队伍集聚现场，还将摄影机架于汽车之上拍摄游行的整个经过。次日即将影片晒出，随即在剧院公映，及时地发挥了宣传作用，也每为叙述中国影片史者提及。

一般认为，中国影片制造公司的关闭，是因为资金遇到困难，而时间则多说成 1926 年，也即张謇去世那年。这种说法很容易让人推出一个结论，即因张謇去世而造成资金不到位，这才造成影片公司的结束。事实上的情况并非如此简单，《中国电影艺术史》里曾说"在拍完最后一部新闻片《国民外交游行大会》后，中国影片制造公司也就于 1923 年结束了它的业务"，虽未举出依据，但揆诸实际情形，这个说法还是最近真实的。而导致公司关闭的最主要的原因，恐怕就是那个《国民外交游行大会》影片，这是个涉及政治运动的纪录片，或许会触动当局敏感的神经。试看 1923 年 11 月 3 日《申报 · 国内专电》刊 2 日香港来的一则电文："朱庆澜秘书卢寿联抵港，寓大酒店，警察昨往搜卢行李，因闻卢有政治关系。"电文虽短，却饶有意味，一来那时卢寿联的身份已是朱庆澜的秘书，二来警察往其下榻处搜查行李，理由是因为他"有政治关系"。这个政治关系，自然会让人把他积极地拍摄国民外交游行一事联系起来。卢寿联应该不是个政治人物，所以经过搜查还能平安无事，只是看到 1925 年时，他的身份已是上海西藏路上爱多亚路美通汽车公司的营业主任，这是又做回了本行，忙着去推销美国福特汽车了。

南通公共体育场

并非中国第一个体育场

张謇为了提高学生的体能体质，定期举办运动会，同时也为了普及全民体育活动，形成全民重视体育的氛围，于1917 年夏天，在城南段家坝创建南通公共体育场，于 1922 年又建了第二个体育场。但它们都并非全国第一个公共体育场，1917 年 3 月在上海所建的公共体育场才是全国第一。张謇对体育的贡献，不仅是南通体育的“开拓者”，而且构建了中国近代学校体育教育体系，为南通的“体育之乡”之称、“世界冠军摇篮”的美誉奠定了基础。

南通第一公共体育场外景

1919年，张謇在南通公共体育场主持南通第一届中等以上各学校运动会

运动会女生运动

运动会上的撑高跳

运动会军事操练掠影

运动会军事操练掠影

运动会军事操练掠影

并非中国第一个体育场

南通公共体育场

张廷栖

《北京体育大学学报》2008年的第6期，刊登有一篇题为《末代状张謇的社会体育思想与实践研究》的论文，该文认为：“张謇于1913年出资在南通修建的南通第一公共体育场应为中国近代第一个公共体育场，推翻了传统认为的1917年3月建成的上海公共体育场是中国最早的近代公共体育场的观点。”南通的第一个公共体育场是全国最早的吗？我们先了解张謇捐资修筑的公共体育场。

一、南通的公共体育场是中国早期的体育场之一

张謇是中国近代最先提出教育必须使学生德、智、体全面发展的教育家之一。除了他所办高等小学以上的学校，校校有操场，周周有体育课程，天天有课外运动，注重学生的体能体质的提高外，还定期举办运动会。每当运动会开幕时，张謇总是亲临现场指导或发表讲话鼓励。张謇对体育的贡献，构建了较超前的中国近代学校体育教育体系和南通近代社会体育体系，是南通体育的“开拓者”，近代南通体育事业的“第一人”。为了开展学校体育教育和提倡社会体育活动的需要，1917年，张謇与三兄张詧捐资筹建南通第一个公共体育场。

南通第一个公共体育场选址于城南段家坝，购地20余亩，建有表门，门额上由张謇书写“公共体育场”五个大字。还有三座大门供出入，平房数间，作为乒乓室，工作人员的办公室、宿舍和器械储藏室等。体育设施除了有沙坑和跑道外，还购置了各种运动器械，大致分为两类，球类有足球、篮球、野球、队球及乒乓球等；器械游戏类有秋千、木马、平台、架梁、浪桥、

浪船、滑台、旋板、高梯等。建成后对外开放，每天从上午九时至下午六时，并无休息日，无论男女老幼和贫富贵贱均可免费入场参与运动，青年人尤为众多，平时总是济济盈盈。开放后常年所需经费在700余元，由县款支付一半外，其他由创办人捐资。体育场由负责日常管理的两名工作人员进行指导和管理，总是忙忙碌碌，到了开运动会时，更是热闹非凡。

南通第一公共体育场建成后，每两三年举办一次中等以上学校运动会。1919年10月，南通的第一届学校运动会就在体育场举行。张謇与三兄张詧都亲临现场，甚至省督军也派员前来观光，盛况空前。本届运动会比赛项目除了田径和球类外，主要是团体体操表演，其中兵式操最为出色。因为南通的体育教育和体育竞技活动成绩显著，1921年亚洲远东运动会张謇被推为名誉会长。

1922年，又建第二公共体育场。这一年，体育场举办了南通第二届中等以上学校运动会，张謇还到会发表讲话，分析强身健体与卫国治国的关系来阐明开展全民体育运动的重要性。为了进一步发展南通的体育事业，就在这一年，以他70岁生日，教育界人士赠送的寿礼寿金，与三兄张詧共同捐资，在城区与狼山之间的城山路以西，白塘庙附近，购地40多亩，兴建第二公共体育场。新建的体育场是第一公共体育场的两倍，其设施与第一公共体育场基本相同，建成后也多次举办全市运动会。一个县能有两个公共体育场的规模和设施，在全国1 700个县中，可以说是绝无仅有的，不仅说明张謇对体育事业的热心和重视，而且可见当年南通体育事业的兴旺发达。

张謇创建的南通第一公共体育场，于20世纪80年代划归南通医学院，另建南通市的公共体育场，所以旧址至今仍保存在南通大学启秀校区（原南通医学院）。南通第二公共体育场，除开展体育运动外，还曾经停过飞机。南通当年没有机场，所以曾作为飞机场使用过。

二、南通公共体育场并非中国第一个体育场

《北京体育大学学报》刊出的文章说“张謇于1913年出资在南通修建的南通第一公共体育场应为中国近代第一个公共体育场”的结论是不成立的。因为这个结论是建立在错误论据之上的。张謇创办的南通第一公共体育场，并非在1913年，而是在1917年3月以后，1917年3月建成的上海公共体育场是中国最早的近代公共体育场，这个结论不能否定。

作者在该文中所以得出这个错误的结论是应用了《张謇所创企事业概览》一书的资料，该书说："1913年，张謇与张詧捐资在南通城南女子师范学校的右侧，兴建了南通最早的体育场——第一公共体育场。"这是一个错误的史料。而这一史料来源于《二十年来之南通》，"第一公共体育场……开办于民国二年，系张詧、张謇两先生捐资创办"。该书作者陈翰珍原为南通学院农科的学生，他在南通学习期间受张謇实业救国、教育救国实绩所感动，搜集资料，转学到北京后写成了该书，有些资料未经核对，所以该书多处有误，其中把南通第一公共体育场创办的时间由民国六年错写成民国二年，提前了4年。这个小小的错误，引起了后人一系列的差错。作者以错误的史料得出错误的结论，这也告诉我们"孤证不立"是有道理的。事实上南通第一公共体育场与上海体育场同一年创办，但比上海晚建两个月，上海公共体育场才是中国真正的最早公共体育场。

三、张謇所创南通公共体育场的历史价值与现代意义

南通体育创造过许许多多的辉煌，南通素有"体育之乡"之称，享有"世界冠军摇篮"的美誉。南通的奥运冠军、世界冠军特别多，是地域人群特征的表现。究其原因是有悠远的历史因素，那就是与张謇在近代除了重视学校体育教育外，还和公共体育场等的建设密切相关。

1. 一个县先后有两个公共体育场的创建，对增强市民身体素质，改变中国传统灌输、推崇"文弱"的风气，"东亚病夫"的形象是有力的举措。反映张謇超前的全民体育的意识，在此基础上形成的社会体育思想与重视的学校体育教育思想构成了张謇先进的体育思想体系，是近代体育事业开拓者之一。

2. 公共体育场的创建，加上东公园儿童妇女的游戏设施，西公园的游泳池、竞漕（水上运动）二种运动，均与全民体育有关。张謇采用建造体育场和公园体育设施等手段，在南通较早形成了近代社会体育体系。正是因为他当年对家乡教育、体育、文化等全方位的重视、投资，促进民间体育运动的

开展，后人的继承和弘扬。

3. 公共体育场的创建，为普及全民体育活动创造了条件，促进市民积极参与体育活动，有利于形成全民重视体育的氛围，更重要的是在潜移默化中使社会大众形成了自觉进行体育锻炼的民风，使南通的体育事业领先一步，为体育之乡奠定了扎实的基础。

4. 公共体育场的创建，定期全市运动会的举办，对广大民众积极向上的体育精神起到了积极的促进作用。这无疑为南通体育事业的发展注入了强劲的发展活力，促进竞技体育的发展。

南通号称体育之乡，被誉为“奥运冠军的摇篮”，出现了一批又一批的体育优秀人才，其中，林莉、黄旭、葛菲、李菊、陈若琳、仲满、陈玘 7 位获得奥运冠军，共计 18 人获得世界冠军。截至 2014 年底南通籍运动员在世界三大赛共夺得 85 个世界冠军。南通体育健儿在世界大赛中取得冠军已经形成一种常态，这在国际体坛上也是非常罕见的。更值得南通人骄傲的是 2008 年北京奥运会，8 月 12 日南通籍运动员成就了“一日三金”的奇迹。至此，“南通——体育之乡”在海内外声名鹊起，为此南通市将 8 月 12 日定为“体育日”。

南通竞技体育腾飞的“南通体育现象”，这绝不是偶然的，追根溯源，其中有源远流长历史原因，那就是张謇的体育思想与实践，包括公共体育场的兴建。这是中国体育史上浓墨重彩的一页，为我们今天的辉煌夯实了基础，为我们新世纪的体育工作者汲取宝贵的历史经验，为现代体育的发展之路提供参考与借鉴。

附录一 **张謇小传**

张謇（1853—1926 年），字季直，晚号啬庵，江苏南通人。中国近代著名的爱国政治家、实业家、教育家和慈善家。

张謇于清咸丰三年（1853 年）五月出生在海门常乐镇。自幼勤奋好学，16 岁入泮，光绪二十年（1894 年）高中甲午恩科状元，授翰林院修撰。中日甲午战争爆发，张謇积极主张以战求和。光绪二十一年（1895 年），张謇在通州城北唐家闸创办大生纱厂。在之后的三十年时间中，张謇面对民族危机深重、东西方文明激烈碰撞、中国社会新陈代谢最为激烈的“三千年未有之大变局”，引领了近代中国“实业救国”“教育救国”“地方自治”三大进步潮流，成为一名伟大的爱国主义者。张謇一生与时俱进，曾经弹劾李鸿章；参与戊戌变法；积极领导立宪运动，投身辛亥革命，支持共和，为结束满清统治、创立中华民国、维护中国领土主权完整作出了重大贡献；中华民国成立后，参与创设政党，致力国家建设；反对袁世凯复辟帝制；捍卫国家主权；反对军阀混战。以大生纱厂为起点，建立了以棉纺业为主体的包括轻工业、交通运输业、金融贸易等在内的规模宏大的工业体系；以通海垦牧公司为起点，建立了包括垦殖公司、棉业试验场、保坍会、水利会等在内的农牧渔盐与水利事业。开创了中国近代工业化和城市化发展的“南通模式”。积极推行提升近代国民素质的新教育规划，在南通地区构筑起了一个以通州民立师范学校为源头，包括师范教育、基础教育、职业教育、高等教育、特殊教育以及博物苑、图书馆等在内的门类齐全的近代国民教育体系，使南通成为“我国第一个实施四年义务教育的县”。师范教育、盲哑教育、职业教育、博物苑等均开全国先河。联合一大批社会贤达，借鉴西方经验，苦心经营以医疗救济场所、文化体育设施为重点的门类齐全的近代慈善公益事业；进而拓展到市政建设、城镇布局、名胜古迹保护等领域，规划、建设了体系完备的近代城市基础设施。使南通在20世纪20年代初成为当时“中国最新式的城市”、“理想的文化城市”，被誉为“中国近代第一城”。

1926年8月，张謇与世长辞。

一、科举之路

在张謇的科举道路上，曾经发生过一场“冒籍风波”。这场风波对张謇的一生以及他对科举制度的认识都产生了深刻的影响。

科举旧俗，家庭三代均无人入学为生员者，称之为“冷籍”，子弟应试往往要受到学官与保人相互勾串的多方勒索。张謇的家庭自然属于“冷籍”。为避免入场前后的种种刁难敲诈，经他人介绍冒充如皋人张驹的孙子，并改名为“育才”在如皋应试。这当然是需要报酬的，“许院试隽，酬以钱二百千”。

同治七年（1868年），张謇初上考场，县、州两试都顺利通过。院试又取中第二十六名附学生员，获得了秀才称号。张謇在科举道路上迈出了第一步，但忧患也随之降临。张驹及其弟张駉、侄儿张镕为人都相当狡诈，这时除索取“学官认派保廪生贽及其他费银一百五十元”外，又到张彭年家坐索八十元，还要二百二十元约券作为酬谢。其他乘机敲诈者也纷至沓来。张彭年父子这才发觉中了圈套，想请张謇老师宋璞斋先生出面疏通，让张謇改填履历归还原籍。但这位老师本身其实就是为诈骗牵线的“媒子”，而且也已经得到“重谢”。从同治七年（1868年）到同治十二年（1873年），在这五年里张謇全家受尽了敲诈与凌辱之苦。张驹等更与当地学官串通，阴谋将张謇拘押在学宫。张謇19岁那年因为害怕被如皋县官吏拘押，手执灯笼，深夜冒着大风雨仓皇出城逃归。

在封建社会，农与士本是两个相互隔绝的等级，作为农民子弟的张謇想要化鱼为龙，必然要遭到上层等级的排斥，付出高昂的代价。所幸的是，张謇得到了一批正直的地方官员的赏识和帮助（如海门师山书院院长王菘畦、海门训导赵菊泉、通州知州孙云锦），并且得到了江苏学政彭久余的同情，几经曲折，几经磨难，直到同治十二年（1873年）才经礼部核准“改籍归宗”，了结了这场无妄之灾。光绪三年（1877年），张謇具呈学官，更改“育才”那带有屈辱的名字，更名为謇，改字季直，别字处默。历此劫难，原本小康的张家负债已达一千两银子之多，大大加深了张謇对科举制度、对社会黑暗的理解。

此后，张謇的科举之路仍不顺达，以致连连被摒。在五次乡试不中后，光绪十一年（1885年），张謇到京师参加顺天乡试，才得以高中第二名（南元）。以后四次参加礼部会试不中，到光绪二十年（1894年），因慈禧六十大寿而特开恩科试，已对科举不抱希望的张謇迫于父命，借了试具第五次参加礼部会试。二月礼部会试中第六十名贡士，三月礼部复试，取一等第十名，殿试因翁同龢从中推荐，终于中一甲第一名进士（状元）。但张謇已没有金榜题名的狂喜，乾清门外听宣的当日，他的日记写的竟是：“栖门海鸟，本无钟鼓之心；伏枥辕驹，久倦风尘之想。一旦予以非分，事类无端矣。”张謇虽然被授以翰林院修撰，获得官员身份，然而他的事业心已经逐步形成，其志向已不在功名利禄。九月，张謇突然接到父亲病亡的消息，他痛感“一第之名，何补百年之恨；慰亲之望，何如侍亲之终”。他循例离职回籍守制，于十九日匆匆离开政争纷纭的北京，返回家乡海门。

二、实业救国

光绪二十一年（1895年）的中国政治舞台上出现了三位先进的中国人：时年42岁的张謇、37岁的康有为和29岁的孙中山。广东举人康有为领导十八省进京应试的举人向皇帝上书，恳切要求“拒和、迁都、变法”；广东西医孙中山才成立了一年的革命团体“兴中会”，于10月组织领导了广州起义，以武装起义的方式同清王朝决裂；“文章魁首”张謇则开始思考探索新的救国之道，他决定放弃仕宦前途，投身实业，实现他“实业救国”的理想，开始了由一个传统的士大夫向中国早期现代化开拓者的伟大转折。

张謇借鉴日本资本主义发展的历史经验，强调应该采取“商办官助”的保护民族工商业政策，建议各省设商务局、工政局，提倡招商设局，设立公司，抵制洋货倾销等，并把工业提高到首要地位，强调“工战”与“学战”。张謇认识到学习西方近代科学知识、发展民族工商业的重要性和紧迫性，主张充分发挥新式人才的作用。从熟于古代典籍、八股制艺，到迫切要求学习西方农业、工矿、军事、法律等近代文化知识，这是甲午战后张謇思想的一个巨大进步。张謇非常重视教育的作用，认为实业需要人才，人才出于学校。但兴办学校需要经费，这又不得不仰仗于实业，所以张謇认为自己的救国宏谟还得从实业入手。正如他以后所回忆的那样：“自前清甲午中国师徒败衄，乙未马关订约，国威丧削，有识蒙垢，乃知普及教育之不可已。普及有本，本在师范，乃知师范之设之不可以已。设师范之资，其数非细，他国师范，义由国家或地方建设而扶助之。当是时，科举未停，民智未启，国家有文告而已，不暇谋也。地方各保存固有公款之用而已，不肯顾也。推原理端，乃不得不营实业。然謇一介穷儒，空弩蹶张，于何取济？南通固有名产棉最旺之区也，会有议兴纺厂于通而谋及者，乃身任焉。”

张謇就这样走上了状元下海的道路。在中国古代的等级序列“士农工商”中，“商人”为四民之末，张謇把自己下海办厂称为“舍身喂虎”，有着“我不入地狱，谁入地狱”式的悲壮。张謇曾经说过：“愿成一分一毫有用之事，不愿居八命九命可耻之官。”后来张謇曾请江宁画家单林作《张季子荷锄图》，并请包括翁同龢在内的众多师友题词，以表达自己远离官场投身实业的决心。

光绪二十一年（1895 年），张謇以翰林院修撰的身份奉旨在江苏省通州创办大生纱厂。张謇在“通州之设纱厂，为通州民生计，亦即为中国利源计”。同时为抵制列强的经济掠夺，因“通产之棉，力韧丝长，冠绝亚洲，为日厂之所必需。花往纱来，日盛一日，捐我之产以资人，人即用资于我之货以售我，无异沥血肥虎，而袒肉以继之。利之不保，我民日贫，国于何赖？下走寸心不死，稍有知觉，不忍并蹈于沦胥。是以二十一年冬，南皮督部既奏以下走经理其事，不自量度，冒昧肩承”。创办大生纱厂，经历了重重困难，历经“中更人情之乖，益以商事之变，千磨百折，忍侮蒙讥，首尾五载，幸未终溃”。

光绪二十五年（1899 年）四月，经历重重挫折的纱厂终于在通州城北唐家闸陶朱坝建成投产。尽管创建初期的大生纱厂，资金短绌，设备简陋，技术力量薄弱，阻碍重重，但由于劳动力低廉，原棉供应充裕，销售市场广阔，加之经营比较得法，因此在激烈的竞争中居然马上就站稳了脚跟。大生纱厂于投产的第二年即获得了盈利。以后，张謇又陆续兴办了崇明大生分厂（大生二厂，1904 年）、海门大生第三纺织厂（1914 年）、大生第八纺织股份有限公司（大生第一纺织公司副厂，1919 年）等纺织企业。

上海是近代以来四海云集、消息灵通的国际化大都市，各类资源富集。因此，光绪二十三年（1897 年），大生纱厂还在建造厂基之时，张謇就在上海设事务所（简称大生沪所）。“大生沪所”从最初的采办物料、承办往来人员食宿，逐步发展为替大生各企业融通资金、开盘批售纺织品、开展进出口业务以及张謇等人与政界、商界、新闻界、外国在沪人员等交往的联络中心，成为大生企业集团的神经中枢和总部企业。

在以后的三十年中，以张謇和他的三哥张詧为首的一批志同道合者（如沙元炳、王清穆、沈敬夫、刘桂馨等），还在通海地区兴建了包括榨油、面粉、铁冶、发电、交通运输、金融贸易、垦牧、盐业等在内的一系列企业，使南通的民族资本主义经济得到了全方位的发展。这些企业中的绝大多数，在股金、人事等方面都同大生纱厂有着密切的联系，形成了一个以棉纺织企业为核心的大生资本集团。

借大生纱厂的盈利，张謇对江苏沿海地区（首先是南通）的滩涂进行了大规模的开发。光绪二十七年（1901 年）通海垦牧公司正式成立，这是按照招股集资方式组成的我国第一个农业股份制公司。十年后，垦牧区面貌焕然一新：“栖人有屋，待客有堂，储物有仓，种蔬有圃，佃有庐舍，商有途梁，若成一小世界矣。”这场“农业革命”不仅为大生纱厂建立了一个可靠的产棉基地，还从根本上改变了江苏沿海地区的生产生活方式，使之从传统的“男耕女织”的自然经济走向了近代的商品经济，堪称江苏沿海的第一次大开发浪潮。

为纱厂运输原料、机器物料和产品的需要，张謇又创建了以通州为枢纽的交通运输业，从光绪二十六年（1900 年）大生纱厂租船行驶通沪起，不到十年，便陆续建立了经营内河航运的大达小轮公司（大达内河轮船公司），经营码头业务和长江航运的大生轮船公司和通州、上海大达轮步公司，经营长江木帆船运输的达通航业转运公司，经营过载和内河木船运输的大中通运公司，从而初步建成了大生系统的交通运输体系，并由此带动了仓储业的兴起。张謇还以极大的热情规划江苏全省铁路工程，支持“苏路自办”，极力抵制西方列强对江苏路权的侵夺。光绪三十二年（1906 年）苏省铁路公司成立，王清穆和张謇分别担任总理、协理，宣统元年（1909 年）苏路南线沪嘉段通车。张謇在主持苏路北线工程后，还积极筹划修筑清通支线（从清江浦到通州），谋求促进整个江淮地区的经济社会发展，逐步实现原来拟议的“徐州建省”计划。

张謇是我国近代水利事业的先驱。在张謇 70 岁生日时，荷兰驻华公使、外国驻华公使团领袖公使欧登科曾送一副贺联，称赞张謇：“治水才长，功追大禹；匡时望重，寿比老彭”。

光绪十三年（1887 年），张謇在时任开封知府的孙云锦手下做幕僚时，遭遇了黄河在郑州决口，决口宽达 200 余丈，洪水肆虐，张謇应河南巡抚倪文蔚之请，主持治河计划，拟具《疏塞大纲》，提出了“用西法，乘全河夺流，大治正河，复禹故道”的大胆构想，与北洋大臣派来的外国专家的建议也不谋而合。但张謇治理黄河的有关建议始终未被采纳，使他大失所望，愤而离开治黄工地。光绪二十年（1894 年），张謇参加殿试，第一策河渠，已有丰富治水经验的张謇从容应答。张謇制定的“蓄泄兼施”“三分入海，七分入江”的江海分疏、沂沭兼治的导淮方案，在理论上比较科学地解决了淮水出路问题，是我国治淮史上的一大创举，被誉为“百年治淮第一人”；对于长江水患的治理，张謇提出了著名的“长江三说”，倡导流域管理、水利人才培养、统一规划、分段治理，对后来长江的综合治理具有重要启示；张謇在南通的水利建设取得了非凡的实绩，主要包括沿江保坍、沿海挡浪、水闸涵洞以及港湾河道的疏浚等。张謇门生、后来成为水利专家的宋希尚盛赞张謇兴办南通保坍之功：“一、以南通小邑，竟与长江水力相搏斗，微张公之力谁能办到。二、以一县地方水利问题，竟能请到世界水利专家数十名之多，躬临踏勘，几成国际上研讨专题，全国未见其二。三、以一县之力，维护长江袭击，中央与省均袖手旁观，为世界各国罕见。四、因张公领导，地方协助征收亩捐，自卫自助，此所以南通为地方自治之楷模，难能可贵。五、在经费支出困难中，此项筑楗保坍，竟能保卫二三十里天天坍陷之江岸，为保坍工程放一异彩。”

三、教育救国

张謇在清末，外观大势，内审国情，看到国事日非，探寻救国之道，深感“一国之强基于教育”，“欲国之强必先教育”，主张教育与实业密切结合，“求活之法唯有实业教育”，“实业教育，富强之本”。提出“教育为实业之母”，“以实业与教育迭相为用”，“以实业养教育，以教育促实业”，于是有“父教育而母实业”，“实业所到，即教育所创”的主张，制订了“普及教育以广泛开启民智，专业教育以提高技艺”的方针。张謇认为“师范启其塞，小学导其源，中学正其流，专门派其别，大学会其归”，从学前教育到高等教育，从普通教育到职业教育、特殊教育，举办多层次、多类型学校，以培养各种人才，其中特别重视基础教育和师范教育，提出“教不可无师，师必出于师范”，“教育为实业之母，师范为教育之母。”张謇于教授主张自得，于管理主张严格，训练准则为“坚苦自立，忠实不欺”。

张謇躬身实践自己的教育主张和理论，于光绪二十八年（1902 年）在通州城南千佛寺故址创办通州民立师范学校。又以“女子教育不可无师”，创立通州公立女子师范学校（简称女师，1958 年并入通师）。师范生毕业乃有教员，而有初等小学，而有高等小学，规划 16 方里设一初级小学，南通 8 000 方里应设初级小学 500 所为最低要求，分年推进。通师又附设农科、蚕科、测绘科、土木工科，培养地方急需人才。张謇还发起和创办了许多学校，有通海五属公立中学，乙种商业学校（1911 年）、张徐幼稚园（1914 年）、盲哑学校（1916 年）、南通伶工学社（1919 年）；有应一时之需而兴办的国文专修科、巡警教练所、法政讲习所、监狱传习所、宣讲练习所、清丈传习所、镀镍传习所、保姆传习所等；他兴办的通师附属农科、纺织染传习所、医学专门学校发展为单科大学，而后合并为南通学院，兴办了南通的普通高等教育。张謇以中西会通的宏大气魄，既大力弘扬“天行健，君子以自强不息”的中国传统文化精神，更不遗余力地推广“民主与科学”为核心的西方近代文化理念。积二三十年之功，以“坚苦自立、忠实不欺”为主旋律的南通近代教育文化终于蔚为大观。

张謇办学不限于南通一域。光绪三十二年（1906年）参与筹划扬州两淮两等自立小学、中学、师范的设立。江宁商业高中两等学校、上海吴淞商船学校、水产专门学校、苏州铁路学校、南京河海工程专门学校、东台母里师范学校等学校的建立都有张謇的参与和推动。复旦学院、淮属师范学校、南京高等师范学校也都由张謇创议和参与而建校。

张謇办学尤重教师的选聘。“欲教育普及国民而不求师则无导”，既办师范以培养良师，又任人唯贤，力聘资深名师，益优予礼遇。如为女红传习所延聘著名刺绣艺术家沈寿传艺，为伶工学社聘请著名戏剧家欧阳予倩主持校务；通师初创时聘王国维、陈师曾来校任教，又先后聘日籍教师吉泽嘉寿之丞、森田政、西谷虎二、木村忠治郎、宫本几次等七人来通任教。此外，选派师范毕业生中有志献身教育的青年教师出国深造，如于忱、尤金緘、缪文功等，有的学成后忠诚服务母校四五十年如一日。张謇重视学校教育与接触社会相辅相成，“欲习师范者，兼习农，知农事也”，于光绪三十年（1904年）规划公共植物园于师范校西，后发展为中国人自办的第一所博物馆，作为学校教学的补充基地。光绪三十二年办师范农艺试验场于学校之西南，宣统二年（1910年）组织学生去军山、剑山植树，名为“学校林”。

四、立宪救国

1923年，张謇自订年谱，在《年谱自序》中写道：“此四十八年中，一身之忧患、学问、出处，亦尝记其大者，而莫大于立宪之成毁。”

同治十三年（1874年），调任江宁发审局的孙云锦邀张謇任书记，帮助办理文牍，张謇从此踏上了游幕生涯的旅程。后又入淮军吴长庆庆军幕府，专治机要文书。光绪八年（1882年）夏，朝鲜爆发“壬午兵变”，日本以保护侨民、使馆为由，军逼仁川索要赔款。朝鲜李氏王朝无奈签订城下之盟，同时向清政府求救。署理直隶总督兼北洋大臣的张树声，对日本持强硬立场，派遣吴长庆统军赴朝。张謇“理画前敌军事”，参与庆军历次重大决策，迅速有效地解决了朝鲜内乱，暂时挫败了日本吞并朝鲜的图谋，显示出良好的军事外交才干。吴长庆亲笔致函张树声为其请功，称张謇“赴机敏决，运筹帷幄，折冲尊俎，其功自在野战攻城之上……张君在军中将近十年，淡于功利，况处置如此大事，举重若轻，何等识力器量”。在随庆军驻守朝鲜期间，张謇依据国际法撰写了著名的《朝鲜善后六策》，提出了妥善处理朝鲜问题的方案。传递到京城后，得到一批“清流”显贵的赏识，乃至于直达天听，掌握最高权力的慈禧太后看到《朝鲜善后六策》。

光绪二十年（1894 年），张謇高中状元，时值中日甲午战争爆发前夕，张謇强烈主张以战求和，还单独上疏，痛斥李鸿章不仅“主和误国”，而且“以庸劣而败和局”，展现了抵抗侵略者的爱国情怀。《马关条约》订立以后，维新变法运动逐渐兴起，张謇欣然同意列名发起上海强学分会，并且标榜：“中国士大夫之昌言集会自此始。”以后还把张之洞奏请谕令他创办纱厂也看作属于强学会的活动范围：“此殆南皮于强学会求实地进行之法。”张謇还介入了维新派的宣传活动，批评《时务报》“议论渐弱，不逮初时之精采，宜设法振起而扩张之”。戊戌（1898 年）之春，张謇北上销假，又参与了戊戌变法的有关活动，向翁同龢提出了一些具体的革新建议，如《农工商标本急策》《代拟请留各省股款振兴农工商务疏》等。光绪二十六年（1900 年）义和团运动爆发，西方列强组织“八国联军”侵华，张謇奔走游说两江总督刘坤一、湖广总督张之洞等实行“东南互保”，农历五月三十日（6 月 26 日）东南督抚与西方各国驻沪领事协商签订了《东南保护约款》。“东南互保”的实行，使得东南各省社会趋于稳定，经济未受损失，保障了新兴的民族工商业的发展。

癸卯（1903 年）东游日本后，张謇公开倡导并积极投身立宪运动。他希望借鉴日本明治维新，采取合法手段成立国会，制定宪法和建立责任内阁，来改变君主专制政体，建立西方的代议制。他与友人一起编译刊印了《宪法义解》《日本宪法》《日本议会史》等书，设法辗转送达内廷，争取最高统治者的认可，还敦促袁世凯带头奏请立宪。光绪三十二年（1906 年），预备立宪公会在上海成立，郑孝胥、张謇、汤寿潜被推为正副会长，不久郑孝胥辞职，张謇改任会长。预备立宪公会的成立，标志着江浙民族资产阶级的崛起，也使上海成为中国立宪运动的大本营。光绪三十四年（1908 年）张謇又奉旨筹办江苏咨议局，宣统元年（1909 年），江苏咨议局成立，张謇被推选为议长。从宣统元年（1909 年）到宣统三年（1911 年），张謇发起和领导了三次全国范围的国会请愿运动，是公认的立宪派领袖。当时的清王朝已腐朽不堪："以政府社会各方面之见象观之，国不亡无天理。"但张謇的心态是"我辈尚在，而不为设一策，至坐视其亡，无人理"。

张謇领导的立宪运动在当时既被资产阶级革命派"目为助清"，清政府又玩弄假立宪。其实，张謇"立宪救国"主张的核心是制订宪法，以此改变君主专制制度，因此，张謇从君主立宪转为共和其实并不突兀和困难。君主立宪与共和不过是近代西方代议制两种不同的实现模式，并无保守与进步之分。

宣统三年（1911 年）武昌起义爆发后，张謇发表了《辞宣慰使、农工商大臣电》《建立共和政体之理由书》，赞同和支持共和，坚拒清廷的拉拢，公开表示与清王朝的决裂。张謇领导的立宪派与孙中山领导的革命派联合起来，终于推翻了清王朝的腐朽统治，创立了中华民国。十一月初，张謇在《申报》上发表《共和统一会意见书》，与伍廷芳、唐文治、温宗尧、陈其美、赵凤昌、汪精卫、景耀月等发起组织"共和统一会"，提出了实现国内统一的七项主张。十月中旬至十二月上旬，又在上海与赵凤昌、程德全、章炳麟、唐文治、应德闳、杜士珍、章驾时、张通典等发起建立"中华民国联合会"，提出"新共和国家统一主义"的政治主张，并以个人声望"通南北之邮"，调和南北矛盾，保全中国版图。

1912 年元旦，孙中山就任中华民国临时大总统，任命张謇为实业部部长兼两淮盐政总理。张謇还以大生纱厂为抵押向外商借款 50 万元，以解决筹建中华民国南京临时政府的燃眉之急。三月，张謇议创的"统一党"正式成立，这是民国建立以后第一个采用党的名称的政治团体。理事有章炳麟、程德全、张謇、熊希龄等，参事有汤寿潜、唐文治、唐绍仪、赵凤昌、庄蕴宽、应德闳、叶景葵、王清穆等，干事有孟森、林长民、章驾时。五月，又以统一党和民社为基础，合并国民协进会、国民公党、国民公会、共进会等政治团体，正式成立了“共和党”。共和党强调“全国统一”“国权主义”，以黎元洪为理事长，张謇、程德全等为理事，杨廷栋、孟森等为干事。张謇在满清倾覆、民国初创、列强环视的重大历史转折关头，为维护中国领土主权完整、恢复统一、建立法制与稳定社会作出了重大贡献。1913 年 10 月 21 日，张謇在北京就任熊希龄内阁农林、工商两部总长；年底，他请将两部精减合并为农商部并受任为农商总长，兼任全国水利局总裁。任内主持制定并颁布的一系列法令、条例、规则等，为中国民族资本工商企业的发展提供了法律保障。1915 年袁世凯公然倒行逆施，加紧复辟帝制，张謇在劝说无效后，于 4 月借故请假南归，并于回通后坚辞水利局总裁及参政职务，与袁世凯彻底决裂。张謇一贯痛恨军阀混战，利用自己的声望，多次调停战乱，并费尽心血确保了南通地区 30 年的安宁。

张謇继续坚定地捍卫国家主权，面对列强毫不让步。1919 年巴黎和会期间，他要求政府拒绝在丧权辱国的和约上签字；他赞成徐树铮率兵进入外蒙古，迫使外蒙古在 11 月 17 日正式取消自治，回归中国；1925 年“五卅”惨案发生后，他率先捐资，以示援助。

五、慈善济民

张謇早年就在海门谋划了多项地方建设和慈善赈灾。创办大生纱厂后，张謇把相当精力放在家乡南通的地方自治建设上。张謇实现地方自治的步骤设计是先兴办实业再创建慈善公益，“建设一新世界雏型”来示范全国。“窃謇以国家之强，本于自治。自治之本，在实业教育，而弥缝其不及者，惟赖慈善。”“以为举事必先智，启民智必由教育，而教育非空言所能达，乃先实业。实业、教育既相资有成，乃及慈善，乃及公益。”“慈善除旧有恤嫠、施棺、栖流诸事外，凡特设之事六：曰新育婴堂，曰养老院，曰医院，曰贫民工场，曰残废院，曰盲哑学校。总凡十有六所。”在张謇和一大批志同道合的社会贤达的共同努力下，南通构建起了一个较为完备的近代新型慈善公益体系，成为南通地方自治的一大亮点。以新育婴堂为起点，建立了养老院、医院、贫民工场、残废院、盲哑学校等慈善公益机构；以大规模的区域测绘工程为起点，建立了市政、交通、水利、休闲和文化体育设施。使南通从一个闭塞、落后的传统城镇转变为具有近代意义的新型城市，以新世界和“模范”著称的“中国近代第一城”。

通州城内原有育婴堂，自清乾隆三十九年（1774年）改建于州治西北，房舍简陋，卫生条件极差，不利于婴儿的成长发育。光绪三十一年（1905年），张謇等发起另建新育婴堂，收养弃婴，并于光绪三十二年（1906年）秋在唐家闸鱼池港口建成。该堂占地24亩，楼房112间，平房51间，开办第一年就有婴儿305名，后来扩大到千余名婴儿的规模宏大的一所育婴堂。婴儿养至七岁后，送入幼稚园，然后再送入学校培养，直至学有一技，能自主生活。1912年，张謇以六十寿辰觞客之资及友朋之助，在南通城南建造养老院，收养孤寡老人，使老有所依。以后常年经费均由张謇私资承担。老人入院后至去世安葬，一切均由院方负责料理。1922年，张謇又用七十寿辰时的贺礼创建了第三养老院。张謇非常关心国民的健康需求，1912年创办南通医学专门学校。1913年在医校东南购地11.7亩，兴建南通医院（后改称附属医院），医院于1914年建成，既供医校学生实习之用，又为社会提供医疗服务，贫穷者诊病可以免费。以后又在唐家闸设诊疗室。为解决贫民生计，张謇计划在南通、东台、仪征三地分设贫民工场。南通贫民工场位于南通城西门外大码头，占地40多亩，场屋六七十间，1914年建成，专收贫困子弟，具有收容与教育合一的性质。教习各种工艺技术，如木工、漆工、藤竹工、革工及缝纫工等，使其有一技之长，能独立谋生。场内还附设有“恶童感化院”及“游民习艺所”。张謇注意到有残疾人趁狼山香市乞讨谋生，也有非残者以乞讨谋财，演成恶习，他认为：“残废而乞，其可哀在身；非残废而乞，率弟子而乞，以乞为乐，则可哀在心。”此非“地方自治之所应有，人道主义之所宜然”。为了杜绝这一不良现象，他于1912年选址狼山盲哑学校旁筹建南通残废院，1916年建成，专门收养残疾人。院内有男女工场，安排残疾人从事一些力所能及的工作。残疾人入院后的衣食全部由院方提供。鉴于盲哑儿童不能接受教育，处于“贫者乞食，富则逸居”，不能自立的状况，张謇于宣统三年（1911年）闰六月，专程去山东烟台参观了外国教会举办的盲哑学校，返通后于1913年筹措资金，在狼山北麓购地6亩许兴建校舍，至1916年开学，校名为“狼山盲哑学校”，以“培养盲哑师资，造就盲哑使其有独立自存之能力”为办学宗旨，设盲、哑两科，张謇自任盲哑学校首任校长。因残废院、盲哑学校建筑甫竣而开办费绌，张謇不得已以鬻字筹款作为学校经费。1916年由张謇兄弟捐资，由警察长杨薇生在西门外养济院基础上规划修建了“南通县栖流所”，专门收留乞丐这一特殊群体，培养其谋生能力。并辟有专室收容精神病患者。“南通县济良所”创办于1914年，目的是收养改造沦落风尘的妓女，使其成为自食其力的劳动者。所内除教习缝纫、手工、烹饪等技能外，还讲授国文、伦理、算学等文化课程。此外，张謇还创办了规范殡葬的“义园”，收治恶犬的“野犬栏”等。

随着大生系统企业的发展壮大，张謇的新式慈善事业又进一步向近代意义的公益领域拓展。清光绪三十四年（1908年）三月一日，商会扶助的测绘局在旧察院内设立，以进行南通全境的地区测绘，张謇亲任局长。五月起开始进行当时中国规模最大的区域测绘工程，至宣统二年（1910年）六月完成，然后从七月起根据勘测资料编绘各类地图，次年二月完成。在此基础上，陆续展开了庞大的市政、交通、水利、文化、体育和休闲设施建设。举其大者，有桥梁、涵闸等水利工程，有公路、路灯、公共汽车等交通设施，有警察局、警察传习所、模范监狱等公共安全机构，有南通医院等公共卫生系统，有电话、电报等公共通讯事业，有公园、剧场等公共娱乐场所，有博物苑、图书馆、体育场等公共文化体育设施，几乎面面俱到，成为推动南通地方自治和社会进步的重要动力。南通因此被誉为“中国最进步的城市”，日本人驹井德三评价道：“惟公（张謇）独居南通之地，拥江北之区，献身于实业之振兴，尽心于教育之改革，卓举效果，此世人之所以称伟也……惟张公所怀之理想，数十年始终一贯。表面以分头于实业、交通、水利之标榜，里面则醉心于教育及慈善事业之振兴，惟一主新中国之创造者，诚可谓治现今中国社会之良药，而非过言者也。”

张謇的一生，是为国家、为民族、为社会、为南通奉献的一生。直至病逝前不久，他还在为各项事业而奔波。他曾经说过：“下走之为世牛马，终岁无停趾；私以为今日之人当以劳死，不当以逸生。”又说：“天之生人也，与草木无异，若遗留一二有用事业，与草木同生，即不与草木同腐。故踊跃从公者，做一分便是一分，做一寸便是一寸。鄙人之办事亦本此意。”胡适评价张謇时说：“张季直先生在近代中国史上是一个很伟大的失败的英雄，这是谁都不能否认的。他独力开辟了无数新路，做了三十年的开路先锋，养活了几百万人，造福于一方，而影响及于全国。终于因为他开辟的路子太多，担负的事业过于伟大，他不能不抱着许多未完的志愿而死。这样的一个人，是值得一部以及于许多部详细传记的。”

（曹炳生）

附录二　张謇相关实业一览表

序号	实业	类别	创办年份	地区
1	大生纱厂	工业	1895	南通
2	广生油厂	工业	1901	南通
3	大兴面厂	工业	1901	南通
4	大隆皂厂	工业	1902	南通
5	阜生蚕桑染织公司	工业	1903	南通
6	大生二厂	工业	1904	南通
7	耀徐玻璃公司	工业	1904	宿迁
8	镇江开成笔铅公司	工业	1904	镇江
9	资生铁厂	工业	1905	南通
10	资生冶厂	工业	1905	南通
11	颐生酒厂	工业	1905	南通
12	镇江大照电灯厂	工业	1905	镇江
13	大昌纸厂	工业	1906	南通
14	颐生罐诘公司	工业	1906	南通
15	江西瓷业有限公司	工业	1908	江西景德镇
16	复新面厂	工业	1909	南通
17	大维公司	工业	1911	武汉
18	大生三厂	工业	1914	南通
19	大生织物公司	工业	1915	南通
20	通燧火柴公司	工业	1915	南通
21	大达公电机碾米公司	工业	1916	南通
22	皋明电厂	工业	1916	南通
23	通明电气公司	工业	1917	南通
24	大陆制铁公司	工业	1918	江西

序号	实业	类别	创办年份	地区
25	大山砂石公司	工业	1919	南通
26	大生八厂	工业	1920	南通
27	南通绣织局	工业	1920	南通
28	南通绣品公司	工业	1920	上海
29	南通绣织分局	工业	1920	纽约
30	天生港电厂	工业	1920	南通
31	中华国民制糖公司	工业	1920	上海
32	宝昌纱厂	工业	1922	南通
33	中国铁工厂股份有限公司	工业	1922	上海
34	河口大生窑业公司	工业	1924	南通
35	大润灰厂	工业		南通
36	通海垦牧公司	农业	1901	南通
37	同仁泰盐业公司	农业	1903	南通
38	大有晋盐垦公司	农业	1914	南通
39	大赉盐垦公司	农业	1915	盐城
40	大纲盐垦公司	农业	1916	盐城
41	大豫盐垦公司	农业	1917	南通
42	大丰盐垦公司	农业	1918	盐城
43	大祐盐垦公司	农业	1918	盐城
44	华成盐垦公司	农业	1919	盐城
45	新通垦殖公司	农业	1919	盐城
46	阜余垦殖公司	农业	1919	盐城
47	合德垦殖公司	农业	1919	盐城
48	通兴垦殖公司	农业	1919	盐城
49	泰和盐垦公司	农业	1919	盐城
50	新南垦殖公司	农业	1920	盐城
51	大阜垦殖公司	农业	1920	盐城
52	中孚盐垦公司	农业	1920	盐城
53	通遂盐垦公司	农业	1920	盐城
54	遂济盐垦公司	农业	1920	盐城

序号	实业	类别	创办年份	地区
55	淮丰垦植股份有限公司	农业	1920	盐城
56	吕四渔业公司	渔业	1903	南通
57	江浙渔业公司	渔业	1904	上海
58	中国渔业公司	渔业	1904	上海
59	大生上海事务所	金融	1897	上海
60	大同钱莊	金融	1918	南通
61	淮海实业银行	金融	1920	南通
62	南通县地方公债事务处	金融	1920	南通
63	南通交易所	金融	1921	南通
64	大生轮船公司	交通运输	1901	南通
65	大中通运公司	交通运输	1902	南通
66	大达内河轮船公司	交通运输	1903	南通
67	天生港大达轮步公司	交通运输	1904	南通
68	天生港码头	交通运输	1904	南通
69	上海大达轮步公司	交通运输	1905	上海
70	泽生水利公司	交通运输	1905	南通
71	上海十六铺大达码头	交通运输	1905	上海
72	达通航业转运公司	交通运输	1906	南通
73	青龙港铁路	交通运输	1915	南通
74	海门大达趸步公司	交通运输	1918	南通
75	中比航业贸易公司	交通运输	1918	上海
76	南通公共汽车公司	交通运输	1919	南通
77	中国海外航业公司	交通运输	1921	上海
78	通海汽车公司	交通运输	1921	南通
79	大咸盐栈	仓储	1908	南通
80	惠通公栈	仓储	1913	南通
81	南通大储堆栈打包公司	仓储	1917	南通
82	上海大储堆栈股份有限公司	仓储	1918	上海
83	大储一栈	仓储	1919	南通
84	大储二栈	仓储	1919	南通

序号	实业	类别	创办年份	地区
85	大储三栈	仓储	1919	南通
86	大储四栈	仓储	1919	南通
87	大储七栈	仓储	1919	南通
88	懋生房地产公司	房地产	1905	南通
89	南通大有房地股份有限公司	房地产	1916	南通
90	闸北房地产公司	房地产	1920	南通
91	南通房产公司	房地产	1921	上海
92	有斐馆	旅馆业	1914	南通
93	桃之华馆	旅馆业	1919	南通
94	南通俱乐部	旅馆业	1921	南通
95	崇海旅社	旅馆业	1921	南通
96	永朝夕馆	旅馆业	1921	南通
97	翰墨林印书局	商业	1902	南通
98	通海实业公司	商业	1907	南通
99	大生公司	商业	1910	上海
100	大聪电话公司	商业	1911	南通
101	二吾照相馆	商业	1914	南通
102	左海实业公司	商业	1920	上海
103	新通贸易股份有限公司	商业	1921	上海
104	中国影戏制造有限公司	商业	1922	南通
105	南通长途电话公司	商业		南通

附录三　张謇相关教育事业一览表

序号	学校	教育类别	创办年份	地理位置信息		
				地区	市县乡	所在地
1	通州民立师范学校（今南通师范高等专科学校）	师范	1901	南通	南通市	濠南千佛寺旧址
2	三江师范学堂	师范	1902	南京		
3	上海龙门师范	师范	1905	上海		
4	女子师范学校	师范	1906	南通	南通市	柳家巷
5	两淮师范学校	师范	1906	扬州		
6	单级教授练习所	师范	1909	南通	南通市	五属公立中学校舍
7	甲种师范讲习所	师范	1912	南通	南通市	
8	乙种小学教员讲习所	师范	1914	南通	南通市	
9	盲哑师范讲习所	师范	1915	南通	南通市	博物苑中馆
10	东台母里师范学校	师范	1919	盐城		
11	南通女师范农村分校	师范	1924	南通	南通市	太阳殿
12	第一幼稚园	学前	1913	南通	唐闸市	唐家闸鱼池巷北
13	女师附属幼稚班（今南通师范第一附属幼儿园）	学前	1914	南通	南通市	珠媚园东
14	第二幼稚园	学前	1917	南通	南通市	市河岸
15	第三幼稚园	学前	1920	南通	南通市	马家巷
16	金沙市幼稚园	学前		南通	金沙市	
17	通州师范第一附属小学校（今南通师范第一附属小学）	小学	1906	南通	南通市	模范路
18	女子师范学校附属小学校	小学	1906	南通	南通市	
19	女子师范纪念小学	小学	1926	南通	南通市	

序号	学校	教育类别	创办年份	地理位置信息		
				地区	市县乡	所在地
20	县立第一高等小学校	小学	1902	南通		通州城西北
21	县立第二高等小学校	小学	1907	南通		
22	余中三益乡高等小学校	小学	1914	南通	余中市	
23	石港市高等小学校	小学	1912	南通	石港市	
24	余东市高等小学校	小学	1912	南通	余东市	
25	骑岸乡高等小学校	小学	1912	南通	骑岸乡	
26	西亭市高等小学校	小学	1912	南通	西亭市	
27	竞化市高等小学校	小学	1912	南通	竞化市	
28	平潮市高等小学校	小学	1913	南通	平潮市	
29	通州高等小学校	小学		南通		
30	垦牧乡高等小学校（今启东东南中学）	小学		南通	垦牧乡	海复镇东
31	南通县南通市公立小学校	小学		南通	南通市	
32	南通市第一初级小学校	小学		南通	南通市	城内学宫
33	南通市第二初级小学校	小学		南通	南通市	延寿阁
34	南通市第三初级小学校	小学		南通	南通市	白塘庙
35	南通市第四初级小学校	小学		南通	南通市	法轮寺西
36	南通市第五初级小学校	小学		南通	南通市	玉皇殿
37	南通市第六初级小学校	小学		南通	南通市	三元宫
38	南通市第七初级小学校	小学		南通	南通市	陆洪闸
39	南通市第八初级小学校	小学		南通	南通市	军山南
40	南通市第九初级小学校	小学		南通	南通市	凌石桥
41	南通市第十初级小学校	小学		南通	南通市	狼山北麓
42	南通市第十一初级小学校	小学		南通	南通市	东三里墩
43	南通市第十二初级小学校	小学		南通	南通市	西十里坊
44	南通市第十三初级小学校	小学		南通	南通市	秦灶
45	南通市第十四初级小学校	小学		南通	南通市	茶庵殿
46	南通市第十五初级小学校	小学		南通	南通市	梅观音堂
47	南通市第十六初级小学校	小学		南通	南通市	德兴镇

序号	学校	教育类别	创办年份	地理位置信息		
				地区	市县乡	所在地
48	南通市第十七初级小学校	小学		南通	南通市	新港镇
49	南通市第十八初级小学校	小学		南通	南通市	曹顶祠
50	南通市第十九初级小学校	小学		南通	南通市	山港镇
51	南通市第二十一初级小学校	小学		南通	南通市	袁家菴
52	南通市第二十二初级小学校	小学		南通	南通市	拱山菴
53	南通市商立初级小学校	小学		南通	南通市	东门外
54	南通市张氏贫民初级小学校	小学		南通	南通市	望仙桥南
55	南通市陈氏私立第二初级小学校	小学		南通	南通市	任家港
56	南通市施氏私立养正初级小学校	小学		南通	南通市	华王庙
57	南通市顾氏私立武陵初级小学校	小学		南通	南通市	西城北河稍
58	南通市琅山僧立初级小学校	小学		南通	南通市	琅山南
59	南通市私立明义初级小学校	小学		南通	南通市	马家巷口
60	南通市竞化市公立小学校	小学		南通	竞化市	
61	竞化市市立第一小学校	小学		南通	竞化市	
62	竞化市市立第二小学校	小学		南通	竞化市	
63	竞化市市立第三初等小学校	小学		南通	竞化市	
64	竞化市第四初级小学校	小学		南通	竞化市	竹行镇
65	竞化市第五初级小学校	小学		南通	竞化市	姜灶港
66	竞化市第六初级小学校	小学		南通	竞化市	复兴菴
67	竞化市第八初级小学校	小学		南通	竞化市	朝阳港
68	竞化市第九初级小学校	小学		南通	竞化市	新开港
69	竞化市第十初级小学校	小学		南通	竞化市	大圩镇
70	竞化市市立第十一初等小学校	小学		南通	竞化市	
71	竞化市第十二初级小学校	小学		南通	竞化市	大成镇
72	竞化市第十三初级小学校	小学		南通	竞化市	双桥镇
73	竞化市第十四初级小学校	小学		南通	竞化市	富民港
74	竞化市第十五初级小学校	小学		南通	竞化市	川港镇东北
75	竞化市第十六初级小学校	小学		南通	竞化市	涼棚镇
76	竞化市第十七初级小学校	小学		南通	竞化市	雁行桥

序号	学校	教育类别	创办年份	地理位置信息		
				地区	市县乡	所在地
77	竞化市第十八初级小学校	小学		南通	竞化市	神农庙
78	竞化市通化合立初级小学校	小学		南通	竞化市	永兴镇
79	竞化市竞乐合立初级小学校	小学		南通	竞化市	弥陀殿
80	竞化市通海合立第一校	小学		南通	竞化市	通海镇
81	竞化市章氏初级小学校	小学		南通	竞化市	姜灶港
82	竞化市施氏初级小学校	小学		南通	竞化市	张芝山西新镇
83	竞化市沈氏私立小学校	小学		南通	竞化市	
84	竞化市刘氏私立白华小学校	小学		南通	竞化市	
85	竞化市扶海初级小学校	小学		南通	竞化市	姜灶港
86	竞化市新村初级小学校	小学		南通	竞化市	川港南朱家桥
87	观永市第一初级小学校	小学		南通	观永市	太平寺
88	观永市第二初级小学校	小学		南通	观永市	三圩镇
89	观永市第三初级小学校	小学		南通	观永市	行家埭
90	观永市第四初级小学校	小学		南通	观永市	茶庵殿
91	观永市第五初级小学校	小学		南通	观永市	永安镇
92	观永市第六初级小学校	小学		南通	观永市	港济院
93	观永市第七初级小学校	小学		南通	观永市	大悲庵
94	观永市第八初级小学校	小学		南通	观永市	十六里墩
95	观永市第九初级小学校	小学		南通	观永市	戴四圩
96	观永市第十初级小学校	小学		南通	观永市	二铺圩
97	观永市竞观合立第一校	小学		南通	观永市	永安镇南
98	观永市竞观合立第二校	小学		南通	观永市	大撇港
99	观永市茅氏私立初级小学校	小学		南通	观永市	三圩镇东
100	观永市葛氏私立初级小学校	小学		南通	观永市	福真观
101	观永市李氏私立初级小学校	小学		南通	观永市	观音山北
102	兴仁乡第一初级小学校	小学		南通	兴仁乡	文昌宫
103	兴仁乡第二初级小学校	小学		南通	兴仁乡	东土山

序号	学校	教育类别	创办年份	地理位置信息		
				地区	市县乡	所在地
104	兴仁乡第三初级小学校	小学		南通	兴仁乡	草庙子
105	兴仁乡第四初级小学校	小学		南通	兴仁乡	准提庵
106	兴仁乡第五初级小学校	小学		南通	兴仁乡	兴仁东街
107	兴仁乡第六初级小学校	小学		南通	兴仁乡	青龙桥
108	兴仁乡兴安合立初级小学校	小学		南通	兴仁乡	李观音堂
109	兴仁乡成氏私立初等小学校	小学		南通	兴仁乡	
110	唐闸市第一初级小学校	小学		南通	唐闸市	罗祖殿
111	唐闸市第二初级小学校	小学		南通	唐闸市	西河口
112	唐闸市第三初级小学校	小学		南通	唐闸市	白龙庙
113	唐闸市第四初级小学校	小学		南通	唐闸市	兴教寺
114	唐闸市第五初级小学校	小学		南通	唐闸市	上新港
115	唐闸市第六初级小学校	小学		南通	唐闸市	太平庵
116	唐闸市第七初级小学校	小学		南通	唐闸市	井字圩
117	唐闸市第八初级小学校	小学		南通	唐闸市	天生港
118	唐闸市私立实业第一初级小学校	小学		南通	唐闸市	河东
119	唐闸市私立实业第二初级小学校	小学		南通	唐闸市	高岸
120	唐闸市私立实业第三初级小学校	小学		南通	唐闸市	大生里
121	唐闸市私立张氏初级小学校	小学		南通	唐闸市	时马圩
122	唐闸市私立陈氏初级小学校	小学		南通	唐闸市	芦泾港
123	唐闸市培养初级小学校	小学		南通	唐闸市	唐闸市
124	唐闸市私立敬孺小学校（今南通市唐闸二中）	小学		南通	唐闸市	
125	南通县平潮市公立小学校	小学		南通	平潮市	
126	平潮市第二初级小学校	小学		南通	平潮市	丹房庙
127	平潮市第三初级小学校	小学		南通	平潮市	袁三圩庙
128	平潮市第四初级小学校	小学		南通	平潮市	新坝
129	平潮市第五初级小学校	小学		南通	平潮市	西市稍
130	平潮市第六初级小学校	小学		南通	平潮市	四十里
131	平潮市第七初级小学校	小学		南通	平潮市	云台市

序号	学校	教育类别	创办年份	地理位置信息		
				地区	市县乡	所在地
132	平潮市第八初级小学校	小学		南通	平潮市	马观音堂
133	平潮市第九初级小学校	小学		南通	平潮市	东宏济寺
134	平潮市第十初级小学校	小学		南通	平潮市	丰利寺
135	平潮市第十一初级小学校	小学		南通	平潮市	大李港
136	平潮市第十二初级小学校	小学		南通	平潮市	大悲庵
137	平潮市第十三初级小学校	小学		南通	平潮市	二坝
138	平潮市第十四初级小学校	小学		南通	平潮市	大汐港
139	平潮市张氏私立初级小学校	小学		南通	平潮市	薛家坝
140	平潮市市立女子初等小学校	小学		南通	平潮市	
141	刘桥市第一初级小学校	小学		南通	刘桥市	刘桥镇
142	刘桥市第二初级小学校	小学		南通	刘桥市	陈家桥
143	刘桥市第三初级小学校	小学		南通	刘桥市	邓家桥
144	刘桥市第四初级小学校	小学		南通	刘桥市	徐关帝庙
145	刘桥市第五初级小学校	小学		南通	刘桥市	捨基三官殿
146	刘桥市第六初级小学校	小学		南通	刘桥市	沙家埭
147	刘桥市第七初级小学校	小学		南通	刘桥市	毗庐殿
148	刘桥市第八初级小学校	小学		南通	刘桥市	白荡三官殿
149	刘桥市第九初级小学校	小学		南通	刘桥市	时三官殿
150	刘桥市第十初级小学校	小学		南通	刘桥市	曹关帝庙
151	刘桥市第十一初级小学校	小学		南通	刘桥市	金观音堂
152	刘桥市第十二初级小学校	小学		南通	刘桥市	无量殿
153	刘桥市第十三初级小学校	小学		南通	刘桥市	高家桥
154	刘桥市第十四初级小学校	小学		南通	刘桥市	长河滩
155	南通县白蒲乡公立小学校	小学		南通	白蒲乡	
156	白蒲乡第二初级小学校	小学		南通	白蒲乡	潘观音堂
157	白蒲乡第三初级小学校	小学		南通	白蒲乡	翟三官殿
158	白蒲乡第四初级小学校	小学		南通	白蒲乡	张观音堂
159	白蒲乡第五初级小学校	小学		南通	白蒲乡	交峰阁
160	白蒲乡第六初级小学校	小学		南通	白蒲乡	东岳庙

序号	学校	教育类别	创办年份	地理位置信息		
				地区	市县乡	所在地
161	白蒲乡钱氏私立初级小学校	小学		南通	白蒲乡	新港桥
162	刘海沙乡立崇实小学校	小学		南通	刘海沙乡	
163	刘海沙乡乡立第一初等小学校	小学		南通	刘海沙乡	
164	刘海沙乡第二初级小学校	小学		南通	刘海沙乡	朝山港
165	刘海沙乡第三初级小学校	小学		南通	刘海沙乡	毛竹镇
166	刘海沙乡第四初级小学校	小学		南通	刘海沙乡	三圩桥
167	刘海沙乡第五初级小学校	小学		南通	刘海沙乡	界港
168	刘海沙乡第六初级小学校	小学		南通	刘海沙乡	双桥镇
169	刘海沙乡第七初级小学校	小学		南通	刘海沙乡	交兴沙
170	四安市第一初级小学校	小学		南通	四安市	四安镇
171	四安市第二初级小学校	小学		南通	四安市	徐家桥
172	四安市第三初级小学校	小学		南通	四安市	张双桥北茶庵殿
173	四安市第四初级小学校	小学		南通	四安市	国家庵
174	四安市第五初级小学校	小学		南通	四安市	陆观音堂
175	四安市第六初级小学校	小学		南通	四安市	南三元殿
176	四安市第七初级小学校	小学		南通	四安市	东白马庙
177	四安市第八初级小学校	小学		南通	四安市	韩家坝
178	四安市第九初级小学校	小学		南通	四安市	许土地堂
179	四安市第十初级小学校	小学		南通	四安市	严家园
180	四安市第十一初级小学校	小学		南通	四安市	蒋家桥
181	四安市第十二初级小学校	小学		南通	四安市	横港
182	四安市第十三初级小学校	小学		南通	四安市	秦土地堂
183	四安市第十四初级小学校	小学		南通	四安市	坝桥港
184	四安市第十五初级小学校	小学		南通	四安市	西白马庙
185	四安市姜氏初级小学	小学		南通	四安市	姜家园
186	四安市市乡合立初等小学校	小学		南通	四安市	
187	南通县石港市公立小学校	小学		南通	石港市	
188	石港市第二初级小学校	小学		南通	石港市	石港南市

序号	学校	教育类别	创办年份	地理位置信息		
				地区	市县乡	所在地
189	石港市第三初级小学校	小学		南通	石港市	宗家园
190	石港市第四初级小学校	小学		南通	石港市	八总庙
191	石港市第五初级小学校	小学		南通	石港市	双墩
192	石港市第六初级小学校	小学		南通	石港市	五总埠
193	石港市第七初级小学校	小学		南通	石港市	丁家渡
194	石港市第八初级小学校	小学		南通	石港市	渡海亭
195	石港市第九初级小学校	小学		南通	石港市	龙王庙
196	石港市第十初级小学校	小学		南通	石港市	于家园
197	石港市第十一初级小学校	小学		南通	石港市	西六总
198	石港市第十二初级小学校	小学		南通	石港市	崔家庙
199	石港市第十三初级小学校	小学		南通	石港市	秦家庵
200	石港市第十四初级小学校	小学		南通	石港市	吴观音堂
201	石港市第十五初级小学校	小学		南通	石港市	迎洋灶
202	石港市第十六初级小学校	小学		南通	石港市	受生庵
203	石港市第十七初级小学校	小学		南通	石港市	新港坝
204	石港市第十八初级小学校	小学		南通	石港市	戏台墩
205	石港市第十九初级小学校	小学		南通	石港市	上雁头
206	石港市刘氏初级小学校	小学		南通	石港市	医局西
207	石港市于氏私立初等小学校	小学		南通	石港市	
208	南通县骑岸乡公立小学校	小学		南通	骑岸乡	
209	骑岸乡第二初级小学校	小学		南通	骑岸乡	十总店
210	骑岸乡第三初级小学校	小学		南通	骑岸乡	二滧镇
211	骑岸乡第四初级小学校	小学		南通	骑岸乡	沙家坝
212	骑岸乡第五初级小学校	小学		南通	骑岸乡	新河边
213	骑岸乡第六初级小学校	小学		南通	骑岸乡	张家河
214	骑岸乡第七初级小学校	小学		南通	骑岸乡	堤外中西总庙
215	骑岸乡第八初级小学校	小学		南通	骑岸乡	徐田庙
216	骑岸乡第九初级小学校	小学		南通	骑岸乡	堤内中五总

序号	学校	教育类别	创办年份	地理位置信息		
				地区	市县乡	所在地
217	骑岸乡第十初级小学校	小学		南通	骑岸乡	中七总埠
218	骑岸乡第十一初级小学校	小学		南通	骑岸乡	蝸儿庙
219	骑岸乡第十二初级小学校	小学		南通	骑岸乡	堤外西七总
220	骑岸乡西骑初级小学校	小学		南通	骑岸乡	华王庙
221	骑岸乡于氏初级小学校	小学		南通	骑岸乡	西段九总
222	骑岸乡陈氏私立初等小学校	小学		南通	骑岸乡	
223	南通县西亭市公立小学校	小学		南通	西亭市	
224	西亭市第二初级小学校	小学		南通	西亭市	灰阳边
225	西亭市第三初级小学校	小学		南通	西亭市	李双楼
226	西亭市第四初级小学校	小学		南通	西亭市	西禅寺
227	西亭市第五初级小学校	小学		南通	西亭市	施家店
228	西亭市第六初级小学校	小学		南通	西亭市	陆扶桥
229	西亭市第七初级小学校	小学		南通	西亭市	草庙字
230	西亭市第八初级小学校	小学		南通	西亭市	潘观音堂
231	西亭市第九初级小学校	小学		南通	西亭市	孙和尚庙
232	西亭市第十初级小学校	小学		南通	西亭市	五总观音堂
233	西亭市第十一初级小学校	小学		南通	西亭市	包家桥
234	西亭市第十二初级小学校	小学		南通	西亭市	天竺山
235	西亭市第十三初级小学校	小学		南通	西亭市	芦茅嘴
236	西亭市第十五初级小学校	小学		南通	西亭市	八角亭
237	西亭市第十六初级小学校	小学		南通	西亭市	十六总
238	西亭市第十七初级小学校	小学		南通	西亭市	柏树墩
239	西亭市王氏初级小学校	小学		南通	西亭市	王家庙西
240	西亭市市乡合立初等小学校	小学		南通	西亭市	
241	南通县金沙市公立小学校	小学		南通	金沙市	
242	南通县金沙市公立女子小学校	小学		南通	金沙市	
243	金沙市市立女子初等小学校	小学		南通	金沙市	北川门
244	金沙市第一初级小学校	小学		南通	金沙市	北川门
245	金沙市第二初级小学校	小学		南通	金沙市	三姓街

序号	学校	教育类别	创办年份	地理位置信息		
				地区	市县乡	所在地
246	金沙市第三初级小学校	小学		南通	金沙市	金沙镇
247	金沙市第四初级小学校	小学		南通	金沙市	东尼庵
248	金沙市第五初级小学校	小学		南通	金沙市	金沙中市
249	金沙市第六初级小学校	小学		南通	金沙市	观音堂
250	金沙市第七初级小学校	小学		南通	金沙市	严灶中沙
251	金沙市第八初级小学校	小学		南通	金沙市	严灶庙
252	金沙市第九初级小学校	小学		南通	金沙市	八角亭
253	金沙市第十初级小学校	小学		南通	金沙市	黑鹿庙
254	金沙市第十一初级小学校	小学		南通	金沙市	碧塘庙
255	金沙市第十二初级小学校	小学		南通	金沙市	唐洪灶南段
256	金沙市第十三初级小学校	小学		南通	金沙市	唐洪灶北段
257	金沙市第十四初级小学校	小学		南通	金沙市	头灶南段
258	金沙市第十五初级小学校	小学		南通	金沙市	唐洪灶中段
259	金沙市市立第十六初等小学校	小学		南通	金沙市	
260	金沙市第十七初级小学校	小学		南通	金沙市	朱灶南
261	金沙市第十八初级小学校	小学		南通	金沙市	姜三官殿
262	金沙市第十九初级小学校	小学		南通	金沙市	头灶北
263	金沙市第二十初级小学校	小学		南通	金沙市	桂木桥
264	金沙市第二十一初级小学校	小学		南通	金沙市	进鲜港
265	金沙市第二十二初级小学校	小学		南通	金沙市	十八总
266	金沙市第二十三初级小学校	小学		南通	金沙市	十三总
267	金沙市第二十四初级小学校	小学		南通	金沙市	邢三官殿
268	金沙市第二十五初级小学校	小学		南通	金沙市	五里庙
269	金沙市第二十六初级小学校	小学		南通	金沙市	双林庵
270	金沙市第二十七初级小学校	小学		南通	金沙市	北尼庵
271	金沙市第二十八初级小学校	小学		南通	金沙市	西社庙
272	金沙市第二十九初级小学校	小学		南通	金沙市	赵钟庙
273	金沙市第三十初级小学校	小学		南通	金沙市	曹浅滩
274	金沙市第三十一初级小学校	小学		南通	金沙市	延寿庵

序号	学校	教育类别	创办年份	地理位置信息		
				地区	市县乡	所在地
275	金沙市第三十二初级小学校	小学		南通	金沙市	平桥镇
276	金沙市第三十三初级小学校	小学		南通	金沙市	杨家港
277	金沙市第三十四初级小学校	小学		南通	金沙市	蒋灶庙
278	金沙市第三十五初级小学校	小学		南通	金沙市	兴隆灶
279	金沙市徐氏初级小学校	小学		南通	金沙市	唐洪灶上段
280	金沙市徐氏初级小学校	小学		南通	金沙市	顾灶北段
281	金沙市张氏初级小学校	小学		南通	金沙市	大圣庙
282	金沙市张氏第二初级小学校	小学		南通	金沙市	金沙三里墩
283	金沙市张氏私立小学校	小学		南通	金沙市	大圣庙
284	金沙市季氏东派私立初级小学校	小学		南通	金沙市	季拖桥
285	金沙市季氏西派私立初级小学校	小学		南通	金沙市	贵臣桥
286	金沙市易氏初级小学校	小学		南通	金沙市	顾灶
287	金沙市顾氏初级小学校	小学		南通	金沙市	顾家祠
288	金沙市高氏私立初等小学校	小学		南通	金沙市	
289	金沙市孙氏私立小学校	小学		南通	金沙市	
290	南通县余西市公立小学校	小学		南通	余西市	
291	余西市第一初级小学校	小学		南通	余西市	北街
292	余西市第二初级小学校	小学		南通	余西市	二甲镇
293	余西市第三初级小学校	小学		南通	余西市	东社镇
294	余西市第四初级小学校	小学		南通	余西市	五福桥
295	余西市第五初级小学校	小学		南通	余西市	北潭镇
296	余西市第六初级小学校	小学		南通	余西市	大河头
297	余西市市立第七初等小学校	小学		南通	余西市	
298	余西市第八初级小学校	小学		南通	余西市	河北西二甲
299	余西市第十初级小学校	小学		南通	余西市	毕甲镇
300	余西市第十一初级小学校	小学		南通	余西市	岸北西七甲
301	余西市第十二初级小学校	小学		南通	余西市	五圣殿
302	余西市第十三初级小学校	小学		南通	余西市	二甲镇 关帝庙

序号	学校	教育类别	创办年份	地理位置信息		
				地区	市县乡	所在地
303	余西市第十四初级小学校	小学		南通	余西市	刁家圩
304	余西市第十五初级小学校	小学		南通	余西市	西八甲
305	余西市第十六初级小学校	小学		南通	余西市	头甲庙
306	余西市第十七初级小学校	小学		南通	余西市	东六甲
307	余西市第十八初级小学校	小学		南通	余西市	冀家桥
308	余西市第十九初级小学校	小学		南通	余西市	河南二甲
309	余西市第二十初级小学校	小学		南通	余西市	岸北九甲
310	余西市第二十一初级小学校	小学		南通	余西市	袁灶港
311	余西市第二十二初级小学校	小学		南通	余西市	同兴镇
312	余西市第二十三初级小学校	小学		南通	余西市	新街
313	余西市第二十四初级小学校	小学		南通	余西市	八甲都司堂
314	余西市曹氏初级小学校	小学		南通	余西市	岸北三甲
315	余西市顾氏私立初等小学校	小学		南通	余西市	
316	三乐乡第一初级小学校	小学		南通	三乐乡	侯油榨
317	三乐乡第二初级小学校	小学		南通	三乐乡	镇场
318	三乐乡第三初级小学校	小学		南通	三乐乡	袁灶港
319	三乐乡第四初级小学校	小学		南通	三乐乡	大泽观
320	三乐乡第五初级小学校	小学		南通	三乐乡	太平山桥
321	三乐乡第六初级小学校	小学		南通	三乐乡	高占庙
322	三乐乡第七初级小学校	小学		南通	三乐乡	大毛田
323	三乐乡第八初级小学校	小学		南通	三乐乡	进鲜中圩
324	三乐乡第九初级小学校	小学		南通	三乐乡	陆廷标案
325	三乐乡吴氏私立初级小学校	小学		南通	三乐乡	镇场
326	三乐乡李氏私立初级小学校	小学		南通	三乐乡	麒麟桥
327	三乐乡吴氏私立初级小学校	小学		南通	三乐乡	袁灶港
328	南通县余中乡公立小学校	小学		南通	余中乡	
329	余中乡第二初级小学校	小学		南通	余中乡	合兴镇
330	余中乡第三初级小学校	小学		南通	余中乡	头桥
331	余中乡第四初级小学校	小学		南通	余中乡	余中街

序号	学校	教育类别	创办年份	地理位置信息		
				地区	市县乡	所在地
332	余中乡乡立第五初等小学校	小学		南通	余中乡	
333	余中乡乡立第六初等小学校	小学		南通	余中乡	
334	余中乡第七初级小学校	小学		南通	余中乡	大墩
335	余中乡第八初级小学校	小学		南通	余中乡	余庆沙
336	余中乡第九初级小学校	小学		南通	余中乡	四甲坝
337	余中乡第十初级小学校	小学		南通	余中乡	四扬坝
338	三益乡第一初级小学校	小学		南通	三益乡	太平寺
339	三益乡第二初级小学校	小学		南通	三益乡	梁家店
340	三益乡第三初级小学校	小学		南通	三益乡	石头镇
341	三益乡第四初级小学校	小学		南通	三益乡	福后沙
342	三益乡第五初级小学校	小学		南通	三益乡	东太平寺
343	三益乡第六初级小学校	小学		南通	三益乡	十三顷
344	三益乡第七初级小学校	小学		南通	三益乡	苍头渡
345	三益乡第八初级小学校	小学		南通	三益乡	新河镇东南
346	三益乡第九初级小学校	小学		南通	三益乡	文昌宫
347	三益乡第十初级小学校	小学		南通	三益乡	小川港
348	三益乡第十一初级小学校	小学		南通	三益乡	木椿港东
349	三益乡梁氏私立初级小学校	小学		南通	三益乡	梁家店北
350	南通县余东市公立小学校	小学		南通	余东市	
351	余东市市立第一初等小学校	小学		南通	余东市	
352	余东市第二初级小学校	小学		南通	余东市	包场
353	余东市第三初级小学校	小学		南通	余东市	都土地庙
354	余东市第四初级小学校	小学		南通	余东市	六甲镇
355	余东市第五初级小学校	小学		南通	余东市	柴南河
356	余东市第六初级小学校	小学		南通	余东市	汤家街
357	余东市第七初级小学校	小学		南通	余东市	五里墩
358	余东市第八初级小学校	小学		南通	余东市	皇经堂
359	余东市市立第九初等小学校	小学		南通	余东市	
360	余东市第十初级小学校	小学		南通	余东市	王灶河

序号	学校	教育类别	创办年份	地理位置信息		
				地区	市县乡	所在地
361	余东市第十一初级小学校	小学		南通	余东市	赵家湾
362	余东市第十二初级小学校	小学		南通	余东市	城隍庙
363	余东市第十三初级小学校	小学		南通	余东市	北街
364	余东市第十四初级小学校	小学		南通	余东市	岸头镇
365	余东市第十五初级小学校	小学		南通	余东市	六甲
366	余东市第十六初级小学校	小学		南通	余东市	大坦
367	余东市第十七初级小学校	小学		南通	余东市	七甲桥
368	余东市第十八初级小学校	小学		南通	余东市	蔡家店
369	余东市第十九初级小学校	小学		南通	余东市	三元殿
370	余东市通海合立第二初级小学校	小学		南通	余东市	六甲桥
371	余东市何氏私立初级小学校	小学		南通	余东市	何家园
372	南通县吕四市公立小学校	小学		南通	吕四市	
373	吕四市第二初级小学校	小学		南通	吕四市	七甲
374	吕四市第三初级小学校	小学		南通	吕四市	南街
375	吕四市第四初级小学校	小学		南通	吕四市	二十八总
376	吕四市第五初级小学校	小学		南通	吕四市	十九总
377	吕四市第六初级小学校	小学		南通	吕四市	二补沙
378	吕四市第七初级小学校	小学		南通	吕四市	二补沙
379	吕四市第八初级小学校	小学		南通	吕四市	二补沙
380	吕四市第九初级小学校	小学		南通	吕四市	二补沙
381	吕四市第十初级小学校	小学		南通	吕四市	二十五总
382	吕四市第十一初级小学校	小学		南通	吕四市	二十七总
383	吕四市第十二初级小学校	小学		南通	吕四市	大漾庙
384	吕四市彭鼎初级小学校	小学		南通	吕四市	三甲镇
385	吕四市女子初级小学校	小学		南通	吕四市	中街
386	吕四市袁氏私立初等小学校	小学		南通	吕四市	
387	垦牧乡乡立第一初等小学校	小学		南通	垦牧乡	
388	垦牧乡第二初级小学校	小学		南通	垦牧乡	西圩
389	垦牧乡第三初级小学校	小学		南通	垦牧乡	牧圩

序号	学校	教育类别	创办年份	地理位置信息		
				地区	市县乡	所在地
390	垦牧乡第四初级小学校	小学		南通	垦牧乡	第四隄仓
391	垦牧乡第五初级小学校	小学		南通	垦牧乡	第一隄
392	垦牧乡第六初级小学校	小学		南通	垦牧乡	海门境
393	垦牧乡兴培初级小学校	小学		南通	垦牧乡	垦家镇北
394	垦牧乡乡立半日初等小学校	小学		南通	垦牧乡	
395	海门市市立长乐第一初等小学校	小学	1904	南通	海门市	长乐镇 关帝庙两侧
396	海门市张氏私立第二初等小学校	小学	1905	南通	海门市	长乐镇
397	海门市张徐私立第三初等小学校	小学	1906	南通	海门市	
398	海门市张沈私立长乐第四初等小学校	小学	1907	南通	海门市	
399	海门市张徐私立女子初等小学校	小学	1914	南通	海门市	长乐镇 张氏私立 小学后边
400	海门市张邵私立长乐高等小学校	小学	1914	南通	海门市	长乐镇东市
401	暨南学校 （今暨南大学）	中学	1907	南京		
402	通海五属公立学校 （今南通中学）	中学	1909	南通	南通市	城北积谷仓
403	上海博文女校 （今中国共产党第一次全国代表大会宿舍旧址）	中学	1916	上海		
404	南通高级中学农科	中学	1924	南通	南通市	
405	金沙市县立初级中学校	中学		南通	金沙市	
406	南通市民立初级中学校	中学		南通	南通市	
407	复旦公学 （今复旦大学）	高等	1905	上海		吴淞海军湾
408	震旦学院	高等	1905	上海		吴淞海军湾
409	中国公学	高等	1906	上海		吴淞海军湾
410	苏州铁路学堂	高等	1906	苏州		
411	中国陶业学堂 （景德镇陶瓷大学）	高等	1910	江西		景德镇

序号	学校	教育类别	创办年份	地理位置信息		
				地区	市县乡	所在地
412	吴淞商船学校 （今上海海事大学、大连海事大学）	高等	1911	上海		吴淞海军湾
413	南通纺织专门学校 （今东华大学、南通大学）	高等	1912	南通	唐闸市	
414	南通医学专门学校 （今南通大学、苏州大学医学院）	高等	1912	南通	南通市	濠南昭武院
415	吴淞水产学校 （今上海海洋大学）	高等	1912	上海		吴淞海军湾
416	南京高等师范学校 （今南京大学、东南大学、南京师范大学、上海财经大学）	高等	1915	南京		
417	河海工程专门学校 （今河海大学）	高等	1915	南京		
418	同济医工学堂 （今同济大学）	高等	1917 复校	上海		
419	南通农科大学	高等	1920	南通	南通市	
420	国立东南大学 （今东南大学）	高等	1921	南京		
421	国立自治学院	高等	1923	上海		吴淞
422	私立农业学校 （今扬州大学）	职业	1906	南通	南通市	
423	法政讲习所	职业	1906	南通	南通市	
424	国文专修科	职业	1909	南通	南通市	
425	监狱学传习所	职业	1909	南通	南通市	
426	巡警教练所	职业	1909	南通	南通市	
427	宣讲练习所	职业	1911	南通	南通市	
428	清丈传习所	职业	1912	南通	南通市	
429	保姆传习所	职业	1913	南通	南通市	
430	乙种商业学校	职业	1913	南通	南通市	
431	镀镍传习所	职业	1913	南通	唐闸市	
432	甲种商业学校 （今南通启秀中学）	职业	1914	南通	南通市	兴化禅寺东

序号	学校	教育类别	创办年份	地理位置信息		
				地区	市县乡	所在地
433	女工传习所	职业	1914	南通	南通市	绣织局之侧
434	中华职业学校	职业	1917	上海		
435	伶工学社	职业	1919	南通	南通市	初设南公园
436	女子蚕桑讲习所	职业	1920	南通	南通市	狼山
437	工商补习学校	职业	1922	南通	南通市	
438	护士传习所	职业		南通	南通市	
439	盲哑学校 （今南通特殊教育中心）	特殊	1916	南通	南通市	狼山北麓
440	贫民学校	其他	1906	南通	南通市	贡院
441	贫民半日学校	其他	1907	南通	南通市	
442	余西市市立夜学校	其他	1912	南通	余西市	
443	金沙市夜间学校	其他	1913	南通	金沙市	
444	唐闸平民补习学校	其他	1921	南通	唐闸市	
445	城南贫民学校	其他		南通	南通市	
446	唐闸工人夜校	其他		南通	唐闸市	

注：

1. 资料来源：本表以《南通教育年鉴(1926)》《南通地方自治十九年之成绩》《二十年来之南通》和张謇相关著述为基础编制而成；
2. 表内的小学校均为当时南通县范围内的小学校，其他地区只收录了张謇的出生地海门常乐镇的6所小学校。

附录四　张謇在南通慈善事业一览表

序号	事业	创办年份
1	新育婴堂	1906
2	改良监狱	1909
3	养老院	1912
4	南通医院	1913
5	金沙市游民工厂	1913
6	济良所	1914
7	大生职工医院	1914
8	贫民工场	1914
9	义茔	1914
10	栖流所	1916
11	残废院	1916
12	遂生堂	1916
13	第二养老院	1920
14	教养公积社	1921
15	大生医院	1922
16	第三养老院	1923

附录五 张謇在南通地方自治事业、设施、城市建设一览表

序号	项目	类别	创办年份
1	商团	自治机构	1903
2	通崇海泰总商会	自治机构	1904
3	南通博物苑	自治机构	1905
4	通海五属学务公所	自治机构	1905
5	劝学所	自治机构	1907
6	农会	自治机构	1907
7	教育会	自治机构	1907
8	测绘局	自治机构	1908
9	清丈局	自治机构	1908
10	自治研究所	自治机构	1909
11	商业体操会	自治机构	1910
12	阅报社	自治机构	1911
13	保坍会	自治机构	1911
14	南通图书馆	自治机构	1912
15	路工处	自治机构	1912
16	南通县图志局	自治机构	1912
17	妇女宣讲会	自治机构	1912
18	军山气象台	自治机构	1913
19	实业警卫团	自治机构	1914
20	通俗教育社（附商业讲演社）	自治机构	1914
21	水利会	自治机构	1917
22	通属七场水利总会	自治机构	1917
23	通海河水利工程委员会	自治机构	1917
24	更俗剧场	自治机构	1919

序号	项目	类别	创办年份
25	中等以上学校联合会	自治机构	1919
26	南通自治会	自治机构	1920
27	实业总稽核所	自治机构	1920
28	南通实业总管理处	自治机构	1922
29	通泰盐垦事务所	自治机构	1922
30	棉业公会	自治机构	1923
31	森林事务所	自治机构	
32	测候所	设施	1906
33	商品陈列所	设施	1907
34	农事试验场	设施	1907
35	家畜试验场	设施	1911
36	五山苗圃	设施	1912
37	唐闸公园	设施	1913
38	棉业第二试验场	设施	1914
39	天生果园	设施	1916
40	学校林	设施	1917
41	北公园	设施	1917
42	南公园	设施	1917
43	东公园	设施	1917
44	西公园	设施	1917
45	中公园	设施	1917
46	长途汽车站	设施	1919
47	桑园	设施	1920
48	南通工业化学实验室	设施	
49	模范路	城市建设	1905
50	港闸路	城市建设	1905
51	城闸路	城市建设	1910
52	城山路	城市建设	1912
53	钟楼	城市建设	1914
54	北干线公路	城市建设	1916

序号	项目	类别	创办年份
55	赵绘沈绣之楼	城市建设	1916
56	公共体育场	城市建设	1917
57	东干线	城市建设	1917
58	南干线	城市建设	1917
59	西工房	城市建设	1918
60	北工房	城市建设	1918
61	老工房	城市建设	1918
62	南工房	城市建设	1918
63	候亭	城市建设	1919
64	跃龙桥	城市建设	1920
65	虞楼	城市建设	1921
66	我马楼	城市建设	1921
67	第一支线公路	城市建设	1921
68	第二支线公路	城市建设	1921
69	京观亭	城市建设	1921
70	曹公祠	城市建设	1921
71	商务总会大厦	城市建设	1922
72	第二公共运动场	城市建设	1922
73	第三支线公路	城市建设	1922
74	第四支线公路	城市建设	1923
75	第五支线公路	城市建设	1924
76	南憩亭	城市建设	1924
77	北憩亭	城市建设	1924
78	古有有亭	城市建设	1918

附录六　张謇相关著述与文献资料推荐

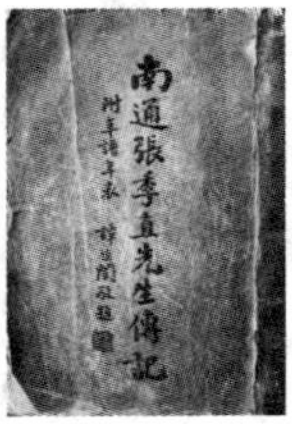	书名：南通张季直先生传记 编著：张孝若 印行：中华书局　日期：1930 年 9 月 开本：16 开　定价：2.40 元 简介：最早的一本张謇传记，由张謇之子以白话文撰写
	书名：柳西草堂日记（全九册）【影印版】 主编：沈云龙 印行：台湾文海出版社　日期：1969 年 开本：16 开 简介：张謇著述；张謇日记手稿影印版
	书名：张謇传记【影印版】 编著：刘厚生 印行：上海书店　日期：1985 年 4 月 开本：32 开　定价：1.60 元 简介：张謇实业助手撰写的张謇传记；根据龙门联合书局 1958 年版复印
	书名：开拓者的足迹——张謇传稿 编著：章开沅 印行：中华书局　日期：1986 年 12 月 开本：32 开　定价：4.15 元 简介：张謇研究权威之著

	书名：张謇存稿 主编：杨立强、沈渭滨、夏林根、管霞起、黄稚松 印行：上海人民出版社　日期：1987 年 4 月 开本：32 开　字数：530 千字　定价：6.60 元 简介：张謇著述；张謇信函底稿
	书名：张謇与梅兰芳 主编：张绪武、梅绍武 印行：中华工商联合出版社　日期：1999 年 1 月 开本：16 开　定价：168.00 元 简介：张謇与梅兰芳交往文献总汇，张梅后人的联袂之作
	书名：梅欧阁诗录【影印版】【线装书】 编著：张謇、梅兰芳、欧阳予倩等 印行：中华工商联合出版社　日期：1999 年 1 月 开本：32 开　定价：68.00 元 简介：张謇为纪念梅兰芳、欧阳予倩在南通同台演出而编辑的诗录；极具收藏价值
	书名：张謇传 编著：章开沅 印行：中华工商联合出版社　日期：2000 年 8 月 开本：16 开　字数：440 千字　定价：48.00 元 简介：张謇研究权威之著《开拓者的足迹》的修订版
	书名：张謇评传 编著：卫春回 印行：南京大学出版社　日期：2001 年 12 月 开本：32 开　字数：336 千字　定价：30.00 元 简介：中国百名思想家评传之一

书名：张謇与近代社会
编著：章开沅、田彤
印行：华中师范大学出版社　日期：2002 年 2 月
开本：32 开　字数：490 千字　定价：45.00 元
简介：章开沅继《张謇传》之后的又一部力作

书名：状元张謇【中英文双语版】
编著：赵鹏　翻译：王茜、姜进
印行：中华工商联合出版社　日期：2003 年 4 月
开本：32 开　字数：80 千字　定价：12.00 元
简介：中英文对照版普及读物

书名：南通地方自治十九年之成绩【重印】
编著：江谦等
印行：张謇研究中心、南通博物苑　日期：2003 年 10 月
开本：32 开
简介：原书出版于 1915 年，具有史料价值

书名：张謇
主编：张绪武
印行：中华工商联合出版社　日期：2004 年 7 月
开本：8 开　字数：100 千字　定价：580.00 元
简介：大型画传，收录了 650 余幅近代历史珍贵图片

书名：张謇——中国早期现代化的前驱
主编：虞和平
印行：吉林文史出版社　日期：2004 年 12 月
开本：32 开　字数：500 千字　定价：38.00 元
简介：张謇研究领域一部重要的论著

书名：张謇与南通“中国近代第一城”
编著：吴良镛等
印行：中国建筑工业出版社　日期：2006 年 10 月
开本：16 开　字数：286 千字　定价：85.00 元
简介：从城市规划角度对张謇的深度研究论著

书名：张南通先生荣哀录【重印】
主编：许彭年、孔容照
印行：张謇研究中心　日期：2006 年 8 月
开本：32 开
简介：社会各界为张謇祝寿、悼念作品合集，原书出版于 1931 年，具有史料价值

书名：张謇画传
编著：张廷栖、孟村
印行：重庆出版集团、重庆出版社　日期：2007 年 10 月
开本：32 开　字数：134 千字　定价：24.50 元
简介：图文并茂的张謇生平通俗读物

书名：我的祖父张謇
编著：张绪武
印行：上海辞书出版社　日期：2008 年 12 月
开本：18 开　字数：170 千字　定价：48.00 元
简介：张謇嫡孙心目中的祖父

书名：张謇全集（全七卷、全八册）
主编：李明勋、尤世玮
印行：上海辞书出版社　日期：2012 年 12 月
开本：16 开　字数：6056 千字　定价：2000.00 元
简介：张謇著述；新版全集

	书名：二十年来之南通【重印】 编著：陈翰珍 印行：张謇研究中心 日期：2014 年 10 月 开本：32 开 简介：原书出版于二十世纪二十年代，具有史料价值
	书名：张謇诗集 主编：徐乃为 印行：上海古籍出版社 日期：2014 年 12 月 开本：32 开 字数：580 千字 定价：108.00 元 简介：张謇著述；张謇诗词汇编
	书名：张謇日记 主编：李明勋、尤世玮 印行：上海辞书出版社 日期：2017 年 5 月 开本：16 开 字数：984 千字 定价：268.00 元 简介：张謇著述；张謇日记排印版

后　记

近年来，国内兴起一种大众性的历史阅读热潮。以晚清、民国为题材的历史研究成果、通俗文艺作品受到人们关注。张謇研究也开始从学者案头进入公共领域。作为中国的早期现代化先驱，张謇身处传统和现代、中西文明的接驳关要之处，其本人的探索实践和心路历程，不但折射出 1840 年以来中国的大历史逻辑，也昭示着未来。因此，张謇再次成为社会精英和大众的兴趣关注对象，具有自然之义。

张謇是一个非常特殊的历史人物。这种特殊，体现在他百科全书式的全面创新性上。他的创新意愿和能力，突破了自我的先天局限，远远领先于时代，完全超出后人对于传统人物的一般印象和惯常认知。张謇在政治、经济、文化、教育、工程、科技、城市建设、社会公益等各个领域创下了众多的中国第一，为后人留下了一个个闪光的路标。本书的创作、编写初衷，就是想擦亮这些路标，让人们再次领略先辈的勇气和智慧。

长期以来，南通地区乃至国内外的人们，十分敬仰张謇，尤其对他所开创的种种“中国第一”，津津乐道，流传甚广。其中，多数经过专家论证，已为学界认可。但是，也有一些传说中的“中国第一”，或属误传，或者论证疏于严密，其实并非“中国第一”。这在一定程度上造成应用的混乱。为了更好地利用张謇历史文化遗产，提高准确性和严肃性，以利于发挥其在当代的意义、价值，有必要对流传诸多的张謇所创“中国第一”，专门立项，加以清理剔抉，考订论证，去伪存真。2017 年春，“张謇精神的时代意义”年度论坛在南通举行，与会专家学者十分关注这个课题，希望尽早推进。经过酝酿，2017 年上半年，由曾对张謇所创“中国第一”做过研究，并发表过相关论文的张廷栖教授牵头，组成了“张謇所创中国第一”课题组，参加的学者有戴致君、赵鹏、都樾、姜平、金艳、曹炳生、陈炅、张裕伟等。是年7月初，召开开题会议，确定了课题研究的目的和要求，将论题分配到人。会后，课题组成员分头查阅资料，撰写初稿。经初步审阅，提出修改意见，各撰稿人又对初稿进行了修改，并增加了文章摘要，形成第二稿。在二稿审校过程中，对书稿的篇章结构、行文等方面又做了规范。各撰稿人在第二稿的基础上再作修改润色，形成第三稿。最后由张廷栖统稿，戴致君、赵鹏校阅，并配图。

张謇的事业十分庞大，涉及领域很多。我们仅根据现有、可查寻的资料进行了梳理，列出了23项“中国第一”，纠正了6项，一一进行了论证。但限于史料和学术水平，本书所载张謇所创“中国第一”难免有遗珠，论证也未必都严密精当，由于所掌握的资料不同，个别提法有所不同，希望引起专家学者的后续研究和读者诸君的补充修正。

在本书即将付梓之际，我们要特别感谢中央社会主义学院党组书记、第一副院长潘岳同志，在繁忙的工作中为本书亲自撰写序言。序言以历史唯物主义的立场和方法，梳理、概括了张謇在清末民初历史舞台上的关键作用和特殊贡献，高屋建瓴，新意迭出，文义宏远。同时，也为我们进一步开展张謇研究和理解张謇提出新的视角和方向。

我们还要感谢南通謇文化科技发展有限公司对本课题的资助，感谢张謇嫡曾孙张慎欣先生的全方位大力支持；感谢崔维成先生利用上海叔同深渊科学技术发展基金会、王惠一女士通过南通海盟实业有限公司对本书的出版提供了资金帮助；感谢许晓燕女士在本书的编写、排版过程中的辛勤付出；感谢中央党校黄任望博士对本书的内容和文字提出了有益的建议；感谢河海大学、上海海事大学提供了宝贵的图片资料。

最后，我们要对付出了辛勤劳动的课题组全体成员，对参编人员的工作单位和给予大力支持和帮助的张謇研究中心领导和同仁，一并表示最诚挚的感谢！

编者

2018年12月